जनतन्त्र एवं संसदीय संवाद

जनाकांक्षा की अभिव्यक्ति के लिए बुनियादी पहल

जनतन्त्र एवं संसदीय संवाद

जनाकांक्षा की अभिव्यक्ति के लिए बुनियादी पहल

राकेश कुमार योगी

वाणी प्रकाशन

वाणी प्रकाशन

4695, 21-ए, दरियागंज, नयी दिल्ली 110 002

फ़ोन : +91 11 23273167 फ़ैक्स : +91 11 23275710

शाखाएँ

अशोक राजपथ, पटना 800 004, बिहार

कॉफ़ी हाउस कैम्पस, महात्मा गांधी मार्ग, इलाहाबाद 211 001, उत्तर प्रदेश

महात्मा गांधी अन्तरराष्ट्रीय हिन्दी विश्वविद्यालय, वर्धा 442 001, महाराष्ट्र

सुल्तानिया रोड, मोतिया पार्क, भोपाल 462 001, मध्य प्रदेश

www.vaniprakashan.com
marketing@vaniprakashan.in
sales@vaniprakashan.in

JANTANTRA EVAM SANSADIYA SAMVAD
by Rakesh Kumar Yogi

ISBN : 978-93-89012-27-9
Journalism/Political Science

प्रथम संस्करण 2020

मूल्य : ₹ 399

सिटी प्रेस, दिल्ली-110 095 में मुद्रित

वाणी प्रकाशन का लोगो मक़बूल फ़िदा हुसेन की कूची से

अनुक्रम

भूमिका

भारत की संसद को बाहर से देखते हुए, उसके बारे में सुनते हुए, पढ़ते हुए, हम बड़े हुए तो मन में अनेक विचार और प्रश्न होते थे संसद के बारे में, संसदीय कामकाज के बारे में, इसमें बैठने वाले लोगों के बारे में। जैसे बचपन से आज तक जब बाहर थे तो इस लाल इमारत के अन्दर ऐसा लगता था कि इतने बड़े लोग जैसे कि अम्बेडकर, मुंशी जी, पटेल जी, हीरा बेन, अमृता कुमारी जी, ये सब ऐसे–ऐसे लोग अन्दर रहे हैं जिनकी वजह से हमारा संविधान लिखा गया, ऐसे नाम जिनको आप सिर्फ़ इतिहास के रूप में पढ़ते थे। अब जब आप अन्दर जाते हैं और उन्हीं बेंचों पर बैठना शुरू करते हैं और सेंट्रल हॉल की जो गरिमा है, जो बड़ी–बड़ी तस्वीरें हैं, इतिहास है, वो आपको निश्चित तौर पर रोमांचित करता है और साथ में एक ज़िम्मेदारी का भी एहसास होता है कि अगर भारत की आज़ादी की लड़ाई लड़ने वाले लोग और उसके बाद भारत कैसा बनेगा इसका सपना देखने वाले लोग इन बेंचों पर बैठे हैं, जहाँ आज हमें बैठने का मौक़ा मिल रहा है तो हमारी ज़िम्मेदारी भी कितनी बड़ी है और उस ज़िम्मेदारी का आप ईमानदारी के साथ निर्वाह कर सकें, इसका 24 घण्टे प्रयास करना है। एक नये सांसद, सिर्फ़ दूसरी बार निर्वाचित होने के बावजूद मेरे लिए दुनियाभर में कुछ भी कार्य क्यों न हो पर प्राथमिकता पार्लियामेंटरी काम की ही होती है। संसद सत्र में है तो फिर संसद के अलावा हर काम का कम आकलन होता है। आप संसद का सत्र छोड़कर कोई दूसरा कार्य नहीं करते। अगर संसदीय सभा में कोई मीटिंग है या अगर आपकी ड्यूटी लगी है तो वो प्राथमिकता होती है। संसदीय कार्यवाही आपकी पहली प्राथमिकता बन जाती है और उसका कारण ये होता है कि आपको भरोसा रहता है कि इतने बड़े–बड़े लोग यहाँ निष्ठा से कार्य करके गये हैं तो आपको भी उसी निष्ठा के साथ उनके पदचिह्नों पर चलना है और जिस क्षेत्र का आप प्रतिनिधित्व करते हैं उस क्षेत्र की जनता ने बहुत

उम्मीद के साथ आपको चुनकर भेजा है, और कहीं–न–कहीं आपसे पहले वाले लोगों ने कुछ अच्छा काम किया और कुछ कमियाँ भी छूट गयीं तो जो कमियाँ हैं वो ख़लती हैं कि इतना लम्बा समय निकलने के बाद भी ये बेसिक चीज़ें नहीं हो पायीं, तो आज आपको ज़रूरत है कि उन सब को ख़त्म करने में, उस इतिहास का हिस्सा बनने में, आप भी साझेदारी करें। यह बात करते हुए मैं इस बात का भी ख़याल करती हूँ कि सभी सांसद ऐसा नहीं सोचते या नहीं करते, लेकिन आदर्श स्थिति तो यही है। और यह स्थिति बने इसके मार्ग में संसदीय संवाद पर डॉ. राकेश कुमार योगी का यह कार्य अत्यन्त महत्त्वपूर्ण सिद्ध होने वाला है। देश की संसद में बैठने वालों को, उनको चुनने वालों को जानकारी होनी ज़रूरी है इसीलिए इस प्रकार के कार्य की आवश्यकता हर क्षेत्र में बनी रहती है।

जैसे मैं दिल्ली में पली–बढ़ी हूँ, हम तीनमूर्ति चौक से निकलते रहे हैं और मुझे लगता कि आम जनता को शायद ही इससे कोई सरोकार है कि ये तीनमूर्ति कौन–सी हैं और कौन–से वो तीन कैवेलरी बटालियन हैं जिन्होंने द्वितीय विश्वयुद्ध जीता था, और वे इज़राइल जाकर लड़े थे। बाद में हमने इसका नाम बदलकर हाइफ़ा चौक किया और ये तभी सम्भव हो पाया जब मेरे हाथ में अधिकार आया, जब मैं इस क्षेत्र की सांसद बनी। मुझे हमेशा बुरा लगता था कि प्रधानमन्त्री आवास रेसकोर्स रोड पर है, क्योंकि मैंने जितनी भी ज़मीनों के घोटाले देखे उनमें रेसकोर्स और उसके आस पास की घुड़सवारी की। स्कूल और बाक़ी जगहों की अपनी एक अलग कहानी है रेसकोर्स एक अजीब क़िस्म का इम्प्रेशन देता है जो आम जनता से नहीं जुड़ा है। ऐसी मेरी बहुत पुरानी सोच थी कि रेसकोर्स रोड का नाम बदलना है और वो तब सम्भव हो पाया जब मैं यहाँ की सांसद बनी। ऐसे ही औरंगज़ेब रोड का नाम खलता था, फिर हमने इस रोड का नाम अब्दुल कलाम जी के नाम पर रखा। अब चाहे वो एसिड विक्टिम को लेकर जो काम था या आर्टिकल 370 और 35 वाला काम था यही सब विचार लेकर हम पैदा हुए, पले–बढ़े। ऐसी कई चीज़ें हैं जो सीधे तौर पर आस्था के साथ जुड़ती हैं और सपनों का भारत कैसा हो वो बनाने में मेरा सहयोग करती हैं। मैं उदाहरण इसलिए दे रही हूँ कि हम एक सांसद के रूप में जब संसद में आते हैं तो हमें इस व्यवस्था का महत्त्व समझ में आता है, इसकी क्या शक्ति है, इसके कितने महान एवं पवित्र उद्देश्य हैं यह स्पष्ट होता है।

जैसे ट्रिपल तलाक़ का जो मुद्दा है 1984–85 में जब मैं एक छात्रा थी, कॉलेज में पढ़ती थी, उसी समय शाहबानो का नाम सुना, फिर लतीफ़ी जी, फिर 2000 में सुप्रीम कोर्ट में क्या हुआ, वो सब पढ़ने– समझने के बाद ऐसा लगा कि आज मुझे मौक़ा मिला है वो चीज़ सुधारने या बदलने का तो मैं पूरी ज़िम्मेदारी के साथ वो काम कर पाऊँ जहाँ इतने बड़े लोग कभी बैठे हैं।

पार्लियामेंट में जो बातचीत होती है उसे पार्लियामेंटरी डिबेट कहते हैं, लेकिन हम इस पुस्तक का नाम संसदीय संवाद (पार्लियामेंटरी डायलॉग) रख रहे हैं मेरा ये मानना है कि डिबेट में भी कोई बुराई नहीं है। अब बहस कैसी हो–बिना पढ़ाई–लिखाई किये, क्या आप बहस कर सकते हैं–जवाब है नहीं। क्या आपको पार्लियामेंट में अनप्रीपेयर्ड होना चाहिए–जवाब है, नहीं। क्या लेजिसलेटिव बिज़नेस में आपकी हिस्सेदारी हो–जवाब है, हाँ। इसलिए मुझे हमेशा ऐसा लगता है कि डिबेट भी डायलॉग बनेगी बशर्ते आप उसको व्यक्तिगत न करें और भाषा का सही इस्तेमाल हो। भाषा का स्तर क्या हो–आप कड़वी से कड़वी बात भी तमीज़ के साथ कह सकते हैं। किसी से निजी या व्यक्तिगत दुश्मनी नहीं होती, विचारों की लड़ाई है, आप सख़्ती से अपनी बात कह सकते हैं और उसका अधिकार आपको है। पार्लियामेंटरी या अनपार्लियामेंटरी भाषा इसलिए कही जाती है क्योंकि भाषा का स्तर एथिक्स और मॉरेलिटी दोनों का कॉम्बिनेशन है और जब दोनों का कॉम्बिनेशन होता है तब कुछ मुद्दों पर गुस्ताख़ी नहीं चलती बल्कि बर्दाश्त से बाहर होती है, इसलिए इन बातों पर ध्यान रखते हुए बहस करनी चाहिए। हार–जीत, किसी को नीचा दिखाने या खिंचाई करने के लिए डिबेट न हो तो वह संवाद हो जायेगा, क्योंकि संवाद बात को आगे बढ़ाने के लिए, समाधान की तरफ़ जाने के लिए होता है। संसद में बातचीत का जो स्तर है, पुराने समय में भी, और अब जो हम सबने देखा है तो इस मसले पर बात करना ज़रूरी है कि पार्लियामेंट में जो बात हो वो वाद–विवाद की जगह संवाद की ओर बढ़े। यह पुस्तक इस काम के लिए उपयोगी सिद्ध होगी। हालाँकि मेरा यह मानना है कि पार्लियामेंट में डायलॉग हमेशा नहीं होगा लेकिन फिर भी मेरा कहना है कि तर्क एवं तथ्य आधार हों, आप में कटु–से–कटु विचार झेलने की हिम्मत होनी चाहिए और उसका जवाब देने की सामर्थ्य भी होनी चाहिए।

संसद में या बाहर कहीं भी विचार की लड़ाई हो सकती है, लेकिन हिंसा की, शाब्दिक या शारीरिक किसी भी प्रकार की हिंसा की कोई जगह नहीं है। किसी को जान से मारने की ज़रूरत नहीं है। मुझे एक वाक़या याद आता है कि मेरे लेफ्ट के बहुत से पॉलिटिशियन साथी हैं, वो जब मुझे कहते कि तुम केरल कब आओगी तो मैं हँसकर कहती कि आपके बुलाने पर मैं कभी भी केरल आ जाऊँगी। पर किसी को मारना मत कि उसकी मौत पर मुझे आना पड़े। जो झगड़ा करना है यहीं कर लो, जितनी भी वैचारिक डिबेट करनी है कर लो। डिबेट भी ज़रूरी है ताकि लोकतन्त्र के अन्दर और किसी तरह की हिंसा न हो, लेकिन विरोध के लिए विरोध ग़लत है, क्योंकि विरोध किसी निष्कर्ष पर पहुँचना चाहिए। कनक्लूज़न सही या ग़लत हो सकता है, विचार भिन्न हो सकते हैं।

जैसे आज सब प्रदूषण की बात कर रहे हैं। मुझे ख़ुशी है कि सब मिलकर प्रदूषण की बात कर रहे हैं और जनता को पता चलना चाहिए कि कौन काम कर रहा है, कौन नहीं। हम एक युक्तिसंगत स्थिरता की बात करेंगे तो वो नहीं होगा, कहीं तो ये बात बाहर निकलेगी। डॉ. राकेश योगी जो इस विषय पर काम कर रहे हैं इसमें अनुभवी लोगों, जैसे कि स्पीकर के उदाहरण लाने की कोशिश इसीलिए है क्योंकि ऐसे बहुत से उदाहरण सामने आते हैं जैसे कि पहले जब प्रधानमन्त्री कुछ बोलते थे तो लोग एक न्यूनतम नैतिकता रखते थे, लेकिन इधर कुछ समय में ये देखा गया है कि ये मर्यादा तोड़ी गयी है। इस विषय पर काम करना बहुत ज़रूरी है क्योंकि यह देश की गरिमा का विषय है, किसी व्यक्ति विशेष का विषय नहीं है। इसलिए मुझे लगता है कि प्रधानमन्त्री और बाक़ी जो भी गरिमामय पद पर हैं जैसे कि राष्ट्रपति, उपराष्ट्रपति स्पीकर–उन्हें मान–सम्मान दिया जाये और उनकी इज़्ज़त की जाये, यह सुनिश्चित होना चाहिए।

यह देश की सबसे बड़ी संस्था है जहाँ पर देश की नीतियाँ बनती हैं और उन पर विचार होता है तो उसकी गम्भीरता बढ़ाने को लेकर, उससे जुड़े हुए अनुभवी लोगों के विचारों को लेकर इस विषय पर काम करना महत्त्वपूर्ण है। मुझे प्रसन्नता है कि मेरा पिछले पाँच साल का अनुभव यही है कि पिछला जितना समय निकला उसमें सभी सेशंस को गम्भीरता से लिया गया। चाहे संसद में समय बिताने की बात हो, कितने घण्टे बैठे और कितने बिल्स निकाले, ये सभी बहुत ही फलदायी सेशंस रहे हैं। आमतौर

पर कभी लोगों को लगता है कि थोड़ा आराम कर लें मगर यहाँ ऐसा दिखाई नहीं देता क्योंकि ज़ीरो आवर की परम्परा है या 377 की बात है कि हर सांसद अपने क्षेत्र की बात कह पाये और हर एक को मौक़ा मिले अपनी बात कहने का, हर एक पॉलिसी का हिस्सा बने और हर एक एनालिसिस ठीक हो। संसद में आने वाले ये लोग वो हैं जो ग्राउंड पर काम कर रहे हैं और लोगों ने उनको चुनकर भेजा है तो उस क्षेत्र की समस्याओं को लेकर और राष्ट्रहित में उसके पास हमेशा कुछ–न–कुछ सहयोग करने के लिए, कुछ–न–कुछ बताने के लिए रहता है, तो उनको बराबर मौक़ा मिलना चाहिए और सांसद के प्रति तुच्छ व्यवहार न हो इसका ध्यान देना भी ज़रूरी होता है। सरकार को मन्त्री चलाते हैं यह बात सही है, लेकिन संसद सांसदों द्वारा चलाई जाती है तो सांसदों की अपनी एक महत्त्वपूर्ण भूमिका रहती है संसदीय संवाद में, जो कि संसद में देखने को मिलती है चाहे वो स्टैंडिंग कमिटी के रूप में हो या फिर किसी और कमिटी के रूप में, चाहे सदन में बोलने का विषय हो, चाहे ज़ीरो आवर में अपनी बात उठाने का। बहुत सारी प्रक्रियाएँ हैं जिनमें सांसदों की बहुत अहम भागीदारी रहती है। यह समझने का विषय है कि इस संवाद के बेहतर रहते ही देश की नीतियाँ बेहतर होंगी।

इस पुस्तक में मैंने शिवराज पाटिल जी का साक्षात्कार पढ़ा वो कांग्रेस के लीडर रहे और कांग्रेस की तरफ़ से कई बार सांसद भी रहे, गृहमन्त्री रहे और काफी बड़ी ज़िम्मेदारियाँ निभायीं उन्होंने, लेकिन उनकी बातों में बार–बार अटल बिहारी वाजपेयी जी का उदाहरण आता है जो राजनीति के स्तर पर, समाज के स्तर पर व्यक्तित्व में बड़प्पन है वह बहुत महत्त्वपूर्ण है।

मैं हमेशा एक बात मानती हूँ कि छोटे विचार या संकीर्णता के साथ कोई भी बड़ा नेता नहीं बन सकता। कोई बड़ा नेता है क्योंकि वो सर्वस्पर्शी और सर्वसमावेशी है इसी प्रकार नरेन्द्र मोदी जी अगर भारत के प्रधानमन्त्री बने हैं तो सर्वसमावेशी होंगे तभी तो बन पाये हैं। इतने सारे लोगों की उनमें आस्था है, विश्वास है क्योंकि सभी को लगता है कि देश के होने वाले काम यही कर सकते हैं। इस तरीक़े का भरोसा दलगत राजनीति से ऊपर उठकर भी आपस में बनता है, संसद का जो तरीक़ा है काम का उसमें वैचारिक मतभेद तो है, लेकिन आमतौर पर मनभेद नहीं होता। आप अपनी पार्टी या अपनी प्रक्रिया के तहत पक्के रहते हैं, लेकिन

आपसी रिश्तों में कभी कमी नहीं होती। सबको दिखाई देता है चौबीस घण्टे सड़क पर लड़ाई–झगड़ा वो संसद की प्रक्रिया नहीं है और ऐसा माहौल भी नहीं है। सिर्फ़ फ्लोर ऑफ़ दा हाउस पर लड़ाई होती है जो सेंट्रल हॉल है वहाँ आकर सब इकठ्ठा खाना खाते हैं, कॉफ़ी पीते हैं और मज़ाक़ भी करते हैं और एक–दूसरे को वहीं पर बता भी देते हैं कि आपने क्या ग़लती की है, या फिर क्या और बेहतर हो सकता था; इसलिए इस प्रक्रिया में संवाद की असीमित सम्भावनाएँ हैं। फिलहाल जो व्यवस्था है उसमें निश्चित रूप से सुधार की बहुत ज़रूरत है। मैं एक सांसद के रूप में और प्रधानमन्त्री जी भी जो अगला समय देख रहे हैं जिसमें नये भारत की बात है उसमें हम यह भी सम्मिलित मानते हैं कि संसदीय संवाद कैसे और अच्छा तथा उत्पादक हो सकता है।

मेरे दिमाग़ में एक विषय हमेशा आता था और मैंने जेंडर पर बोलते हुए कहा भी था कि संसद की जितनी कमिटीज़ हैं, स्टैंडिंग कमिटीज़ आदि, उनमें महिलाओं का प्रतिनिधित्व कम है और सुरक्षा, गृह और वित्त, उसमें तो महिलाएँ नाममात्र दिखाई देती हैं या नहीं ही दिखाई देती, इसको सुधारने की व्यवस्था होनी चाहिए। मुझे ख़ुशी है यह जानकर कि सरकार ने उसको बदला और सब कमिटीज़ में महिला प्रतिनिधित्व सुनिश्चित किया। अब जैसे पी.एस.यू. है जो कि एक बड़ी पावरफुल फ़ाइनेंस कमिटी है मुझे एक महिला होते हुए भी उसका चैयरमेन बनाया गया जो आज तक पहले कभी नहीं हुआ, भारत के इतिहास में। कई जगह ऐसा किया गया चाहे गृह मन्त्रालय की कमिटी हो या रक्षा मन्त्रालय की कमिटी, सब में महिलाओं की संख्या बढ़ी है। यह सब सम्भव हो पाया संवाद के कारण।

उसी तर्क का एक और हिस्सा है कि महिला और बाल विकास क्या सिर्फ़ महिलाओं का डिपार्टमेंट है? क्या पुरुषों को उससे कोई फ़र्क़ नहीं पड़ता? ऐसा नहीं है, ये एक सामाजिक विषय है और समाज के हर व्यक्ति पर इसका फ़र्क़ पड़ता है, लेकिन जब हम सबको अपने विकल्प देने होते हैं कि हमें कौन–कौन से विषय पसन्द हैं तो उसी पसन्द के आधार पर हमको कमिटी दी जाती है पर मुझे ऐसा लगता है कि किसी भी पुरुष ने महिला और बाल विकास के लिए अपना विकल्प नहीं भरा है। यही कारण है कि महिला और बाल विकास में केवल महिलाएँ हैं लोकसभा से भी और राज्यसभा से भी। कहीं–न–कहीं पुरुषों की इस मानसिकता

को बदलने की ज़रूरत है, जितने भी क्षमतावान व्यक्तित्व हैं चाहे वो फ़ाइनेंस की दृष्टि से हों, चाहे क़ानून की दृष्टि से, उनको महिला और बाल विकास का हिस्सा होना चाहिए और योगदान देना चाहिए महिला बराबरी के लिए इस स्थिति को बदलने की ज़रूरत है। यह सब परिवर्तन करने के लिए हमारे पास सर्वाधिक उपयुक्त रास्ता संवाद का ही है और यह पुस्तक संसद में इस प्रकार के सरोकारी संवाद के लिए प्रेरणा बनेगी ऐसा मेरा विश्वास है। इस विषय पर सरकार और प्रधानमन्त्री जी के समक्ष कोई संवाद हुआ ही नहीं इसलिए ये चलता जा रहा है वरना ऐसा नहीं होता या फिर शायद सुधार हुआ होता। ऐसे कई विषय हैं जिन पर गम्भीर संवाद की आवश्यकता है जैसे एक विषय प्रिविलेज कमिटी का है जिसकी मैं पिछली बार चेयरपर्सन भी थी। मुझे लगता है कि जो पत्रकार हैं और जिनको सेंट्रल हॉल में आने–जाने की अनुमति मिलती है, उनका ट्रेक भी एक बार देखा जाना चाहिए और प्रिविलेज कमिटी की क्लेरेंस की भी आवश्यकता होनी चाहिए क्योंकि कई बार ऐसा होता है कि सेंट्रल हॉल का इस्तेमाल कर के काफ़ी कहानियाँ लिखी जाती हैं। लेकिन अगर किसी ने कुछ ग़लत किया तो कुछ तो किया जाना चाहिए। यह काम भी संवाद के माध्यम से ही सम्भव है अन्यथा इसे अभिव्यक्ति या मीडिया की आज़ादी पर हमले से जोड़कर पेश किया जायेगा।

संसद की कार्यवाही, संसद के नियमों की जानकारी, संसदीय परम्पराओं के विषय में तथा नये सांसदों को लेकर भी इस पुस्तक को हमारे वरिष्ठ जनों ने काफ़ी सुझाव दिये हैं। वैसे अभी पिछले पाँच साल में काफ़ी कुछ बदला है। एक ट्रेनिंग प्रोसेस है उसका बहुत सख़्ती से पालन किया गया है और ट्रेनिंग का मतलब जागरूकता है। आपको जानकर अच्छा लगेगा कि आज जो भी बिल पास होना है उसके लिए लोग सुबह 9–9:30 बजे तक उसका प्रेजेंटेशन देते हैं और इस प्रेजेंटेशन के माध्यम से बताया जाता है कि ये बिल हम क्यों ला रहे हैं और उसमें पक्ष–विपक्ष दोनों के लोग उस पर अपनी राय व्यक्त कर सकते हैं और जानकारी भी प्राप्त कर सकते हैं। अन्तिम बात, जो मैं इस पुस्तक की भूमिका में कहना चाहती हूँ वो यह है कि संसद, सांसद और संसदीय काम के बारे में लोगों की धारणा भी बदलनी चाहिए। जब संसद में हंगामा होता है, तब कार्यवाही बाधित होती है तथा मीडिया में भी बड़ी–बड़ी ख़बरें बनती हैं कि इतने घण्टे काम नहीं हुआ, देश का इतना पैसा ख़राब हो रहा है। लेकिन

जो इतनी बड़ी पहल है जैसे पिछली बार संसद का समय बढ़ाया गया, एक दिन में बारह घण्टे से भी ज़्यादा काम हुआ, इतने बिल पास हुए, वह चर्चा का विषय नहीं होती। जनता के बीच में जो ये धारणा बनी है कि राजनीति में जो व्यक्ति आ गया वो अच्छा व्यक्ति नहीं है। इस धारणा से हमारी जो नयी पीढ़ी है उसका इस व्यवस्था से विश्वास उठता है। इस विश्वास को बनाने में इस पुस्तक की बहुत बड़ी भूमिका हो सकती है और इस धारणा को बदलने की ज़रूरत है। मेरा इस पर यही कहना था कि ये धारणा बनायी किसने? इसमें मीडिया का बहुत बड़ा दोष है, आपने सही चीज़ों को कवर ही नहीं किया इसलिए जब आप कवर करें तो ये भी कवर करें कि यहाँ पर कई ऐसे सांसद भी थे जो पढ़े–लिखे थे, देश सेवा और देश हित में वो अपना प्रोफ़ेशन छोड़कर संसद में आये। जहाँ ये दिखाते हैं कि 2000 रुपये अगर सांसद पर ख़र्च हो रहा है हर दिन, तो आप ये भी दिखाइए कि वो दो लाख से ज़्यादा रुपये रोज़ कमा सकता था। जो संसदीय व्यवस्था है वो देश को चलाने की व्यवस्था है और उस व्यवस्था के अन्दर सांसद का भी एक छोटा–सा रोल है। पैसे के लिए कोई संसद में नहीं आना चाहता लोग अपने सेवा भाव से और मान–सम्मान पाने के लिए ज़रूर आ सकते हैं, लेकिन इसके सिवा किसी का भी और कोई भाव नहीं होता है। कौन कितना त्याग करता है, किन परिस्थितियों से आता है, अगर आप एक–एक सांसद की जीवन–शैली और उस कार्यभार पर रिपोर्ट लिखें तो आपको हैरानी होगी कि कैसे ये लोग काम करते हैं। सुबह छह बजे दिन शुरू होता है और रात के ढाई–तीन बजे तक काम चलता है। मुझे लगता है कि हर एक के जीवन की एक कशमकश है, अपनी एक लड़ाई है। कोई आदिवासी क्षेत्र का है, कोई पिछड़े इलाक़ों का है और इन सब लड़ाइयों को लड़ते हुए वे यहाँ तक पहुँचे हैं। मुझे पूरी उम्मीद है कि यह पुस्तक वस्तुनिष्ठता के साथ कई विषयों को पाठकों के बीच ले जा पायेगी। संसद के वरिष्ठ लोगों के बहुमूल्य विचार, उनके अनुभव हमारे साथ–साथ सरकार, जनता और मीडिया के बीच भी पहुँचेंगे जिनसे निश्चित रूप से संसदीय संवाद के विषय में अनेक सकारात्मक परिवर्तनों का मार्ग प्रशस्त होगा। डॉ. राकेश योगी ने पत्रकारिता के अपने अनुभव के साथ पिछले कई वर्षों की शैक्षिक जगत की अपनी मेहनत के साथ इस पुस्तक का लेखन किया है। संवाद के क्षेत्र में वे अपने कार्य में उत्तरोत्तर विशेषज्ञता प्राप्त करें और इस पुस्तक को लिखने का उनका

व्यापक उद्देश्य पूरा हो, ऐसी मेरी शुभकामना है। इस महत्त्वपूर्ण विषय पर पुस्तक प्रकाशन के लिए वाणी प्रकाशन को बहुत साधुवाद। इस पुस्तक में सभी वरिष्ठ राजनेताओं, सांसदों एवं विद्वानों के विचार हैं और इसकी भूमिका लिखने के लिए मुझे कहा गया यह भी मेरे लिए गौरव की बात है। मुझे बताया गया कि वरिष्ठों के विचारों, उनके अनुभवों का कितना महत्त्व है तथा वह किसी नये व्यक्ति द्वारा प्रस्तावना में लिखे जाने चाहिए तब मैं इस विचार से सहमत हुई। यह पुस्तक संसदीय संवाद के स्तर को, उसकी महत्ता को आगे लेकर जायेगी और संवाद प्रगति पथ पर निरन्तर समाज का मार्ग प्रशस्त करे, यही मेरी शुभकामना है।

श्रीमती मीनाक्षी लेखी
सांसद, नयी दिल्ली

संवाद : अवधारणा एवं भूमिका

संवाद की अवधारणा (भारतीय एवं पाश्चात्य)

संवाद एक सकारात्मक ऊर्जा देने वाला, प्रेरणा और शान्ति प्रदान करने वाला एक शब्द है जिसको सुनकर ही हम एक ऐसी बातचीत की कल्पना करते हैं जिसमें शालीनता है, सौम्यता है, सार्थकता है, गहराई है, असहमति की ऊपरी सतह के तल में भी सहमति का एक तल है। इस शब्द से जुड़ा यह अर्थ हमें हमारी भारतीय ज्ञान परम्परा से मिलता है। वर्तमान समय में जिस प्रकार पाश्चात्य परिभाषाओं की गफ़लत में संचार को ही संवाद के अर्थ में प्रयुक्त किया जाने लगा है, उससे इस शब्द के अर्थ के विश्लेषण की आवश्यकता और अधिक महत्त्वपूर्ण हो गयी है। संवाद के विषय में अध्ययन की पृष्ठभूमि में कुछ प्रश्न उत्पन्न होते हैं जिनका निदान ही संवाद की वास्तविक परिभाषा को निर्मित करने में सर्वाधिक श्रेयस्कर हो सकता है। ये प्रश्न निम्नलिखित हैं–

1. क्या अपनी–अपनी बात कह देना भर संवाद है?
2. क्या एक–दूसरे के साथ सहमत हो जाना मात्र संवाद है?
3. क्या संवाद और 'आपसी बातचीत' दोनों समानार्थी हैं?
4. क्या अपनी मान्यताओं, धारणाओं, आग्रहों और अपेक्षाओं की सशक्त अभिव्यक्ति संवाद है?
5. क्या संवाद और बहस में कोई गुणात्मक अन्तर है?
6. क्या असहमतियों से बचकर सहमतियों और अर्द्ध–सहमतियों की सँकरी पगडण्डी पर चलते रहने जैसी बातचीत संवाद है?
7. संवाद और 'वाद–विवाद' एक–दूसरे से भिन्न कैसे हैं?
8. क्या संवाद एक स्वाभाविक प्रक्रिया है या यह एक विद्या या कला है जिसे सीखने की आवश्यकता होती है?

संवाद की भारतीय अवधारणा के ही समान पश्चिम में कुछ विद्वानों ने इस शब्द के अर्थ को व्यापकता के साथ समझा है। लन्दन यूनिवर्सिटी में प्रोफ़ेसर रहे डेविड बोम संवाद यानी डायलॉग के बारे में कैलिफ़ोर्निया में प्रस्तुत अपने एक शोध–पत्र में कहते हैं–

"A Dialogue can be among any number of people, not just two. Even one person can have a sense of dialogue within himself, if the spirit of the dialogue is present. The picture of image that this derivation suggests; is of a stream of meaning flowing among and through us and between us. This will make possible a flow of meaning in the whole group, out of which will emerge some new understanding."

डेविड बोम संवाद के माध्यम की एक चेतना के प्रवाह की वही बात कहते हैं जो लगभग भारतीय दर्शन का मूल है। आचार्य शंकर से लेकर स्वामी विवेकानन्द तक सभी इस एक चैतन्य प्रवाह की ही बात करते हैं। इसलिए कहा जा सकता है कि कहीं–न–कहीं पाश्चात्य विद्वानों को भी संवाद की भारतीय अवधारणा से सम्मति है।

जनतन्त्र में संवाद का महत्त्व

जनतन्त्र, लोकतन्त्र या डेमोक्रेसी दुनिया की सबसे बेहतरीन शासन व्यवस्था मानी जाती है, क्योंकि इसमें शासन किये जाने वाला वर्ग यानी जनता ही शासन करने वालों को चुनती है और उनको बदलने का अधिकार भी रखती है। जनतन्त्र ही वह व्यवस्था है जिसमें प्रत्येक व्यक्ति की राय या उसका मत महत्त्वपूर्ण है। यह मत न केवल जनप्रतिनिधियों के चुनाव के समय अहमियत रखता है, बल्कि प्रत्येक मुद्दे पर अभिव्यक्त भी होता है। लोकतन्त्र की विशेषता ही यह है कि इसमें संवाद के लिए निरन्तर अधिक–से–अधिक अवसर एवं अनुकूलता बनती है। गाँव की पंचायत से लेकर लोकतन्त्र की सबसे बड़ी पंचायत संसद तक सभी संस्थाएँ संवाद के कारण उपयोगी एवं विश्वसनीय बनती हैं। एक व्यक्ति का दूसरे व्यक्ति से संवाद, व्यक्तियों का समाज में संवाद, समाज का राजनीतिक दलों से अथवा प्रतिनिधियों से संवाद और प्रतिनिधियों का व्यवस्था के भीतर संवाद अर्थात् पंचायत, परिषद्, विधानसभा या संसद में संवाद, यह एक निरन्तर प्रक्रिया है जिसके कारण लोकतन्त्र परिपक्व एवं सुदृढ़ होता है।

यान्कूलोविक नामक संवाद विशेषज्ञ की एक परिभाषा के अनुसार संवाद समाज की सबसे मूल्यवान सम्पत्तियों में से एक है। संवाद सत्य की खोज में मदद करता है, सम्बन्धों और विश्वास को प्रगाढ़ करता है, और मानवता के श्रेष्ठ उद्देश्यों एवं नीतियों के लिए समाज को एक करता है। संवाद कुछ बुद्धिजीवियों का बौद्धिक विलास नहीं किन्तु दिन–प्रतिदिन समाज को प्रगति के रास्ते पर ले जाने वाली प्रक्रिया है जिससे वैचारिक बाधाओं में अटकी ऊर्जा विकास में प्रवृत्त होती है। हम यह कह सकते हैं संवाद एक सकारात्मक प्रक्रिया है जिससे विचार के प्रवाह में आने वाली रुकावटों को दूर किया जाता है। संचार जब संवाद बनता है तभी वह मानव कल्याण के उद्देश्य की पूर्ण प्राप्ति कर पाता है। अपनी बात कह देना तब तक उद्देश्यविहीन है जब तक प्राप्तकर्ता के लिए उसका कोई महत्त्व न हो। इस बात को कहने से लेकर उसके अर्थ के निष्पादन तक की यात्रा का दुनिया की राजनीतिक व्यवस्था के लिए भी बड़ा महत्त्व है।

संवाद की सार्थकता के बिना विश्व की सर्वश्रेष्ठ व्यवस्था अर्थात् जनतन्त्र का विकसित होना सम्भव ही नहीं है। जनतन्त्र की मूल अवधारणा में ही संवाद है, व्यक्ति का व्यक्ति से संवाद, व्यक्ति का समाज से संवाद, व्यवस्था का व्यक्ति और समाज से संवाद, इसी प्रकार तो जनतन्त्र का विकास हुआ है। इसलिए श्रेष्ठ लोकतान्त्रिक व्यवस्थाएँ संवाद की असीमित सम्भावनाओं को तलाशती हैं और इसके लिए रास्ते बनाती हैं। भारत में जाति, क्षेत्र, समाज की अनौपचारिक पंचायतों और चुनी हुई ग्राम पंचायतों से लेकर संसद तक सब व्यवस्थाओं के केन्द्र में संवाद ही हैं। आदर्श जनतन्त्र में न केवल शासन में आम जन की सीधी हिस्सेदारी होती है, बल्कि इस हिस्सेदारी को सुनिश्चित करने के लिए विभिन्न स्तरों पर निरन्तर संवाद की सुविधा होती है।

संसद : जनतन्त्र में संवाद का सबसे बड़ा मंच : जनतन्त्र में विभिन्न स्तरों पर संवाद का होना उसे अधिक मज़बूत बनाता है और संसदीय संवाद इसका श्रेष्ठ उदाहरण है। जनप्रतिनिधियों, विधानसभा या संसद के सदस्यों के बीच संवाद, महज़ कुछ व्यक्तियों के बीच होने वाला प्रश्नोत्तर नहीं है बल्कि यह सम्पूर्ण देश का संवाद है। देश के अन्तिम व्यक्ति की बात व्यवस्था तक पहुँचाना और व्यवस्था की ओर से उस पर सकारात्मक प्रतिक्रिया प्राप्त कर आख़िरी व्यक्ति की समस्या का समाधान सुनिश्चित करना, इस संवाद का उद्देश्य है। इस संवाद का एक स्वरूप

हम विधानसभा या संसद के नियमित सत्रों के दौरान देखते हैं जिसमें प्रत्यक्ष सवाल–जवाब का अवसर होता है, लेकिन इसके अतिरिक्त जनता की ओर से जनप्रतिनिधि व्यवस्था से निरन्तर संवाद स्थापित करते हैं जिसके कारण जनतान्त्रिक व्यवस्था में जनता का सीधा सहभाग नज़र आता है। यह संवाद ही है जो किसी जनप्रतिनिधि को सीधा जनता से जोड़कर रखता है और जब भी यह संवाद प्रक्रिया कमज़ोर पड़ती है या फिर इसमें कोई बाधा खड़ी होती है तो जनता परिवर्तन की ओर उन्मुख होती है।

यह स्पष्ट है कि जनतन्त्र में जनता और व्यवस्था के विभिन्न स्तरों से उच्चतम स्तर तक यह संवाद अत्यन्त आवश्यक है। यह किसी पारिस्थितिक तन्त्र की तरह कड़ी–दर–कड़ी जुड़ा होता है और किसी एक भी कड़ी से टूटने या कमज़ोर होने से समूची व्यवस्था के कमज़ोर होने की शुरुआत हो सकती है। जनतन्त्र में व्यक्ति से लेकर समूचे तन्त्र में संवाद एक प्राणवायु की तरह कार्य करता है जिसके अभाव में सम्पूर्ण वातावरण दमघोंटू होने लगता है। संवाद की इस अहमियत को समझते हुए जनतन्त्र में इसकी भूमिका, ज़रूरत और विभिन्न आयाम एवं स्वरूपों पर विस्तृत अध्ययन अत्यन्त आवश्यक है।

लेखक की बात

संसार को भौतिक प्रगति और विकास की विभिन्न अवधारणाओं की कसौटी पर नित–निरन्तर कसते रहने वाले अधिकांश लोग वर्तमान दौर को सूचना क्रान्ति का दौर मानते हैं। आपके जीवन में क़दम–क़दम पर सूचनाएँ बिखरी पड़ी हैं, आप इनमें से अपने आग्रह, पूर्वाग्रह, दुराग्रह अथवा सहूलियत से किसी सूचना को चुनकर उस पर विचार, कुविचार या फिर अविचार का तड़का लगाने के लिए पूरी तरह से स्वतन्त्र हैं। यह तड़का लगी हुई सामग्री कुछ समय बाद स्वयं एक सूचना बन जाती है जो कि असल में किसी सहूलियत वाली सूचना पर आधारित थी। यह क्रम चलता रहता है और हम इसमें से सार्थक, सजीव, चैतन्य कुछ पा जाने की जद्दोजहद करते रहते हैं ठीक वैसे ही जैसे कोई ग़रीब किसी सूदख़ोर के चक्रवृद्धि ब्याज के चक्रव्यूह में फँसने के बाद एक अदद क़र्ज़मुक्त ज़िन्दगी के लिए एक के बाद एक व्यूह रचनाओं में धँसता चला जाता है। कथित सूचना क्रान्ति के स्वर्णिम युग में हम किस चक्रव्यूह में हैं यह समझना कोई दुष्कर कार्य नहीं है। हम अपने जीवन को घड़ी भर एक साक्षी की भाँति देखकर सहज ही इसका आभास कर सकते हैं किन्तु यही तो इस चक्रव्यूह की सबसे बड़ी दुरूहता है कि इसमें स्वयं को देखने की भी सहजता उपलब्ध नहीं है। क्या है यह चक्रव्यूह, कैसी है यह व्यूह रचना, किसने रचा है इस पहेली को और कौन हल करेगा इस यक्ष प्रश्न को? ऐसे सवाल किसी के भी ज़ेहन में उठ सकते हैं, मेरे ज़ेहन में भी उठे और उससे शुरू हुई एक ऐसी समाधान यात्रा की जिसका पथिक बनकर मैं उस विचार तक पहुँच पाया जो इस पुस्तक लेखन के प्रारम्भ का आधार बना। यह यात्रा है संवाद की, भीतर–बाहर के सन्धान की और समाधान की।

सूचनाओं के अनदेखे–अनजाने रास्ते पर चलते–चलते जिस चक्रव्यूह

में हम आ फँसे हैं वो चक्रव्यूह है बातों का, बोलते जाने का, बोलते–बोलते उस हद को पार कर जाने का जिसको शोर कहते हैं जहाँ कोई कुछ नहीं सुनता, सब सिर्फ़ बोलते हैं, यहाँ तक कि स्वयं को भी स्वयं की कोई बात सुनाई नहीं पड़ती। सूचनाओं के सम्प्रेषण की नयी–नयी तकनीकों ने हमारे इस शोर को उस स्तर पर पहुँचा दिया है जहाँ हम स्वयं को भी तलाश पाने में सक्षम नहीं हैं। यह शोर किसी डेसीबल के मानक में मापा जा सकने वाला शोर नहीं है। यह शोर किसी की–बोर्ड की खटपट से पैदा हुआ शोर भी नहीं है, यह शोर सदैव हमें दिखाई दे सकने वाले, पहचाने जा सकने वाले स्वरूप में हो, ऐसा भी नहीं है। फिर भी यह शोर चारों तरफ़ है ठीक वैसे ही जैसे अभिमन्यु के चारों ओर खड़ी थी उसके अपनों की ही सेना। यह शोर भी अपना है जब यह किसी आवाज़ में नहीं होता, जब किसी स्क्रीन पर नहीं होता, जब लिखे गये, कहे गये शब्दों में नहीं होता तब भी यह निरन्तर होता है हमारे भीतर; क्योंकि इस शोर का मूल स्त्रोत है बोलते जाने की इच्छा, कहते रहने का स्वभाव, जवाब देने–प्रतिक्रिया देने की प्रकट या अप्रकट बाध्यता। इसमें कहीं सुनने का स्थान नहीं है, कोई सुनना नहीं चाहता, सुनने से पहले प्रतिक्रिया करना चाहता है इसीलिए यह जो सार्थक हो सकता था, मानवजाति के लिए सर्वाधिक महत्त्वपूर्ण हो सकता था, वो बस एक निरर्थक प्रलाप हो गया। सूचनाओं का यह संसार समृद्ध होकर संचार के रास्ते से संवाद हो सकता था किन्तु यह शोर ही रह गया है। अब प्रश्न यह है कि इस घेरे से बाहर कैसे आया जाये, इसका समाधान क्या है? यह घेरा अपने इर्द–गिर्द, अपने समाज, अपने जीवन में हमने स्वयं बनाया है। अतः इसका समाधान भी स्वयं हमारे भीतर से उपजना चाहिए और यह समाधान है संवाद। अन्तर्वैयक्तिक से लेकर अन्तरराष्ट्रीय मसलों के लिए सिर्फ़ संवाद ही समाधान है, इस सूत्र–वाक्य को समझकर जब विचार आगे बढ़ा तो यह पुस्तक आकार ले पायी। संवाद वह है जो मात्र संचार नहीं उससे आगे की चैतन्य अवस्था है और जिसमें अन्धकार–आश्रयी सुप्तावस्था यानी शोर का कोई स्थान नहीं। समस्त मानवजाति इस तथ्य की साक्षी है कि तमाम अनसुलझे प्रश्नों, मुद्दों, सम्बन्धों और युद्धों तक का भी समाधान संवाद ही कर सकता है। भारतभूमि तो संवाद–परम्परा की सबसे उपजाऊ धरती है, यहाँ तो समाज ने सदैव सारे प्रश्नों का निराकरण संवाद से ही किया। यह स्थिति कब परिवर्तित हुई, कैसे समाज में समाधान के लिए संवाद

पर विश्वास कमज़ोर या समाप्त हुआ, यह सब इतिहास के वस्तुनिष्ठ अध्ययन से स्पष्ट हो ही जाता है। अतः इतिहास को समझकर और उससे सबक लेकर संवाद को समाज का आधार बनाना वर्तमान की आवश्यकता है। इसी आवश्यकता की पूर्ति के अधिष्ठान में यह पुस्तक महासागर पर पुल बनाने जैसे महान कार्य में एक गिलहरी के यथाशक्ति योगदान के ही समान है जिसमें प्रयास की मंशा ही अहम हो सकती है परिणाम का परिमाण नहीं।

तकनीक के माध्यम से सूचनाओं के अत्यधिक प्रसार के कारण निश्चित रूप से समाज में अनेक सकारात्मक परिवर्तन आये हैं। जो लोग अपने हक़ की बात भी नहीं जानते थे, जो सदियों से व्यवस्था के शोषण से त्रस्त थे, वे आज अपनी बात कह पाते हैं, वे अपने अधिकारों के बारे में काफ़ी हद तक जान भी पाते हैं यह सूचना क्रान्ति का बड़ा प्रभाव कहा जा सकता है। हालाँकि मनुष्यता का यह संघर्ष बहुत लम्बा है, सूचनाओं के सामने आने, प्रसारित होने की तकनीकी सुविधाएँ बढ़ने से इस संघर्ष में एक गति ज़रूर आ सकती है, किन्तु परिवर्तन लाने के लिए मनुष्य मात्र के मौलिक आचरण में बड़े परिवर्तन की आवश्यकता है। यह परिवर्तन संस्कार से ही आ सकता है और भारतीय ज्ञान परम्परा इस बात का सबसे बड़ा उदाहरण है कि संस्कार का अमृत संवाद प्रवाह से सम्भव है। इस पुस्तक में भी संसदीय व्यवस्था एवं लोकतान्त्रिक राजनीति के अनुभवी ने संस्कार के माध्यम से ही सकारात्मक बदलाव की बात को स्वीकार किया है। वास्तविकता में यह दोनों बातें एक–दूसरे की पूरक ही हैं और साथ मिलकर ही ये एक सम्पूर्ण विचार बनती हैं कि संस्कार का प्रसार संवाद के माध्यम से ही सम्भव है और संवाद के लिए भी संस्कार अपरिहार्य है।

समाज के प्रत्येक मसले पर संवाद की ज़रूरत को सभी स्वीकार करते हैं और यही समाधान की राह को प्रशस्त कर सकता है, इससे शायद किसी को इनकार हो, किन्तु फिर भी संवाद का अभाव क्यों है यह प्रश्न वर्तमान समाज के लिए सर्वाधिक प्रासंगिक है। जनतान्त्रिक व्यवस्था में देश की संसद सबसे महत्त्वपूर्ण संस्था है जो जनाकांक्षाओं की अभिव्यक्ति, पूर्ति एवं सुरक्षा का सबसे बड़ा केन्द्र है। मेरा सौभाग्य है कि मेरा जन्म और परवरिश एक ऐसे परिवार में हुई जिसमें सामाजिक, सांस्कृतिक और राजनीतिक जागरूकता का संस्कार सदैव उपस्थित था। इसी संस्कार के कारण जिस उम्र में बच्चे कॉमिक्स पढ़ना भी शुरू

नहीं करते उसमें हम नियमित रूप से समाचार–पत्र पढ़ते रहे। सात से चौदह वर्ष की उम्र तक का मेरा समय (1987–93) भारतीय राजनीतिक, सामाजिक परिवेश में ही नहीं बल्कि वैश्विक दृष्टिकोण से भी निर्णायक परिवर्तनों, फ़ैसलों और घटनाओं का दौर था और यह परिवार के वातारण का ही असर था कि बोफोर्स, शाहबानो केस, अयोध्या मन्दिर, मण्डल कमीशन–आरक्षण से लेकर सोवियत संघ के पतन या खाड़ी युद्ध जैसे मामलों की जानकारी आज तक ऐसे ही स्मृति मेरी में है जैसे कल की ही कोई बात हो। इसी जागरूकता और सक्रियता के कारण ही सम्भवतः बिना किसी औपचारिक पत्रकारिता शिक्षण–प्रशिक्षण के मैंने पत्रकारिता के क्षेत्र में काम किया। इसी कारण से इस पुस्तक का विषय चुनने में भी सहायता मिली। छोटी उम्र से संसद–विधानसभा की कार्यवाही के बारे में पढ़ते हुए, देखते–सुनते हुए, विधायकों, सांसदों, मन्त्रियों, मुख्यमन्त्रियों से मिलते हुए अनेक सवाल अनसुलझे रहे। ये सवाल किसी पत्रकार के नहीं थे ये सवाल एक बहुत आम इन्सान के थे जो इस बात में पूरा यक़ीन रखता आया है कि जनतान्त्रिक व्यवस्था सबसे बेहतर है, संसद सर्वशक्तिमान है और जनतन्त्र में जनता का हित ही सर्वोपरि है। इस यक़ीन के साथ ही ये सवाल अनसुलझे हैं कि जनतान्त्रिक व्यवस्था, संसद की शक्ति के बावजूद जनता का हित क्यों नहीं सम्भव हो पाया। क्यों स्वतन्त्रता के सात दशक बाद भी हम बुनियादी सुविधाओं के लिए तरस रहे हैं। क्यों भ्रष्टाचार हमारी व्यवस्था की नस–नस में व्याप्त है और क्यों हमारे देश के नागरिक अपने राष्ट्रीय गौरव के भाव से बदगुमाँ हैं। मुझमें इतनी योग्यता नहीं कि मैं इन सवालों के जवाब दे सकूँ किन्तु अपने जीवन के प्रेरणापुंज डॉ. चैतन्य प्रकाश से इन सवालों या अन्य समसामयिक विषयों पर संवाद करते हुए इस पुस्तक के विषय पर काम करने की प्रेरणा मिली। इन सवालों के समाधान की क्षमता–योग्यता मुझमें नहीं किन्तु इतना विश्वास अवश्य है कि जनतान्त्रिक व्यवस्था में उपजी इन उलझनों की सुलझन भी जनतन्त्र में ही सम्भव है। संसद की शक्ति यदि आज इन सवालों के समाधान में नाकाम रही है तो इसका अर्थ यह नहीं है कि यह शक्ति निरर्थक है। वास्तव में इस शक्ति से ही इन समस्याओं का हल भी निकलना अवश्यम्भावी है। अतः निराशा के किसी अन्धकार में खोने की नहीं बल्कि एक दीया जलाने की ज़रूरत है और मेरा यह अखण्ड विश्वास है कि जैसे जनतन्त्र के सबसे बेहतरीन व्यवस्था होने

में कोई सन्देह नहीं वैसे ही संवाद ही समाधान की दिशा में प्रकाश मार्ग प्रशस्त करने वाला दीया है। जनतान्त्रिक व्यवस्था में मानवीय कमज़ोरियों से उपजे छिद्र भरने और जनता के हित के लिए इसे निरन्तर सक्षम बनाने में सर्वाधिक भूमिका संसद एवं राज्य विधानसभाओं की ही है।

संसदीय व्यवस्था अपनी क्षमता से जनतन्त्र को सही मायने में सर्वहितकारी बनाने में सक्षम हो इसमें संसदीय संवाद सर्वाधिक महत्त्वपूर्ण है। यह एक बड़ा और व्यापक विषय है जिस पर अनेक पुस्तकें लिखी जा सकती हैं; किन्तु मित्र अतुल जी और वाणी प्रकाशन की निदेशक अदिति माहेश्वरी जी से हुई शुरुआती बातचीत में यह सहमति बनी कि सर्वप्रथम संसदीय व्यवस्था के संचालन की ज़िम्मेदारी निभा रहे या निभा चुके वरिष्ठ लोगों से साक्षात्कार कर इसकी शुरुआत की जाये। पहली ही बार में इस विषय की गम्भीरता एवं आवश्यकता समझकर सहमति देने और निरन्तर मेरा उत्साह बढ़ाने के लिए अदिति जी के प्रति मैं कृतज्ञ हूँ। संसदीय संवाद की बात करते हुए मेरे ज़ेहन में हमेशा पूर्व लोकसभा अध्यक्ष स्वर्गीय श्री सोमनाथ चटर्जी का ख़याल रहता था क्योंकि संवाद की नाकामी पर सर्वाधिक बेचैनी मैंने उनके चेहरे और व्यवहार में देखी है। इस विषय पर कार्य करने के विचार के साथ ही मेरा उनसे संवाद शुरू हुआ, वे भी इस पर बात करने, काम करने के लिए बेहद उत्साहित थे किन्तु नियति ने यह संयोग न होने दिया। श्री शिवराज पाटिल से हुई बातचीत ने उनके जाने के अफ़सोस को कम करने में मदद की और उनसे बात करके समझ आया कि ऐसा नहीं कि ज़िम्मेदार लोग इस विषय की गम्भीरता से परिचित नहीं। श्री शिवराज पाटिल, श्री मनोहर जोशी, श्रीमती नजमा हेपतुल्ला, श्री करिया मुण्डा, श्री हरिवंश और श्री सुभाष कश्यप का मैं सदैव आभारी हूँ जिन्होंने मुझे इस विषय पर बात करने के लिए अपना मूल्यवान समय दिया तथा पूरी संवेदना, सहजता के साथ इस विषय पर संवाद किया। निश्चित रूप से परिवार और मित्रों के सहयोग के बिना यह कार्य सम्भव नहीं था, उनको बहुत साधुवाद। यह पुस्तक संसद, विधानसभाओं, नगर परिषदों तथा पंचायतों तक में पालन की जाने वाली संसदीय व्यवस्था में संवाद के महत्त्वपूर्ण स्थान एवं स्वरूप पर एक सार्थक संवाद को प्रारम्भ कर पाये, यही कामना है।

शिवराज पाटिल

अपनी बात को ही ठीक मानना है सबसे बड़ी बात

–शिवराज पाटिल

परिचय : शान्त, सौम्य, गम्भीर एवं चिन्तनशील व्यक्तित्व श्री शिवराज विश्वनाथ पाटिल का जन्म महाराष्ट्र के लातूर ज़िले के चाकुर गाँव में 12 अक्टूबर, 1935 में हुआ। श्री पाटिल ने हैदराबाद के उस्मानिया विश्वविद्यालय से विज्ञान में स्नातक की डिग्री प्राप्त की तथा बम्बई विश्वविद्यालय से विधि की पढ़ाई पूरी की। इसके बाद उन्होंने औरंगाबाद में विधि विषय के प्रोफ़ेसर के रूप में कार्य किया और फिर अपने गृहक्षेत्र लातूर में वकालत की शुरुआत की। 1967 में श्री पाटिल ने राजनीति में क़दम रखा और लातूर नगरपालिका के अध्यक्ष चुने गये। 1971 में वे फिर से लातूर नगरपालिका के अध्यक्ष बने। इस पद पर रहते हुए उन्होंने शिक्षा और पानी जैसे बुनियादी मुद्दों पर उल्लेखनीय कार्य किया। अकादमिक और विधिक व्यवसाय से सियासत की ओर परिवर्तित हुई उनकी जीवन–यात्रा निरन्तर जारी रही। 1972 से 1979 तक वे दो बार महाराष्ट्र विधानसभा के सदस्य निर्वाचित हुए और राज्य सरकार में मन्त्री बने। जुलाई, 1977 में शिवराज पाटिल जी को विधानसभा का उपाध्यक्ष बनाया गया। मार्च, 1978 में उनको महाराष्ट्र विधानसभा के अध्यक्ष की महत्त्वपूर्ण ज़िम्मेदारी सौंपी गयी। दिसम्बर, 1979 तक वे इस पद पर रहे तथा 1980 में लातूर लोकसभा क्षेत्र से चुनकर देश की संसद में पहुँचे। उनकी योग्यता और कर्मठता के फलस्वरूप पहले ही कार्यकाल में उनको रक्षा राज्यमन्त्री की ज़िम्मेदारी मिली।

इसके बाद 1982 में वे केन्द्रीय वाणिज्य राज्यमन्त्री (स्वतन्त्र प्रभार) बने। 1984 में फिर वे आठवीं लोकसभा के लिए निर्वाचित हुए और 1989 तक विभिन्न विभागों के राज्यमन्त्री रहे। 1989 में नौवीं लोकसभा के लिए चुने गये और 1990 में लोकसभा के उपाध्यक्ष बने। 1991 में देश में मध्यावधि चुनाव हुआ और वे चौथी बार लोकसभा सांसद बने। जुलाई, 1991 में उनको सर्वसम्मति से लोकसभा का अध्यक्ष चुना गया। 1996, 1999 में हुए चुनावों में भी वे लोकसभा के लिए निर्वाचित हुए। इस दौरान वे विभिन्न महत्त्वपूर्ण संसदीय समितियों के सदस्य रहे। छह बार लगातार लोकसभा के लिए निर्वाचित होने के बाद मई, 2004 में वे लोकसभा चुनाव हार गये, किन्तु यूपीए सरकार में उनको गृह मन्त्रालय जैसी महत्त्वपूर्ण ज़िम्मेदारी सौंपी गयी। जुलाई, 2004 में उनको राज्यसभा के लिए चुना गया। 2008 में देश में हुए आतंकी हमलों के बाद उन्होंने अपने पद से इस्तीफ़ा दे दिया। इसके पश्चात् 2010 से 2015 तक उन्होंने पंजाब के राज्यपाल के रूप में कार्य किया। स्थानीय निकाय से लेकर विधानसभा और फिर लोकसभा तक सदन के चलाने का उनका व्यापक अनुभव संसदीय संवाद सम्बन्धी अध्ययन के लिए महत्त्वपूर्ण है और उनसे साक्षात्कार में उनकी इस विषय के प्रति संवेदनशीलता भी स्पष्ट होती है।

डॉ. राकेश योगी : देश की सबसे बड़ी पंचायत, सबसे बड़ी संस्था, 'संसद' जहाँ बैठकर देश के चुने हुए प्रतिनिधि देशहित के बारे में विचार करते हैं, और जब वे विचार करते हैं, तो इसे संसदीय बहस कहा जाता है। क्या इसे संसदीय संवाद कहा जाना चाहिए या संसदीय संवाद बनाने की कोशिश होनी चाहिए और वह कैसी होनी चाहिए?

शिवराज पाटिल : आमतौर पर तो इसे पार्लियामेंट्री डिस्कशन कहा जाता है। डिबेट तो दो आदमी या छोटा ग्रुप बैठकर करते हैं। जबकि डिस्कशन में एक आदमी बोलता है और बाक़ी उसे सुनते हैं और अपनी राय भी प्रकट करते हैं। संसद में सरकार जो काम कर रही है, जो नीतियाँ या क़ानून बना रही है, वे सही हैं या ग़लत उसके ऊपर चर्चा होती है।

संसद की मंज़ूरी के बिना सरकार बजट में से एक भी पैसा ख़र्च नहीं कर सकती है, इसलिए बजट पास करना भी ज़रूरी होता है। संसद में बजट के ऊपर भी चर्चा होती है, डिस्कशन होता है। मगर जो दृष्टिकोण पार्टी के लोग रखते हैं, उसे सही सिद्ध करने के पक्ष में वे लोग अपने–अपने तर्क देते हैं। यह कोई ग़लत बात नहीं हो जाती है अगर उन्होंने बहुत दिनों से किसी विषय पर विचार किया है और उसको सही बताने की कोशिश कर रहे हैं तर्क–वितर्क करके। मगर बिना विचार किये और विषय की गहराई में जाये बग़ैर अपनी बात सही सिद्ध करने की कोशिश करना ग़लत है।

जर्मनी जैसे देश में संसद साल भर काम करती है, जो हमारे यहाँ भी होता है और न्यायपालिका भी साल भर काम करती है। मगर पहले हमारी संसद बहुत दिनों तक काम करती थी, 100 से भी ज़्यादा दिनों तक। आज वह समय अवधि कम हो गयी है। इसलिए हर आदमी को लगता है कि मेरी बात कैसे सुनी जायेगी, ऐसी स्थिति में वह डायलॉग नहीं रह जाता है। इंडियन पीनल कोड को 150 वर्ष से ज़्यादा हो गया है। हालाँकि संसद में बनाये गये कई क़ानून भी 100–150 सालों तक क़ायम रहते हैं लेकिन पुराने अप्रासंगिक कानूनों को बदलने एवं नए कानून बनाने का काम संसद में ही हो सकता और उसके लिए इतना समय शायद कम है। इसलिए सदन को अगर ज़्यादा दिन बैठने की सुविधा हो जाये तो शायद एक गड़बड़ कम हो सकती है और तभी यह झगड़े की बजाय एक 'सार्थक संवाद' हो सकता है।

डॉ. राकेश योगी : आप स्थानीय निकाय से लेकर देश की सर्वोच्च विधायिका तक अलग–अलग भूमिकाओं में रहे हैं। आप विधायक, डिप्टी स्पीकर, सांसद, मन्त्री और स्पीकर की भूमिका निभा चुके हैं। आपने बहुत महत्त्वपूर्ण मन्त्रालय देखे हैं, तो इस पूरी यात्रा में आपको संवाद की क्या भूमिका नज़र आती है?

शिवराज पाटिल : मैं बहुत कम उम्र में नगरपालिका का अध्यक्ष बना था। वहाँ पर कोई भी चीज़ करनी होती थी तो हम अधिकारियों को बुलाकर, पार्टी के लोगों के साथ और विरोधी दलों के साथ बैठकर चर्चा करते थे। इससे हमें ये पता चल पाता था कि कौन–सी ऐसी बाजू है जिसमें क़रीब–क़रीब एक विचार के लोग रह सकते हैं फिर उनको हम आगे

बढ़ाने की कोशिश करते थे। जब मीटिंग हुआ करती थी, तो वे लोग भी आते थे, विरोधी पक्ष के लोगों को भी बुलाया जाता था और हमारे वहाँ से भी लोग होते थे। हम उनको बोलने की इजाज़त देते थे जो कि रिकॉर्ड पर भी आ जाता है। हम उनको रोकने–टोकने की कोशिश नहीं करते थे। अन्त में हम या तो एक मत से फ़ैसले पर पहुँचते थे या फिर वोट से। इस तरह से कटुता भी नहीं आती थी, सबको बोलने का मौक़ा भी मिलता था। इसी वजह से मुझे हाउस चलाने के लिए नगरपालिका के अन्दर कभी तकलीफ़ नहीं हुई।

1973 में हम सदन में आये, विधानसभा में मैं आठ साल रहा, मिनिस्टर रहा, डिप्टी स्पीकर रहा, स्पीकर भी रहा। वह वक़्त जनसंघ का था, वहाँ उस वक़्त अलग–अलग पार्टियों की सरकार बनी हुई थी। पहले कांग्रेस पार्टी थी, फिर मिलकर सरकार बनायी। इसके बाद सिदकारी कांबर कम्युनिटी और कम्युनिस्ट पार्टी के लोगों ने मिलकर सरकार बनायी और शरद पवार उसके चीफ़ मिनिस्टर बने थे तथा मैं स्पीकर था। उस वक़्त भी हम ज़्यादा–से–ज़्यादा हाउस में विरोधी पक्ष के लोगों को बोलने का मौक़ा देते थे और कांग्रेस को बोलते थे कि इसका जवाब कोई मिनिस्टर ही बेहतर तरीक़े से दे सकता है या फिर जो ज़्यादा जानकार और अभ्यास किया हुआ व्यक्ति है उसे बोलने का मौक़ा हम देते थे। इस वज़ह से कभी ऐसा उन्हें नहीं लगता था कि उन्हें बोलने का मौक़ा नहीं मिला।

कभी–कभी रूलिंग पार्टी के लोग भी चालाकी कर देते थे। एक बार ऐसा हुआ था कि जब जयप्रकाश नारायण की मृत्यु की घटना हो गयी थी, मोरारजी देसाई उस वक़्त प्राइम मिनिस्टर थे, और तब संसद में कंडोलेंस रेज़ोल्यूशन पास किया गया और सदन को एड्जॉर्न कर दिया गया। एक होम मिनिस्टर जो स्टेट मिनिस्टर भी थे वे मेरे पास आये और बोले कि अपना भी हाउस एड्जॉर्न किया जाना चाहिए, तो मैंने उनको बोला कि किसने बोला आपको कि उनका इन्तेक़ाल हो गया है। पास में ही एक रिपोर्टर जो न्यूज़ दे रहा था, उससे पूछा तो उसने बोला कि हाँ हो गया है ऐसा। तब मैंने होम मिनिस्टर से बोला कि तुम मिनिस्टर हो तो रिपोर्टर को, एडिटर को क्यों पूछते हो, तुमने 'जसलोक हॉस्पिटल' के डायरेक्टर से क्यों नहीं पूछा कि जयप्रकाश जी की तबीयत कैसी है? वे इस बात से मुझ पर आगबबूला होने लगे, तो

मैंने उनसे कहा कि रुकिए, मैं अपने सेक्रेटरी को बोलता हूँ। हॉस्पिटल के डायरेक्टर से पूछने के बाद फिर हम डिसाइड करेंगे। तब सभी लोग मुझ पर चिल्लाने लगे कि तुम स्पीकर हो, तो कुछ भी करोगे? इतने बड़े आदमी के साथ ऐसा हुआ है, संसद को भी एड्जोर्न कर दिया गया है फिर भी तुम ऐसा कह रहे हो। मैं बोला कि 10 मिनट की बात है कन्फ़र्म हो जाये तो जो बोलोगे वैसा होगा। कुछ देर में हमारा सेक्रेटरी आया और बोला कि बहुत ख़ुशी की बात है कि 'जसलोक हॉस्पिटल' में जे. पी. नारायण जीवित हैं। सन्नाटा फैल गया, मोरारजी देसाई वापिस आये और बोले कि ग़लती हो गयी, हम भगवान से प्रार्थना करते हैं कि उन्हें और ज़्यादा लम्बी उम्र मिले। चन्द्रशेखर और शरद पवार दोनों भी हॉस्पिटल में थे। उन्हें भी कॉल लगाया होता तो सही इन्फॉर्मेशन पता चल जाती। मगर उस नौजवान होम मिनिस्टर को लगा कि ये बड़ी बात है, बता दूँगा तो मेरे हित में बात होगी।

फिर कोई और आये मेरे पास और बोले कि ये तुम्हारा किया तो नहीं है, वरना तुम इतने पुख़्ते तरीक़े से कैसे कह सकते थे? तब मैंने बोला कि मैंने इंग्लैंड में क्या प्रोसिज़र फॉलो होता है, ऐसी इन्फॉर्मेशन मिलने पर, वह किताब पढ़ी हुई थी। अगर डॉक्टर रिपोर्ट देता है कि किंग इज़ डैड, तब प्राइम मिनिस्टर बाहर डिक्लेयर नहीं करता। मगर डॉक्टरों की एक कमिटी बनाई जाती है, जो जाँच करती है तथा दोबारा से एक रिपोर्ट में वे लोग दस्तख़त करते हैं। एक कैबिनेट की मीटिंग भी बुलाई जाती है, और मीटिंग के अन्दर यह डिक्लेयर होता है। वहाँ जब इतना करते हैं, तो यहाँ हम सीधे अथॉरिटी से क्यों नहीं पूछ सकते?

कहने का तात्पर्य यह है मेरा कि अगर यहाँ पर सही ढंग से संवाद हो जाता तो शायद ऐसा नहीं होता। सही संवाद और संयम रखना कितना ज़रूरी है, यहाँ पता चलता है। ब्रेकिंग न्यूज़ की जो इच्छा होती है वह कभी–कभी हानिकारक हो जाती है।

डॉ. राकेश योगी : 1980 में आप संसद में आये और आपके पास बहुत से मन्त्रालय रहे, डिफेंस, फ़ॉरेन ट्रेड, एटॉमिक एनर्जी, होम मिनिस्ट्री आदि, तो आपका कोई अनुभव ऐसा भी रहा कि संसद में संवाद कैसे आगे बढ़े?

शिवराज पाटिल : मैं अपना एक अनुभव बताता हूँ आपको। जब मैं स्पीकर था, तो विपक्ष के बहुत बड़े–बड़े लोग थे मेरे सामने, जिनमें से

कुछ प्राइम मिनिस्टर भी बने, जैसे–वाजपेयी जी थे, चन्द्रशेखर थे, वी. पी. सिंह, शरद यादव सभी थे। जो उस समय बजट आया हुआ था इन्होंने उसका विरोध किया, और मैं बार–बार हाउस को एडज़ोर्न करता रहा। हमारे लोग बोल रहे थे कि इनको बाहर निकालो, मैंने मना किया क्योंकि एक बार ऐसा कर दिया तो ये लोग याद रखेंगे। फ़ाइनेन्स मिनिस्टर भी मुझसे पूछने लगे कि बजट कैसे पास होगा? तब आचार्य तुलसी जी ने वाजपेयी जी से बोला कि क्या हो रहा है यह और सदन में बार–बार ऐसा होना ठीक नहीं है। फिर वाजपेयी जी ने सबको बोला कि देखिए वहाँ अमेरिका में क्लिंटन ने बजट पास नहीं किया और वे तनख़्वाह नहीं दे पा रहे हैं, यहाँ भी ऐसा चलता रहा तो सब दोष हमारे नाम रखेंगे और हो सकता है आने वाले दिनों में स्पीकर ही तुमको बाहर निकाल देगा और बजट पास करेगा इसलिए जाओ और बजट पास करवा दो।

वाजपेयी जी की मुझे बहुत याद आती है क्योंकि मुसीबत के वक़्त पर वे हमेशा ऐसे ही साथ होते थे। वाजपेयी मेरे पास आये और बोले कि कैसे स्पीकर हो तुम, न तो बजट पास कर रहे हो न हमें निकाल रहे हो। मैंने कहा कि ज़रूरत होगी तो मुझे बाहर निकालना ही पड़ेगा। उन्होंने मुझे बोला कि मैं ऐसा होने नहीं दूँगा क्योंकि मैं बजट पास करवा दूँगा, और फिर दूसरे दिन बजट पास हो गया। यह संवाद हो गया और इसकी ख़ासियत ये ही है कि एक–दूसरे को सुनना बहुत ज़रूरी हो जाता है संवाद में।

दुनिया में कोई भी चीज़ एक एंगल की नहीं है, आप चाइना को देख रहे हैं मगर अमेरिका को नहीं, यह सही नहीं है। मेरी ही बात सही है ऐसा बोलना थोड़ा अतिश्योक्ति हो जाता है, और ये ही संवाद में बाधा उत्पन्न कर देता है।

डॉ. राकेश योगी : संसद, विधानसभा और जो लोकल बॉडीज़ हैं इनकी मूलभूत संरचना तो एक जैसी ही है लेकिन फिर भी इन सब के संवाद में किस प्रकार की समानताएँ हैं?

शिवराज पाटिल : हमारा जो संविधान है उसके अन्दर केन्द्रीय विधान बनाने का काम, बजट पास करने का काम, अर्थ संकल्प का काम, सरकार की ज़िम्मेदारी तय करने का काम सभी बताया गया है और इसी प्रकार का जो प्रोसिज़र है उसे स्टेट ने भी अपनाया है। मगर हाउस के अन्दर

किस प्रकार से काम किया जाना है उसकी गहराई में जाकर रूल्स में बताया गया है।

हमारी संसद के दो सदन हैं, लोकसभा और राज्यसभा। इन दोनों के रूल्स अलग–अलग हैं। लोकसभा के रूल्स लोकसभा ने बनाये हैं और राज्यसभा के राज्यसभा ने बनाये हैं, उसी प्रकार से विधानसभा के रूल्स भी विधानसभा ने ही बनाये और विधान परिषद् के रूल्स विधान परिषद् ने, मगर इन सबमें बहुत सारी समानताएँ हैं।

क्वेश्चन आवर होता है, उसके बाद फिर कोई ऐन वक़्त पर बड़ी बात हो गयी है तो उस पर चर्चा करने के लिए सदस्यों को समय दिया जाता है। जैसे कोई नीति बन रही है तो उस पर चर्चा करने के लिए, बजट बनाने के लिए, क़ानून बनाने के लिए सदस्यों को समय दिया जाता है। फिर फर्स्ट रीडिंग, सेकंड रीडिंग, थर्ड रीडिंग होती है। तो इसमें तो समानताएँ हैं, पर बहुत–सी जगहों में समानताएँ नहीं भी हैं।

सदन के अन्दर ज़ीरो आवर (शून्यकाल) लोहिया जी एवं फर्नांडीज़ जी ने शुरू किया था। इसका मतलब होता है कि स्पीकर को नोटिस देना ज़रूरी नहीं है, उसके बिना भी आप चर्चा कर सकते हो। मगर हम ऐसा विधानसभा और विधान परिषद् में नहीं होने देते थे। अगर अचानक से कोई घटना हो जाये, तो स्पीकर को नोटिस दिया जाता था और उन्हें ऐसा लगता था कि इस पर चर्चा की जानी चाहिए तो उस चर्चा को हम करते थे। सदन में इस ज़ीरो आवर के टाइम में बड़ी मुश्किल हो जाती थी। सुबह की जो अवधि होती है वह प्राइवेट मेम्बर की तरह होती है, क्वेश्चन आंसर होते हैं, और उसके बाद फिर ज़ीरो आवर की एक्टिविटी होती है, फिर जो टेबल पर पेपर रखने होते हैं वे रख देते हैं। लोकसभा और राज्यसभा में सरकार का काम इस समय सिर्फ़ इतना होता है, सरकार का ज़्यादा काम दिन में होता है। मगर विधानसभा में सरकार का ज़्यादातर काम ज़ीरो आवर न होने की वजह से सुबह आसानी से ही होता है। देखा जाये तो क़ानून के अन्दर, रूल्स के अन्दर ज़ीरो आवर की कोई बात नहीं है। यह अभी भी अनौपचारिक रूप से चलता है।

जो कुछ भी चर्चा होती है सही या ग़लत, वे सब तीन प्रकार से रिकॉर्ड होती है। पहले ऑडियो होता था, रिटेन होता था और आजकल तो वीडियो भी होता है। हमारे समय में ब्रॉडकास्टिंग भी हुई। मगर हमने उसमें थोड़ी चालाकी की थी। हमने जब रिकॉर्डिंग शुरू की तो मैंने कहा

जो भी स्पीकर की आज्ञा के बिना बात करेगा उसे टी. वी. पर नहीं दिखाया जायेगा, कैमरा शिफ़्ट हो जायेगा।

यह लोकसभा में होता था मगर राज्यसभा में नहीं, तो वहाँ लोग बोलते थे कि हमारे वहाँ झगड़े ज़्यादा होते हैं तुम्हारे वहाँ पर कम। तब हमने बोला कि आप लोग भी ऐसा कर दीजिए सब अपने आप ठीक हो जायेगा।

अब वेंकैया नायडू जी की जो कमिटी है उन लोगों को किसी दूसरे देश में भेजना चाहिए, जैसे चाइना, अमेरिका, यू. के., फ्रांस, मलेशिया। सबसे ज़्यादा डिसिप्लिन इन कम्युनिस्ट कंट्री में है, लेकिन जहाँ पर लिबर्टी है वहाँ इतना झगड़ा है। चाइना में जब डिस्कशन होता है, तो सारा डिस्कशन लेजिसलेचर में नहीं होता, उनकी जो 3000 सदस्यों की नेशनल काँग्रेस है उसमें होता है। इसके अन्दर बजट और क़ानून पास नहीं होता, बल्कि नीति निर्धारण होता है, लड़ाई करनी है या नहीं वह डिसाइड होता है और फिर जब उसके लिए कोई क़ानून बनाना है तो वे हाउस में जाते हैं। बजट पास करना है या नहीं, इस साल किस पर पैसा ज़्यादा लगाना है, बिजली बनाने के लिए, एजुकेशन के लिए, खेती पर, आरोग्य पर, व्यापार पर या रोड बनाने के लिए तो इस सब पर चर्चा हाउस में होती है। फिर पॉलिसी बनाई जाती है। कितना पैसा लगेगा, उसके लिए क़ानून कैसा बनाना है यह सब वहाँ नहीं होगा।

अब ये दोनों चीज़ें हम लोकसभा और राज्यसभा में करते हैं। वहाँ पर पॉलिसी बनाने के लिए 3000 लोग और पॉलिसी के मुताबिक़ क़ानून, बजट बनाने के लिए क़रीब–क़रीब 350 लोग होते हैं। उनके पास ज़िला परिषद् के लेवल पर भी क़ानून बना सकते हैं। यह क़ानून अगर ग़लत रहा तो स्टेट में दुरुस्त हो जाता है। स्टेट भी क़ानून बना सकता है अगर स्टेट भी ग़लत रहा तो वह नेशनल लेवल पर दुरुस्त हो जाता है।

अमेरिका में जो मेम्बर्स हैं उनको बोलने के लिए प्रीसाइडिंग ऑफ़िसर समय नहीं देता है, बल्कि वह पार्टी को समय देता है, जैसे–रिपब्लिकन पार्टी को समय दे दिया। उनकी पार्टी का लीडर जिसको बोलने का मौक़ा देना चाहता है उसे देता है। वहाँ वे अपनी सीट से बात नहीं करते, पोडियम से बात करते हैं जिस पर खड़े रहकर एक व्यक्ति बात करता है और दूसरा व्यक्ति पास में ही रखी सीट पर अपनी बारी का इन्तज़ार करता है। उस समय उसे ही रिकॉर्ड किया जाता है बाक़ी के सेक्शन को नहीं। उन लोगों ने कम्प्यूटर्स भी लगा दिये हैं जो समय की सीमा बताते

रहते हैं, जिस वजह से बोलने वाले को अपना वक़्त ख़त्म होने पर वापिस आना ही पड़ता है। यहाँ सीट पर से उठकर बात करते हैं और सभी एक साथ उठ–उठकर बात करने लगते हैं और ये ही हमारी कमज़ोरी और कमी है। यहाँ भी पोडियम बनाना चाहिए, काम करने को ज़्यादा दिन देने चाहिए ताकि अलग–अलग विषयों पर विस्तार से चर्चा हो।

जब मैं स्पीकर था तब हम आसानी से मेम्बर्स को बाहर नहीं फेंक सकते थे। उसके लिए हाउस को बोलना पड़ता था कि हमें किसी मेम्बर को बाहर निकालना है। एक बार बीजेपी के मेम्बर ने कोई ग़लत बात कह दी, तो काँग्रेस के सांसदों ने मिलकर बोला कि हम रेज़ोल्यूशन को पास करेंगे इसको बाहर निकालो। मैंने कहा कि हम प्रिविलेज़्ड कमिटी को भेज देते हैं, तब इसका निर्णय होगा, लेकिन आडवाणी जी उस मेम्बर को लेकर आये जो कि उन्हीं की पार्टी का था और उन्होंने उससे उसकी ग़लती की माफ़ी मँगवायी। इस तरह काँग्रेस के सांसद भी मान गये। तो यह भी एक संवाद है। जब बात करते हैं तो संवाद की सम्भावना हमेशा बढ़ जाती है।

वेंकैया नायडू ने जो कमिटी अप्वॉइंट की उन्हें बोलना चाहिए कि हमें अच्छे डिस्कशन के लिए हाउस में बैठने के दिन बढ़ाने चाहिए, पोडियम पर खड़े होकर बात करनी चाहिए, कोई बात न सुने तो उसे हाउस से निकालने का भी प्रावधान होना चाहिए, हाउस एड्जॉर्न नहीं होना चाहिए, और जिस दिन एड्जॉर्न हो गया तो उस दिन उस मेम्बर की फ़ीस नहीं मिलनी चाहिए। अगर काम 50 दिन में नहीं होता है तो 100 दिन में करो, तब भी नहीं होता है तो 150 दिन में करो, नहीं तो 365 दिन में करो, तब इसका कोई अर्थ है, नहीं तो कोई अर्थ नहीं। चर्चा के लिए नहीं काम के लिए तनख़्वाह मिलनी चाहिए और पूरे साल अगर आप काम करेंगे तो यह गड़बड़ कम हो जायेगी।

डॉ. राकेश योगी : संसद में जो संवाद है उसमें अनेक आइडिया और आइडियोलोजी के साथ लोग आते हैं, उन्हें अभिव्यक्ति का मौक़ा देना कितना ज़रूरी है?

शिवराज पाटिल : बहुत सारे लोग जो मेम्बर ऑफ़ पार्लियामेंट चुन कर आते हैं उनको संविधान समझे बिना सही ढंग से चर्चा करनी तो नहीं आयेगी। अब ज़्यादा दिन तक हाउस में रहने के बाद उन्हें समझ

आ जाता है कि किस विषय पर चर्चा की जाती है और किस विषय पर नहीं।

एक बार की बात है जब मैं स्पीकर था तब गुजरात का एक मेम्बर आया और बोला साहब मुझे बोलने के लिए टाइम दे देना। मैंने कहा तुम बोलने के लिए ही तो आये हो तो बोल लेना। मैंने उससे उसका विषय पूछा तो बोला साहब मेरे गाँव के अन्दर पानी नहीं है, मैं इसी पर चर्चा करना चाहता हूँ। मैंने उससे कहा कि तुम्हारे गाँव में पानी नहीं है तो इसकी चर्चा तुम्हें ग्राम पंचायत में करनी चाहिए, ज़िला पंचायत में या पंचायत समिति में करनी चाहिए और ज़्यादा–से–ज़्यादा उसकी चर्चा स्टेट लेजिसलेचर में हो सकती है, यहाँ तो कोई हाँ बोलने के लिए भी खड़ा नहीं होगा तुम्हारी बात पर। यह सारा मामला तो स्टेट से नीचे का है, जाकर स्टेट के मिनिस्टर से बात करिए या ज़िला परिषद् के अध्यक्ष से बात करिए। मैं बोला उससे कि वक़्त ऐसे मैं आपको नहीं दे सकता क्योंकि आपका विषय यहाँ का होना चाहिए। हमारे पास तीन लिस्ट हैं, यूनियन लिस्ट, स्टेट लिस्ट और कॉमन लिस्ट। वह बोलने लगा कि साहब अगर आप मुझे वक़्त नहीं देंगे तो मैं हाउस नहीं चलने दूँगा। मैंने उससे पूछा कि आप मुझे धमकी दे रहे हो तो वह बोला नहीं मैं आपको धमकी नहीं दे रहा हूँ। मगर आप मुझे मौक़ा नहीं दोगे तो मैं सारे कपड़े उतारकर अन्दर फ़र्श पर बैठ जाऊँगा और आपको मुझे बाहर फेंकना है तो मुझे नंगा फेंक देना। हँसते हुए मैंने बोला कि जाओ भाई तुम अन्दर जाओ और दस मिनट से ज़्यादा मत लेना बस। यहाँ बात यह आती है कि मेम्बर को ही मालूम नहीं है कि संसद में क्या बात करनी है और क्या नहीं? संसद में भले ही किसी भी पृष्ठभूमि से लोग आ रहे हों, लेकिन उनकी भी एक शिक्षा होनी ज़रूरी है जिसका इन्तज़ाम संसद में है तो सही। मगर संसद के लेवल पर जो कमिटी है वह 10–15 दिन ही पढ़ाती है। अब इतने दिनों में संविधान थोड़े ही पढ़ा जा सकता है या फिर जो स्टेट लेजिसलेचर की, ज़िला परिषद् की क्या अथॉरिटीज़ हैं वह नहीं बताई जा सकतीं। संसद के अन्दर नये विचार के लोगों को लाना बहुत ज़रूरी है मगर जिनको डेमोक्रेसी किस प्रकार से काम करती है ये ही मालूम नहीं, तो कोई फ़ायदा नहीं है इसका। अनुभव का होना भी बहुत ज़रूरी है और शिक्षा का होना भी बहुत ज़रूरी है। यह हमारे माता–पिता नहीं बता सकते, स्कूल के टीचर को भी खुद पता नहीं

होता संविधान। संविधान मालूम होगा तो रूल्स मालूम नहीं होंगे इसलिए हमें ख़ुद इसकी समझ रखनी चाहिए। हमको भी परेशानी होती थी जब हम नये–नये गये असेम्बली के अन्दर पर अनुभव के साथ सब हो जाता है।

डॉ. राकेश योगी : हमारा देश इतनी विविधता का देश है, इतने सारे राज्य हैं तो संसद में जो अलग–अलग राज्य हैं, वर्ग हैं सबकी बात को, सबके हित को कैसे रखा जा सकता है?

शिवराज पाटिल : मुझे ऐसा लगता है कि हमारे देश के अन्दर सबसे बड़ी ग़लती जो हो गयी वह है मण्डल कमीशन। ये बैकवर्ड क्लास को आप रिज़र्वेशन दे रहे हैं और जाति के आधार पर दे रहे हैं, उस राज्य की जो सबसे पावरफुल जाति है उसी को रिज़र्वेशन मिलता है और दूसरे लोग हमसे आकर बोलते हैं कि क्या हम उनसे ज़्यादा अमीर हैं, हमारे बच्चे उनसे ज़्यादा पढ़े–लिखे हैं या फिर हमारी हालत उनसे ज़्यादा बेहतर है जो कि रिज़र्वेशन उनको दिया जा रहा है, हमें नहीं। साढ़े तीन हज़ार जातियाँ हैं पूरे हिन्दुस्तान के अन्दर, तो जाति के नाम पर कैसे कोई देश को बाँट सकता है। हम बोल रहे हैं कि रिज़र्वेशन को बन्द मत करो। शिड्यूल कास्ट और शिड्यूल ट्राइब को आपने रिज़र्वेशन दिया तो वह न्याय किया। दो–तीन हज़ार वर्षों से उनको ज़मीन नहीं दी, कोई प्रशिक्षण नहीं दिया, सम्मान नहीं दिया। कुत्तों को पास बैठा सकते थे। मगर उनको पास बैठाने के लिए आप तैयार नहीं थे, तो उनको रिज़र्वेशन देना बहुत अच्छी बात है। अगर दूसरी बैकवर्ड क्लास में ऐसा हो रहा है तो जो सबसे पावरफुल जाति है उसे आप रिज़र्वेशन दे रहे हो ग़रीब तबक़े को नहीं।

कर्नाटक में जाओ तो लिंगायत को देंगे, महाराष्ट्र में जाओ तो मराठों को देंगे। जातीयता नष्ट करने की बात संविधान ने की है। मगर आप तो जातीयता को सिक्का लगाकर दे रहे हो। रिज़र्वेशन बन्द नहीं करना है, चालू रखना है, लेकिन आप आज 50% रिज़र्वेशन दे रहे हो, अगर हमारे देश में 30% पढ़े–लिखे लोग, अमीर लोग हैं, तो उन 30% के लिए रिज़र्वेशन नहीं रखो, बाक़ी के सब लोगों के लिए रिज़र्वेशन रखो। मगर आर्थिक स्थिति के आधार पर रिज़र्वेशन होना चाहिए जाति के आधार पर नहीं।

मैंने बोला आप महिलाओं को बोलने को दे दो। 50% महिला होने के बाद भी अगर 8%, 12% ही हैं तो आखिर ऐसा क्यों हैं? आजकल तो सारे गोल्ड मेडल्स भी लड़कियाँ ही लेकर जा रही हैं हर जगह। रिज़र्वेशन देना ही है तो जाति के नाम पर नहीं प्रकृति ने जो बदलाव किया है उसके आधार पर दे दो। प्रकृति ने जाति नहीं बनाई है, पुरुष और स्त्री को बनाया है, तो स्त्री को रिज़र्वेशन देना चाहिए।

डॉ. राकेश योगी : आप खुद स्पीकर रहे हैं, तो क्या आज की जो परिस्थिति है उसमें यह विषय भी कभी उठाया जा सकता है?

शिवराज पाटिल : क्यों नहीं उठाया जा सकता? अगर यह विषय नहीं उठाया जा सकता तो क्या उठाया जा सकता है? अगर मराठा कम्युनिटी का कोई ग़रीब बच्चा है तो आप उसे दे दो रिज़र्वेशन, लिंगायत का ग़रीब है उसे दे दो, मुस्लिम, क्रिश्चियन ग़रीब है उसे भी दे दो, और ब्राह्मण का ग़रीब बच्चा है तो उसको भी दे दो। मगर सबका ध्यान तो इसी में है कि सिर्फ़ मज़बूत कम्युनिटी को नाराज़ नहीं करना है। अगर जाति के आधार पर आप रिज़र्वेशन देंगे तो उस जाति का जो अमीर घर का बच्चा है उसको ही जगह मिलेगी, सुविधा लेकर कॉम्पिटीशन में आ जायेगा और ग़रीब का बच्चा वहीं का वहीं रह जायेगा। ऐसी चीज़ संसद में नहीं आ रही है, तो अच्छा नहीं है। संवैधानिक तरह से इसे लाने में कोई कठिनाई नहीं है।

डॉ. राकेश योगी : संसद में जो संवाद होता है उसमें विभिन्न पार्टियों की जो आइडियोलॉज़ी है उनका क्या रोल होता है?

शिवराज पाटिल : कौन–सी पार्टी यह बोलेगी कि हमारे देश का संरक्षण नहीं होना चाहिए। देखें तो डिफेंस पॉलिसी पर ज़्यादा झगड़ा नहीं होता है, उस पर सभी बोलेंगे कि सभी जगह से शान्ति होनी चाहिए चाहे चाइना हो, पाकिस्तान हो या श्रीलंका या फिर बांग्लादेश हो। मगर पार्टी का दृष्टिकोण लेकर कोई कुछ कहे तो उसे सब गालियाँ देते हैं। जैसे पण्डित जवाहरलाल नेहरू ने 'हिन्दी–चीनी भाई–भाई' बोला तो सब बोलने लगे कि क्या बोल रहे हो? आपकी जो समझ थी वह पार्टी के दृष्टिकोण से थी, देश के हित के दृष्टिकोण से नहीं थी।

1977 की बात है अटल बिहारी वाजपेयी जी जब विदेश मन्त्री थे उन्होंने मुझसे कहा कि उन्हें लगा कि चीन और भारत दोनों ही बड़े देश

हैं और यह हिमालय ही है जिसकी वजह से हमारी लड़ाई नहीं हो पाती है। बौद्ध धर्म भी वहाँ चला गया और चूँकि वहाँ का धर्म हमारे धर्म से मिलता–जुलता था, इसलिए बौद्ध धर्म वहाँ पर रह गया। सबसे ज़्यादा बुद्धिस्ट लोग भी इन्हीं देशों में हैं। तो हिन्दुस्तान और चाइना वालों को लड़ाई करनी क्यों है। हिन्दुस्तान और चाइना में अगर युद्ध हो जाये तो क्या एशिया शान्त रहेगा? दुनिया शान्त रहेगी? दुनिया तो ये बोलेगी की लड़ने दो, बड़ी शान दिखाते थे दोनों, अब थकने दो इनको। ऐसे में कोई हमारी मदद करेगा, कोई उनकी मदद करेगा। हमारा व्यापार भी ख़त्म हो जायेगा, आर्थिक विकास भी कम हो जायेगा। इसलिए हमारे झगड़े नहीं होने चाहिए।

वाजपेयी जी बोले, 'मुझे ऐसा लगता है कि मुझे वहाँ जाना चाहिए और चीन के लोगों से बात करनी चाहिए।'

उन्हें बाद में यह भी लगा कि अगर वह गये तो उन्हें भला–बुरा कहा जायेगा, इसलिए उन्होंने श्रीमती गाँधी को कॉल किया और बोला कि, 'मैडम; मैं एक विदेश मन्त्री होने के नाते चाइना जाना चाहता हूँ और दोनों देशों के जो सम्बन्ध बिगड़े हुए हैं, उन्हें सुधारने की भी कोशिश करना चाहता हूँ। अगर मैं गया तो आप लोग मुझे ग़लत तो नहीं ठहराओगे?' मैडम ने उन्हें बोला कि मैं तुम्हें खुद भेजना चाहती थी इसलिए तुम ज़रूर जाओ और कोई तुम्हारे लिए ग़लत नहीं बोलेगा। यहाँ भी एक तरह के संवाद की भूमिका हमें दिखाई देती है।

फिर वाजपेयी जी जब चाइना गये तब चाइना ने वियतनाम पर हमला कर दिया था जो कि हिन्दुस्तान का अच्छा मित्र देश था और वाजपेयी जी वापिस आ गये। मगर जब वे प्रधानमन्त्री बने उन्होंने खुद इंडिया और चाइना की एक कमिटी बनायी जिसमें प्राइम मिनिस्टर ऑफ़ चाइना और प्राइम मिनिस्टर ऑफ़ इंडिया बैठते हैं और अभी तक यह चल रहा है। अभी भी वे बैठते हैं साल में दो बार, एक बार चाइना में तो एक बार भारत में और ये सब वाजपेयी जी ने किया।

श्रीमती गाँधी तो गयी नहीं मगर राजीव गाँधी गये वहाँ और डेंग ज़ियोपिंग से मिले और फिर यह तो बहुत ही प्रसिद्ध बात है, जब 'वेलकम, माई यंग फ्रेंड' कहकर बीजिंग में उन्होंने राजीव गाँधी को सम्बोधित किया। तो संवाद चाहे जो भी हुआ हो मगर कितनी समानता थी वाजपेयी जी, इन्दिरा जी और राजीव गाँधी के सोचने में यह हमें समझ आता है

इस क़िस्से से। इसलिए कोई भी झगड़ा है तो बन्दूक़ से क्यों बात करनी है, एक संवाद के तरीक़े से भी तो बात हो सकती है।

डॉ. राकेश योगी : जब आप पार्लियामेंट को संचालित कर रहे थे तब लिब्रलाइज़ेशन एवं ग्लोबलाइजेशन का दौर था

शिवराज पाटिल : लिब्रलाइज़ेशन बहुत अच्छी बात है। मगर लिबर्टी फ़ॉर एक्सप्लॉइटेशन भी कुछ है क्या? लिबर्टी फ़ॉर जस्टिस है भी या नहीं। हम समझते हैं कि मज़दूर को अच्छी मज़दूरी मिलनी चाहिए, काश्तकार के माल को अच्छा भाव मिलना चाहिए, दुकानदार को फ़ायदा किये बिना दुकानदारी करने की ज़रूरत महसूस नहीं होनी चाहिए। इंडस्ट्री बनाने के लिए जो पैसा मिलता है वह मिलना चाहिए। मगर यह सब करने के बाद कंज़्यूमर को आप अगर सस्ता अनाज नहीं दे रहे हो तो, काश्तकार मज़दूर को अगर मज़दूरी नहीं दे रहा हो तो, काश्तकार की ज़मीन के अन्दर से जो माल निकल रहा है, उसकी क़ीमत अगर दुकानदार बराबर नहीं दे रहा हो, तो आप मिनिमम सेलिंग प्राइस लगायेंगे। दुकानदार बोलता है कि सोयाबीन का रेट चार हज़ार प्रति क्विंटल है, मैं तुमको दो हज़ार प्रति क्विंटल ही दे सकता हूँ, देना है तो दो, वरना जाओ, तो फिर क्या फ़ायदा है इस एम. एस. पी. का। लिब्रलाइज़ेशन का मतलब लिबर्टी टू एक्सप्लॉइट नहीं है बल्कि लिबर्टी टू डू जस्टिस टू ऑल है। अगर ऐसा नहीं है तो लिब्रलाइज़ेशन का अर्थ अन्त में एक्सप्लॉइटेशन हो जायेगा। हमने उस वक़्त भी थोड़ा–थोड़ा संवाद किया इस विषय पर। हमने दुकानदार को ज़्यादा परमिशन दे दी, इंडस्ट्रियलिस्ट को ज़्यादा परमिशन दे दी, लेकिन काश्तकारों को हम नहीं दे पाये और मज़दूरों को भी नहीं दे सके। इंडस्ट्रियलिस्ट और दुकानदार ख़ुश थे। मगर काश्तकार और मज़दूर ख़ुश नहीं रह पाये। इसलिए ऐसा हुआ कि जो लोग हम कॉंग्रेस वालों को वोट देते थे वे बोलने लगे कि पहले के कॉंग्रेस वाले हमको ज़्यादा मदद करते थे, ये कॉंग्रेस वाले नहीं करते हैं, इनको थोड़ा–सा सबक सिखाना चाहिए कि हम क्या कर सकते हैं।

अब आपने ट्रेडर्स को, अमीर आदमी को थोड़ा–सा फ़ायदा तो दिलाया, मगर वे ऐसा बोलने लगे कि पहले और अब में कोई ज़्यादा फ़र्क नहीं है। थोड़ा–सा फ़ायदा दिलाया, हमें कोई बड़ा लाभ नहीं हुआ महँगाई इतनी बढ़ी हुई है, इससे हमारा क्या होगा और इसलिए कॉंग्रेस

वालों को न पैसा दिया न वोट जिससे हम हार गये। मुझे ऐसा लगता है कि इससे हमें कुछ नुक़सान भी हुआ है मगर कुछ थोड़ा फ़ायदा भी हुआ लेकिन जो हुआ उसके लिए सबके साथ–साथ मैं भी ज़िम्मेदार था।

डॉ. राकेश योगी : आर्थिक लिब्रलाइज़ेशन की बात करें तो, पी. वी. नरसिम्हा के वक़्त से शुरू हो गया था और 1991 से 96 तक तो आप स्पीकर भी थे, तब क्या इस विषय पर भी कोई संवाद हुआ था?

शिवराज पाटिल : जब मैं स्पीकर था तो मिखाइल गोर्बाचेव सोवियत संघ के लीडर थे और मारग्रेट थैचर प्रधानमन्त्री थीं। इनके साथ सम्बन्ध अच्छे रहे, तो इन्होंने बोला कि ये कोल्ड वॉर जो है ख़त्म कर देना चाहिए। तो मैं स्पीकर्स की कान्फ्रेंस में पोलैंड गया था और वहाँ सोवियत संघ के लोग भी आये थे। मैंने उनसे पूछा कि सब कैसा चल रहा है, गोर्बाचेव कैसे चल रहे हैं, तो उनमें से एक आदमी बोला कि गोर्बाचेव का नाम मत लो यहाँ। मैंने पूछा कि ऐसा क्यों कह रहे हो, वे तुम्हारे प्रेसिडेंट हैं, लीडर हैं। तो वह कहने लगा कि गोर्बाचेव ने यहाँ सब ख़त्म कर दिया हम उसका नाम नहीं लेना चाहते।

फिर गोर्बाचेव के बाद एल्सिन (Yeltsin) आये। सोवियत संघ का भी अठारह देशों में डिवीज़न हो गया, यू. एस. एस. आर. ख़त्म हो गया। फिर उसके बाद पुतिन आये। मगर पुतिन ने फिर से एक बार रूस को मज़बूत करने की कोशिश की। तब मुझे यह लगा कि जब सोवियत संघ के साथ ऐसा हो सकता है तो हमारे वहाँ भी ऐसा हो सकता है; क्योंकि कश्मीर अपनी अलग स्वतन्त्रता माँग रहा था, नागालैंड, मणिपुर अलग स्वतन्त्रता माँगते हैं और फिर तमिलनाडु कुछ अलग बोलता है। सब राज्य में ऐसा नहीं बोलते थे। मगर कुछ ऐसे राज्य थे जो बोलते थे कि हम तो स्वतन्त्र होंगे। श्री कृष्ण का पाठ करते हुए भी ये लोग बोलते थे कि हम भारत देश के भाग नहीं हैं।

तब एक स्पीकर होने के नाते मैंने सबको बुलाया, वाजपेयी आये, चन्द्रशेखर आये, वी. पी. सिंह आये, पी. वी. नरसिम्हा राव ने किसी को भेज दिया, कम्युनिस्ट पार्टी के लोग भी आ गये। मैंने सिर्फ़ इतना बोला कि हम लोग यह बोलते हैं कि हमने इस गाँव में यह किया, इतनी सड़कें बनायीं, दो स्कूल खोल दिये, लेकिन अगर हिन्दुस्तान को बाँट दिया तो हम क्या करेंगे। सोवियत संघ जो इतना मज़बूत था वह बाँट दिया गया

अगर यहाँ भी ऐसा हो गया तो कैसा लगेगा? हमारे यहाँ तो अलग परिधानों वाले, अलग खाना खाने वाले, अलग भाषा बोलने वाले लोग रहते हैं, अगर वे कहने लगे कि हम तुम्हारे साथ नहीं रह सकते तो कैसे होगा? फिर वाजपेयी जी ने पूछा कि हमें क्या करना चाहिए? मैंने कहा कि मैं जूनियर आदमी हूँ और आप लोग मुझसे सीनियर हैं। आप लोगों को बोलना चाहिए इस विषय पर। तब वाजपेयी जी ने बोला कि मुझे लगता है कि प्रेसीडेंशियल फ़ॉर्म ऑफ़ गवर्नमेंट होनी चाहिए, पार्लियामेंटरी फ़ॉर्म नहीं। चन्द्रशेखर पास ही में बैठे हुए थे और हम सभी आपस में दोस्तों की तरह बात करते थे तो वे बोले कि वाजपेयी जी ने यह बात कह तो दी मगर मुझे लगता है कि प्रेसीडेंशियल गवर्नमेंट से हिन्दुस्तान का बँटवारा जल्दी हो जायेगा। तुम एक राष्ट्रपति बनाओगे तो दूसरे प्रान्त का बोलेगा कि मुझे क्यों नहीं बनाया। कम–से–कम यहाँ सभी मिनिस्ट्री के लोग बोल तो रहे हैं आपस में विचार–विमर्श करके, तो पार्लियामेंटरी गवर्नमेंट हटाना अच्छा नहीं है। वी. पी. सिंह भी साथ में बैठे हुए थे, वे बात को टालते हुए बोले कि तुम इस बारे में बात कर रहे हो और यहाँ दो–तीन साल में चुनाव होने वाले हैं, तो अभी नहीं करेंगे इसकी बात चुनाव के बाद करेंगे।

काँग्रेस के लोगों ने मुझे कहा, स्पीकर को क्या ज़रूरत है ये सब बोलने की, क्यों तुमको फ़िक्र लगी है? मुझे बहुत गुस्सा आया इस बात पर क्योंकि एक नागरिक को भी इस बात की फ़िक्र हो सकती है तो मैं तो स्पीकर बनकर बैठा हूँ संसद में। मुझे तकलीफ़ नहीं है तो आपको भी नहीं होनी चाहिए। तब वे मुझे बोलते हैं कि तुम स्पीकर तो बन चुके हो और क्या बनना चाहते हो? मैंने सीधे यह जवाब दिया कि तुम लोग जो मैं बात कर रहा हूँ उसे करके दिखा दो, मैं उसके बाद नगरपालिका का इलेक्शन भी नहीं लड़ूँगा, घर में जाकर बैठ जाऊँगा। अगर देश एक रहा तो हम सब रहेंगे, वरना क्या है ये सब कुछ भी नहीं? बाद में वे माफ़ी माँगने लगे। यह संवाद नहीं होता है, अलग–अलग लोगों के विचार होते हैं। कोई बोलता है पार्लियामेंटरी फ़ॉर्म चाहिए, कोई प्रेसीडेंशियल बोलता है, तो कोई यह भी बोलता है कि इसकी ज़रूरत ही क्या है?

किसी ने कह दिया कि मण्डल कमीशन लाओ, देश एक हो जायेगा। क्या सच में ऐसे एक होगा देश? मुझे तो लगता है कि ऐसे टूट रहा है हमारा देश, क्योंकि तीन हज़ार पाँच सौ जातियों के लोगों को आप रिज़र्वेशन नहीं दे सकेंगे।

आप ग़रीब को रिज़र्वेशन दे दो, हर जाति के आदमी को रिज़र्वेशन मिल जायेगा। हमसे पूछा गया कि ग़रीब कैसे डिसाइड करोगे? मैंने बोला जिसकी ज़मीन नहीं है, जिसका घर नहीं है, जिसकी दुकान नहीं है, जिसका कारख़ाना नहीं है, जिसकी सरकारी नौकरी नहीं, जिसकी आय पचास हज़ार से कम है, उसको ग़रीब माना जायेगा। ऐसे मुसलमान, ईसाई, ब्राह्मण, मारवाड़ी सभी के बच्चों को आगे बढ़ने का बराबर मौक़ा भी मिल पायेगा।

डॉ. राकेश योगी : संसद में जो संवाद होता है, जो प्रतिनिधि जनता के द्वारा चुन कर आते हैं वे जनता की बात कहने के लिए, जनता की समस्या कहने के लिए आते हैं और सरकार को उनकी बातों पर जनता को जवाब देना है, क्या उसे जनता और सरकार का संवाद कह सकते हैं?

शिवराज पाटिल : देखिए प्रश्न–उत्तर जो हैं उसमें सरकार को सही जवाब देना पड़ता है। मगर जो दूसरे सवाल हैं, जैसे–ग़रीबी हटाओ, लेकिन ग़रीबी हटाने के लिए उत्पादन ज़्यादा करने के लिए ज़्यादा पैसा दे दो, तो ग़रीबी जल्दी समाप्त हो जायेगी। वे बोलेंगे कि इसके लिए हमें पचास साल लगेंगे तो हम क्या पचास साल तक आधा पेट खाना खाकर जीयेंगे, उसमें पूरी सम्भावना नहीं हो सकती है।

डॉ. राकेश योगी : इसमें और सफलता लाने के लिए यह जो बहस और चर्चा है, वो संवाद के रूप में विकसित हो और सफलता लाने के लिए किस प्रकार के और प्रयास किये जायें?

शिवराज पाटिल : मेरी दृष्टि से मैं एक कॉनक्लूज़न में आया हूँ। लोकशाही का मतलब क्या है–लोगों का राज्य, लोगों के लिए राज्य और लोगों के हित का राज्य। डेमोक्रेसी मींस बाय द पीपल, ऑफ़ द पीपल एंड फॉर द पीपल और आज का राजा कौन है? प्राइम मिनिस्टर इज़ नॉट अ राजा, ही इज़ होंल्डिग गवर्नमेंट ऑन इन हिज़ हैंड! कौन राज करने वाला है, ये लोग तय करेंगे और यह संविधान में हमेशा ही रहेगा। अब देश का राजा कौन है? वे लोग हैं! मगर इतने बिखरे हुए हैं और अलग–अलग विचार के हैं और सम्प्रभुता पाँच साल में मतदान के थ्रू कर सकते हैं। बाक़ी के वक़्त पर वह एजुकेशन भी इस्तेमाल करने जैसा नहीं होता। आई एम कमिंग टु द कॉनक्लूज़न, कोई भी जनता ड्यूटी की बात

नहीं करती। हम सिर्फ़ सरकार की ड्यूटी की बात करते हैं। नो बॉडी इज़ टॉकिंग अबाउट द ड्यूटी ऑफ़ ए पर्सन कंस्ट्रक्टिंग बिग हाउसेज़, कोई भी उनकी बात नहीं करता जो बड़े–बड़े निर्माण कर रहे हैं, कोई उन बड़े–बड़े संस्थानों की बात नहीं कर रहा है, जो एजुकेशन दे रहे हैं और विद्यार्थियों से ढेर सारा पैसा चार्ज कर रहे हैं। नो बॉडी इज़ टॉकिंग अबाउट वट इज़ टू पेड टू द पर्सन हु हैव टू रिसीव मेडिकल हेल्प। ट्रेडर्स के बारे में कोई बात नहीं करता जो कि प्रोडक्ट के चलने पर बहुत चार्ज करते हैं। केरल में जिन लोगों ने एक साल पहले कोकोनट ख़रीदा था, उसे अगले साल दोगुने दाम में बेचते हैं। वे उसे ज़्यादा दाम में क्यों बेचते हैं। दे शुड टेक द प्रॉफ़िट आल द मनी दे हैव मेड फ़ॉर रिटर्निंग द हाउस, फ़ॉर ट्रांसपोर्टिंग हाउस एंड आल दीज थिंग्स। बट इफ़ इट इज़ इन रेन मोड एंड इफ़ कोकोनट इफेक्टेड विच ऑप्शन वी हैव इट इज़ जस्टिफ़ाई। कोई भी नागरिक की ड्यूटी के बारे में बात नहीं करता है। यू टॉक अबाउट ड्यूटीज़ ऑफ़ द सिटिजन टू एक्सटेंट यू हैव रेस्पोंसिबल द फार्मर, द वर्कर्स इन द फ़ील्ड, द ट्रेडर्स, द इंडस्ट्रियलिस्ट, द टीचर्स, द डॉक्टर्स, द लॉयर्स, एव्रिबॉडी। मैं क्यों एक लॉयर होने के नाते 15 लाख फ़ीस चार्ज करूँ। 'टू कंडक्ट द कोर्ट ऑफ़ लॉ, व्हाई शुड आई एज़ अ डॉक्टर टू चार्ज 10 लाख रुपीज़ टू हार्ट। इसके बारे में कोई बोलता नहीं है और यह नहीं बोलेंगे। मैं डॉक्टर हूँ, तो ख़ुश हूँ, आप पेशेंट हैं तो आप नाराज़ होंगे ही। आपका एक्सप्लॉइटेशन हो रहा है, इसके बारे में हम क्यों नहीं बोल रहे हैं। पॉलिटिशियन नहीं बोले, तो मैं समझ सकता हूँ। मगर मीडिया के लोग चुप क्यों हैं? इंटेलेक्चुअल क्यों नहीं बोल रहे हैं।

यहाँ पुराने ज़माने में सन्त लोग जो हैं वे संन्यास लेते थे। लोगों के घर में भीख माँग कर खाते थे। महात्मा गौतम बुद्ध भिक्षां देहि बोलते थे, मिला तो खाते थे नहीं मिला तो नहीं खाते थे। वे बोलते भी थे आजकल ऐसा बोलने वाला कोई है ही नहीं। हम पॉलिटिशियन सरकारी नौकर होते हैं, हमको क्या करने का है, हमारी नौकरी तो है ही, कोई निकाल नहीं सकता। दुकानदार बोलता है कि लिबर्टी होनी चाहिए अब किस प्रकार की लिबर्टी होनी चाहिए, लूटने की या प्रॉफ़िट की, जस्ट प्रॉफ़िट कमाना होना चाहिए।

अगर यह चीज़ समाज के अन्दर नहीं आयेगी, संसद में नहीं आयेगी तो वैसा ही माहौल संसद में भी रहेगा।

डॉ. राकेश योगी : जो स्थिति समाज में निर्मित होती है उसी का एक रिफ्लेक्शन संसद में भी दिखाई देता है। लोकसभा अध्यक्ष के रूप में आपने प्रोसीडिंग के ब्रॉडकास्ट की भी व्यवस्था की और मॉडर्नाइज़ेशन और कम्प्यूटराइज़ेशन भी आपने शुरू किया, ऐसे बहुत सारे ज़रूरी काम आपने किये, तो थोड़ा–सा और हमें डिटेल में बताना चाहेंगे कि आपने ऐसा करते समय क्या सोचा था कि संसद की जो प्रोसीडिंग है उसे और कैसे बेहतर बनाया जा सके? आपने एक आउटस्टैंडिंग पार्लियामेंटेरियन अवार्ड शुरू किया, तो उसकी क्या भूमिका थी, क्या महत्त्व था, इस पर थोड़ा प्रकाश डालिए?

शिवराज पाटिल : आउटस्टैंडिंग पार्लियामेंटेरियन अवार्ड जो हमने शुरू किया था उसके पीछे कारण था कि जब मैं स्पीकर बनकर बैठता था तो मुझे मालूम पड़ता था कि कौन अच्छा बोलने वाला है। एकदम भाषण सुनने के बाद मेरी राय बनती थी। ऐसा हुआ कि मैं बार–बार हाथ खड़ा करता था रोज़ और स्पीकर ज़ोर से बोलकर शान्त करा देता था। तो एक दिन मैंने बोला कि मैं यहाँ सिर्फ़ नीचे बैठकर हाथ खड़ा करने नहीं आया हूँ, मैं तुम्हारे हाउस में ही नहीं बैठना चाहता, मैं चला जाऊँगा इस जगह से और मैं उठकर चला भी गया। तब वाजपेयी जी ने स्पीकर को बोला कि बुलाओ इसे और टाइम दे दो यह नाराज़ हो रहा है। उसके बाद मैंने कभी भी हाथ ऊपर किये तो वे कभी भी नहीं बैठाते थे क्योंकि उन्हें पता था कि यह अच्छा बोलता है इसको मौक़ा दे दो। स्पीकर की कुर्सी पर बैठकर उसका एक रोल होता है और जो बोलने वाला है उसका भी एक रोल होता है। यह दोनों तरफ़ से है। कम्प्यूटर की बात करें तो ये बहुत ज़रूरी है। कम्प्यूटराइज़ेशन बहुत ज़रूरी है, बहुत–सी नयी चीज़े मिलने वाली हैं। अब दुनिया ने आजकल बोलना शुरू कर दिया है। हमको अपने देश की आर्थिक परिस्थिति सुधारनी है उसके लिए हमें लिब्रलाइज़ेशन करना चाहिए और ट्रेड की मदद करनी चाहिए। टेक्नोलॉजी में अलग करना चाहिए, ईमानदारी से लोगों के मन को आकर्षित करके अपना व्यापार बढ़ाना चाहिए। उसके लिए भी हम कुछ नहीं बोलते और जब लोग तकलीफ़ में हैं उनकी मदद करने की बात हम कभी नहीं बोलते। यह नहीं होगा तो जैसे मोनार्की बदनाम हुई है वैसे ही लोकशाही भी बदनाम हो जायेगी।

इलेक्शन के अन्तर्गत मुझसे पूछो मैं 11 इलेक्शन लड़ा हूँ। उनमें से 10 जीता हूँ, लास्ट इलेक्शन मैं हार गया! लास्ट इलेक्शन में हारने के दो कारण थे—एक कारण यह था कि लोग बोलते थे कि अरे क्यों बार—बार लड़ते हो। तुमको मालूम होना चाहिए कि एक ही क्षेत्र से क्यों लड़ते हो आप भी बैठते नहीं हो और हमको भी बैठने नहीं देते हो। दूसरी बात पैसे की कमी आप किसी से पूछ लो वह बोलता है इतने करोड़ रुपये लगेंगे अब इलेक्शन में, इतना रुपया कहाँ से लाऊँगा, रुपया नहीं ला रहे तो बोलते हैं काहे के लिए इलेक्शन लड़ रहे हो जब पैसे नहीं हैं घर में, बैठो तो, ये लोकशाही के दोष हैं। ऐसा ही दोष है धर्म के नाम पर झगड़ा करा कर वोट कमाना दोष है, जाति के नाम पर झगड़ा करा कर वोट कमाना दोष है, डरा कर वोट कमाना दोष है, झूठ बोलकर कमाना दोष है, झूठे आश्वासन देना दोष है या कुछ भी नहीं हो यह बोलना दोष है।

डॉ. राकेश योगी : आपके पूरे संसदीय जीवन के मतलब जो आप विधानसभा में रहे हैं या संसद में रहे या स्पीकर के तौर पर रहे या मन्त्री के तौर पर रहे हैं, उस पूरे जीवन में कभी कुछ ऐसा हुआ, जिसको आप कभी रिपीट होता हुआ नहीं देखना चाहते हैं। मतलब कुछ ऐसा जिससे आपको अच्छा नहीं लगा और ऐसा नहीं होते हुए देखना चाहते हैं। ऐसी घटनाएँ जो आपको ध्यान में आती हों?

शिवराज पाटिल : जयप्रकाश नारायण की मत्यु की झूठी सूचना वाली घटना भी ऐसी है कि नहीं होनी चाहिए। दूसरी ऐसी घटना है कि बजट में चर्चा में खेती को ज़्यादा पैसा देना चाहिए, दुकानदारी को पैसा देना चाहिए, शिक्षा के लिए पैसा देना चाहिए या आरोग्य के लिए पैसा देना चाहिए, सड़क बनाने के लिए पैसा देना चाहिए। उसके बारे में चर्चा करने के बजाय गड़बड़ करके हाउस ही नहीं चलने दिया जाता।

और इसके अलावा ऐसा कुछ ख़ास नहीं है जिसको लेकर किसी ने कोई कठोर प्रक्रिया की हो इसीलिए चुनाव क्षेत्र में 10 बार लगातार जीता और जब मैं हार गया तो सोनिया जी ने बोला, तुमको हारने के बाद भी हम कैबिनेट में ले रहे हैं। और लोग आकर बोलने लगे तुमको डिफेन्स मिनिस्ट्री देनी है और दो बार डिफेन्स मिनिस्ट्री में रहा, फिर उन्होंने होम मिनिस्ट्री दे दी और इसके नेक्स्ट तो प्राइम मिनिस्टर माना जाता है। मैं जूनियर था इसलिए मुझे नेक्स्ट टू प्राइम मिनिस्टर नहीं मानते थे। फिर

भी प्रोटोकॉल वाइज़ इट इज़ सपोज टू बी वैरी इम्पोर्टेंट प्रणब मुखर्जी मेरे से थोड़े सीनियर ही थे। मेरे से पहले ही आये हुए थे। शरद पवार मेरे से दो–तीन साल सीनियर थे। लालू प्रसाद भी थोड़ा सा इधर–उधर करते थे। मगर किसी ने भी बग़ावत नहीं की।

डॉ. राकेश योगी : जब आप लोकसभा अध्यक्ष थे, तो बहुत सारे महत्त्वपूर्ण एक्ट थे जो उस समय पारित हुए। उनमें से एक नेशनल कमीशन फ़ॉर माइनॉरिटी एक्ट 1992 था, अगर आपको कुछ ध्यान आ रहा हो तो?

शिवराज पाटिल : मुझे कुछ ध्यान नहीं आ रहा है।

डॉ. राकेश योगी : पार्लियामेंट में एक अच्छी चर्चा हो, अच्छी बहस हो, अच्छा संवाद स्थापित हो और देशहित के ज़्यादा–से–ज़्यादा काम हों, इसमें सरकार की क्या भूमिका रहती है?

शिवराज पाटिल : सरकार को मीडिया के ऊपर ध्यान देना ज़रूरी है। अब मेरे पास इनफ़ॉर्मेशन एंड ब्रॉडकास्टिंग थोड़े दिन के लिए था और सिविल एवीएशन भी मेरे पास था। मैं इन दोनों को भी पूरी तरह से प्राइवेटाइज़ेशन करने के पक्ष में नहीं था। तुम अपने हाथ में इसको रखो अब लोकसभा के अन्दर टेलीविज़न शुरू किया। राज्यसभा में नहीं किया था। मगर वह इतना पॉपुलर हो गया कि अंसारी साहब ने मुझे बोला, लोकसभा में क्यों, राज्यसभा में क्यों नहीं। मैं गवर्नर था तो मेरे पास मिलने के लिए वे आये। मैं बोला कि राज्यसभा के लोग विरोध कर रहे थे, बोले तुम्हें नहीं चाहिए तो मत करो, हमारा भी क्या जायेगा? मैं बोला क्या करूँ? तो वे बोले कि करो और मैंने किया और मेरे ख़याल से वह एक ऐसा चैनल है जो गवर्नमेंट की मदद करने के लिए थोड़ा इधर–उधर चलता है। मगर दूसरे चैनल से विज्ञापन कम आते हैं और जब वह आज की सरकार को बिल्कुल ग़लत बताने का काम पूरा कर नहीं लेते या ऑपोज़िशन को भी थोड़ा–थोड़ा बता कर छोड़ देते हैं, वह बैलेंस होता है और उसका ऐसा बैलेंस हर तरफ़ होना चाहिए। अब आप लोकसभा और राज्यसभा का ही ले लो, आप विधानसभा, विधान परिषद् का करो न। 30 चैनल उसके हो जायेंगे, उसके बाद ज़िला परिषद् का भी करो न। इतने चैनल आप गवर्नमेंट के लिए करोगे तो आप किस प्रकार की पॉलिसी बना रहे हो, किस प्रकार का आप क़ानून बना रहे हो, किस प्रकार

के प्रश्न आपके सामने हैं, किस प्रकार की ग़लतियाँ हो गयी हैं। इसका इनफ़ॉर्मेशन जितने ज़्यादा लोगों को मिलेगा उतना उसका फ़ायदा।

डॉ. राकेश योगी : और जो मेंबर हैं हाउस के उनकी एकाउंटेबिलिटी फ़िक्स होती है?

शिवराज पाटिल : सबसे ज़्यादा जो करना चाहिए, यह जो नया रूप है वह आना चाहिए। पहले के ज़माने में अमेरिका के लोगों से बातचीत करने के लिए जहाज़ में बैठ के जाना पड़ता था। अगर वह लेट हो जाता था तो पच्चीस–तीस दिन के बाद जाता था। नयी टेक्नोलॉज़ी की मदद से अब एक सेकंड के अन्दर बात हो रही है। अब फ़ॉर्चुनेटली आप कहीं से भी फ़ोन करके सबको बता सकते हैं कि क्या है और जब हाउस चालू नहीं है उस समय अमेरिका का फास्ट हाउस कैसे चलता है। जर्मनी, चीन, रूस, अफ़्रीकन हाउसेस कैसे चलते हैं उसमें इसमें क्या फ़र्क़ है। जैसे कि मैं बोल रहा हूँ आप पोडियम बनाओ तो थोड़ा नॉर्मल हो जायेगा, आई हैव नो डाउट। कुछ नहीं बस एक पोडियम बनाने का है ताकि आप अपनी सीट पर बैठकर बड़ी–बड़ी स्पीच नहीं देंगे। आपको पोडियम पर आकर बोलना होगा एंड फ़िनिश।

उसके बाद सारे जो कम्प्यूटराइज़ चैनल हैं, और उसी के अन्दर टाइम फ़िक्स कर दो कि इस आदमी को तीन मिनट दिया है, उस आदमी को 10 मिनट दिया है और इस आदमी को 15 मिनट दिया है। ऑटोमैटिकली वह बन्द हो जायेगा। एंड ही हैज़ टू प्रिपेयर ऐट द पीरियड ऑफ़ टाइम। अब चर्चिल जो हैं कितने अच्छे भाषण करते थे और उनकी लड़की बोलती थी कितने लबोरियस से करते हो भाषण। ये सब हो सकता है।

डॉ. राकेश योगी : कई बार ऐसा होता है कि बीच में संसद नहीं चल रही है कई दिन तक, बात नहीं हो रही है, ऐसे में सरकार की तरफ़ से क्या इनिशिएटिव लिए जा सकते हैं?

शिवराज पाटिल : मेरी दृष्टि से सबसे बड़ा इनिशिएटिव जो सरकार की तरफ़ से है वह है कि छुट्टियों सहित 365 दिन तक हाउस को काम करना चाहिए। जैसे कि जर्मनी करता है जब वह देश इतना कर सकता है तो हमारा क्यों नहीं। एक्ज़ीक्यूटिव अगर साल भर काम कर रही है, जुडीशियरी साल भर काम कर रही है तो क्या लेजिसलेशन का काम इतना कम अहमियत का है कि आप उसे 70 दिन में कर सकते हो? तो

अभी वे नयी टेक्नोलॉजी का उपयोग करके काम करेंगे। आपको कुछ भी नहीं कहेंगे। पहले दो साल तो आपको वह यही बताते रहेंगे, अमेरिकन हाउस ऑफ़ रिप्रेजेंटिव्स कैसा काम करता है, सेलेक्ट कैसा करता है, जुडीशियरी कैसे काम करती है। हिन्दुस्तान के अन्दर एक्ज़ीक्यूटिव को जितनी पावर है उतनी कहीं नहीं। मुझे मालूम है अमेरिका के अन्दर सुप्रीम कोर्ट का जज कैसे अपॉइंट होता है। उसका नाम राष्ट्रपति देता है और इसके बाद वह सीनेट में जाता है और वहाँ से पास होने के बाद जज बनता है। सुप्रीम कोर्ट के लोगों के हाथ में नहीं है, राष्ट्रपति के हाथ में है जो लोगों द्वारा चुना जाता है।

फ्रांस में, जैसे हम यहाँ पर क़ानून बनाते हैं और यह संवैधानिक तरीक़े से सही है या ग़लत, यह देखने के लिए हम कोर्ट में जाते हैं। यहाँ क़ानून बनाने के बाद वह बोलता है कि असंवैधानिक है। सबसे ज़्यादा सेपरेशन पावर अमेरिका के अन्दर है और क़ानून जो लेजिसलेचर ने उसे ख़ारिज करने की सबसे ज़्यादा पावर अमेरिका के सुप्रीम कोर्ट को दे रखी है मगर फ्रांस ने बोला कि यह ग़लत है। फ्रांस ने कहा कि यह सही है या नहीं, यह तय करने का अधिकार इलैक्टेड लोगों को होना चाहिए, चयन किये गये या फिर नामांकित लोगों को नहीं। जुडीशियरी में नहीं जाता है और वहाँ पर जो कमिटी बनी हुई है, जो उसका अपर हाउस, लोअर हाउस का चेयरमैन, लॉ मिनिस्टर, लीडर ऑफ़ ऑपोज़िशन और कुछ विटनेस रहते हैं, जो बताते हैं कि संवैधानिक तरीक़े से सही है या नहीं और फिर बिल पास होता है। अब श्रीलंका के अन्दर ऐसा होता है कि हम क़ानून पास करते हैं, फिर वह ऑर्डिनरी कोर्ट में जाता है और वहाँ बोलता है कि यह संवैधानिक तरीक़े से सही नहीं है। तो उन्होंने बोला कि हम बिल तैयार करेंगे और एक कमिटी तैयार करेंगे जो देखेगी, उसका काम सिर्फ़ इतना है। फिर अगर उन्होंने बोला कि संवैधानिक तरह से सही है तो वह फिर हाउस में जाता है और वहाँ से पास होता है। मगर उसने बोला कि बिल संवैधानिक तरीक़े से सही नहीं है, तो बिल हाउस में नहीं जाता है।

अब ये जो संविधान के डिफ्रेंसेज हैं, सुप्रीम कोर्ट में काम करने वाले अटॉर्नी जनरल को भी मालूम हुआ और उन्होंने कहा कि जितनी पावर हमने अपने एक्ज़ीक्यूटिव को दी है उतनी दुनिया में किसी ने नहीं दी है, यह तो ग़लत है। मुझे बड़ा ही ताज्जुब हुआ इस बात को लेकर क्योंकि

वह एक अच्छा अटॉर्नी जनरल है और वह ऐसा बोल रहा है। मेरे पास दो बड़े–बड़े संविधान हैं सभी देशों के और मैंने उन्हें पढ़–पढ़ के संविधान देखा, तो यह जो है कम हो जायेगा।

डॉ. राकेश योगी : स्पीकर भी एक पार्टी के ही सदस्य होते हैं और वही पार्टी सत्ता में होती है, अलग–अलग भूमिकाओं में होती है तो क्या ऐसी कभी कोई परिस्थिति आयी आपके सामने व्यक्तिगत रूप से कि जो पार्टी की आइडियोलॉजी या राय जो कभी स्पीकर की भूमिका पर भारी पड़ती हो?

शिवराज पाटिल : सोमनाथ चटर्जी की बात करें तो उन्होंने बड़े ही अद्भुत तरीक़े से बर्ताव किया, मेरी तो रिस्पेक्ट बढ़ गयी उनके लिए। वे स्पीकर बन चुके थे और उनकी पार्टी ने बोला कि अविश्वास प्रस्ताव में वोट देने के लिए इस्तीफ़ा दे दो। उन्होंने बोला कि आय एम नॉट ए पार्टी मैन। ही बिहेण्ड वेरी करेक्टली, बेचारे अब नहीं हैं। वाजपेयी थे तो उनको सब दोस्त बना लेते थे, सोमनाथ जी ज़्यादा दुश्मन बना लेते थे। राजनीति ऐसी चीज़ है जिसको चलाना बहुत ही मुश्किल है, अलग–अलग विचार के लोगों का चलन बहुत ही मुश्किल हो जाता है, पैसे की कमी है, मीडिया के सपोर्ट की कमी है और अच्छा तो कोई किसी के बारे में नहीं बोलता, बुरा बोलने में ही एक–दूसरे के साथ प्रतिस्पर्धा करते हैं। मैं ये बार–बार पूछता हूँ कि जिसने पैसे दिये उसका नाम करप्शन में कोई नहीं बोलता है। सिर्फ़ लेने वाले का नाम लिया गया। ऐसा क्यों है? अच्छी बात है कि लेने वाले का नाम लिया गया, लेकिन देने वाले का क्यों नहीं, क़ानून भी बोलता है कि देने वाले का नाम भी होना चाहिए।

इसीलिए स्पीकर बनकर काम करना आसान नहीं है, प्रधानमन्त्री बनकर काम करना उससे आसान है। आप पण्डित जवाहर लाल नेहरू को गालियाँ देते थे, वाजपेयी जी को गालियाँ देते थे, आप इन्दिरा जी को, राजीव गाँधी जी, पी. वी. नरसिम्हा राव को गालियाँ देते थे। सबसे कम जो क्रिटिसाइज़ अगर किसी को किया है, तो वह मनमोहन सिंह जी रहे। सबको लगता था कि जो गालियाँ देने वाले हैं उसके इंटरेस्ट को कभी वे धक्का नहीं लगायेंगे। बाक़ी लोग तो बोल देते थे कि हम तुम्हारे इंटरेस्ट को धक्का नहीं लगायेंगे। मगर, ग़रीब के इंटरेस्ट को ज़्यादा आगे

लायेंगे, अहमियत देंगे, तो बोलता कि हाँ, ये हमारा आदमी नहीं है तो यह बहुत मुश्किल हो गया है आजकल। बैलेंस बनाकर रखना आदमी की कैपेसिटी के ऊपर होता है। अब पहले जो स्पीकर थे वे कभी भी पण्डित जी के पास नहीं जाते थे, बुलाकर भी नहीं जाते थे। मगर मुझे भी किसी से तकलीफ़ नहीं थी। वे जानते थे कि ये सुनेगा नहीं और बोलते थे कि ये सोचकर बोलता है। हम बोलते थे तो वे मान लेते थे बात को। अब मैं उनको बोलता था कि अगर तुम्हें बोलने के लिए जितना टाइम लेना है, तुम लो। मगर सरकार का काम मैं करके रहूँगा, उसे नहीं रोकूँगा। हाँ, सरकार जैसा बोल रही है, मैं वैसा नहीं करूँगा लेकिन एक आदमी के तौर पर जो सही लगेगा वह करूँगा। और सभी लोगों ने इसी ढंग से काम किया।

डॉ. मनोहर जोशी

संसदीय संवाद की शक्ति को समझा जाना अभी शेष है

–डॉ. मनोहर जोशी

परिचय : देश की राजनीति में शून्य से शिखर की यात्रा तय करने वाले यशस्वी राजनेता, सफल एवं कर्मठ उद्यमी डॉ. मनोहर गजानन जोशी का संसदीय प्रणाली का अनुभव विस्तृत रहा है। महाराष्ट्र के रायगढ़ ज़िले के नान्दवी गाँव में 2 दिसम्बर, 1937 को जन्मे मनोहर जोशी एक निम्न मध्यवर्गीय परिवार से आते हैं। तमाम विपरीत परिस्थितियों के बावजूद श्री जोशी ने अपनी मेहनत, लगन और योग्यता से जीवन में उत्कृष्टता के प्रतिमान स्थापित किये हैं। उन्होंने एम.ए., एल.एल.बी. करने के बाद मुम्बई महानगरपालिका में अधिकारी के रूप में कार्य शुरू किया। इसके बाद नौकरी छोड़कर वे 1967 में इसी निगम के पार्षद बने और फिर कुछ वर्षों बाद मुम्बई के मेयर निर्वाचित हुए। श्री जोशी महाराष्ट्र विधान परिषद् के लम्बे समय तक सदस्य रहे। इससे पूर्व ही उन्होंने तकनीकी एवं व्यावसायिक शिक्षण–प्रशिक्षण के लिए कोहिनूर नामक संस्थान शुरू किया जो आज महाराष्ट्र के सबसे बड़े शिक्षण संस्थानों में से एक है। 1990 में वे महाराष्ट्र विधानसभा के सदस्य बने और विपक्ष के नेता रहे। 1995 में महाराष्ट्र में शिवसेना–बीजेपी गठबन्धन की सरकार आने पर उन्हें दोनों पार्टियों ने मुख्यमन्त्री पद के लिए स्वीकार किया। 1995 से 1999 तक आप महाराष्ट्र के मुख्यमन्त्री रहे और 1999 में सेंट्रल मुम्बई से चुनकर लोकसभा में पहुँचे। 1999

से 2002 तक श्री मनोहर जोशी केन्द्र की एनडीए सरकार में मन्त्री रहे तथा इसके पश्चात् 2002 में वे लोकसभा अध्यक्ष निर्वाचित हुए। 2004 में लोकसभा चुनाव हारने के बाद उनको राज्यसभा में निर्वाचित होने का अवसर भी मिला। श्री जोशी ने स्थानीय निकाय में सदन के सदस्य से लेकर अध्यक्ष तक की भूमिका निभायी, राज्य विधानसभा में सदस्य, विपक्ष के नेता सहित सदन के नेता या मुख्यमन्त्री की भूमिका में रहे और फिर लोकसभा सदस्य, केन्द्रीय मन्त्री और फिर लोकसभा अध्यक्ष रहे। संसदीय व्यवस्था के भीतर रहकर उसका इतना बहुआयामी अनुभव निश्चित रूप से उनको संसदीय संवाद जैसे विषय पर बात करने के लिए सर्वाधिक उपयुक्त बनाता है।

डॉ. राकेश योगी : भारत की संसद के सदस्य के रूप में और एक सदन के अध्यक्ष के रूप में आप अपने अनुभवों को कैसे याद करते हैं?

मनोहर जोशी : लोकसभा का अध्यक्ष होने के बाद मैंने अपनी डायरी लिखना शुरू किया इसीलिए उस समय की घटनाएँ मुझे ठीक तरीक़े से मालूम होती हैं, याद आती हैं। मैंने अनेक साल राजनीति में काम किया है और जो बॉडीज़ हैं लोकसभा जैसी उन सभी पर मेरा जाना हुआ, जैसे कि मैं नगरपालिका में मेयर बना, दूसरी बात मैं विधानसभा और विधान परिषद् में भी था और वहाँ का मुख्यमन्त्री बन गया और तीसरी बात, मैं लोकसभा में चुनकर आने के बाद वहाँ का स्पीकर बना और मेरी अन्तिम पोस्ट राज्यसभा में थी। इसीलिए मैंने कहा है कि मेरी लाइफ़ में सबसे बडी पोस्ट कोई होगी तो स्पीकर की होगी और मैंने जो काम किये, वे काम भी बहुत अध्ययन करने के बाद किये और इसके लिए मैंने स्पीकर को क्या आना चाहिए, स्पीकर कैसा होना चाहिए इस पर भी मेरी किताब में लिखा है। मैं उससे पहले मन्त्री भी था कुछ समय के लिए और केन्द्रीय अवसर मिलने के उपरान्त मैं उद्योग मन्त्री चुनकर भी गया। और यह पद मुझे मिला क्योंकि प्रमोद महाजन जो कि बीजेपी के नेता थे वे मेरे अच्छे मित्र थे। उन्होंने भी कोशिश की और उस समय मेरी पार्टी के प्रमुख 'बाला साहब ठाकरे जी' ने भी मेरे नाम का सुझाव दिया। इसीलिए मेरा सबसे बड़ा पद स्पीकर रहा। मैंने जो कुछ सीखा है उसका उपयोग अब भी होता है क्योंकि इस विषय पर मैंने अभी तक कोई मुलाक़ात की नहीं है इसीलिए आपसे बातें करते

समय मेरा यह अनुभव साझा कर रहा हूँ। मुझे ये पद देते समय प्रमोद जी ने कहा कि यह पोस्ट पार्टी से भी ऊपर है क्योंकि जब आप एक स्पीकर होते हैं तो आप एक पार्टी के सदस्य की तरह बात नहीं कर सकते। उन्होंने पूछा आप तैयार हैं क्या? मैंने कहा मैं ख़ुद तो तैयार हूँ मगर मेरी पार्टी और उसके प्रमुख बाला साहब ठाकरे तैयार हों तो मैं तैयार हूँ। मैंने बाला साहब को पूछा और उन्होंने बोला ठीक है आप इस पोस्ट पर जा सकते हैं, लेकिन उन्होंने भी बोला कि शिव सेना जैसी छोटी पार्टी जो महाराष्ट्र तक सीमित है उसके लिए यह बहुत मुश्किल है पर आप फिर भी कोशिश कर सकते हैं। मैं जब फिर दिल्ली आया मैंने फॉर्म भरा, मेरे फॉर्म पर दो बड़े लोगों के दस्तख़त थे, एक अटल बिहारी वाजपेयी और दूसरे लालकृष्ण आडवाणी और फॉर्म भरने का समय आया तब प्रमोद महाजन जी बहुत उत्सुक थे और उन्होंने मुझे कॉल किया एवं शुभकामनाएँ दीं, क्योंकि मेरे ख़िलाफ़ दूसरे किसी का भी फॉर्म नहीं था इसीलिए मेरा चुनाव अनोनिमस हो गया, जो मेरे जीवन का सबसे बड़ा ख़ुशी का दिन था।

डेमोक्रेसी में पार्लियामेंट सबसे उच्च माना जाता है। कुछ अनुभव था मेरे पास लेकिन वह मुम्बई महानगर कॉर्पोरेशन और विधानसभा का। दोनों बॉडीज़ की तुलना लोकसभा से नहीं हो सकती। चुनकर आने के बाद उस समय लोकसभा उपाध्यक्ष पी. एम. सईद थे, उन्होंने मेरा हाथ पकड़ा और मुझे स्पीकर की कुर्सी तक ले गये और जाते समय एक बाजू में थे अटल बिहारी वाजपेयी और दूसरे बाजू में श्रीमती सोनिया गाँधी। ये दोनों पॉलिटिक्स में बड़े हो गये, उन्होंने मेरे जैसे छोटे आदमी को इतना बड़ा स्थान दिया कि मैं लोकसभा का अध्यक्ष बन गया। वे मुझे लेकर कुर्सी तक आये और मुझे कुर्सी में बैठाया। किसी ने कहा नहीं पर मैं जानता था कि यह करना बहुत ही ज़िम्मेदारी का काम है, बहुत ही महत्त्वपूर्ण है इसीलिए इस हाउस का लीडर और विपक्ष का लीडर दोनों साथ आते हैं और वे दोनों स्पीकर को कुर्सी तक ले जाते हैं जो कि प्रोसिज़र है। इसीलिए मैंने कहा है 7 अगस्त, 2002 बहुत ही महत्त्वपूर्ण दिन है मेरे जीवन का, ख़ुशी का, क्योंकि एक सन्तोषजनक स्थान मैंने प्राप्त किया। मैंने यह सब कहा क्योंकि मैं बहुत ही ग़रीब परिवार से आया हूँ, एक देहात में, रायगढ़ ज़िले में मेरा छोटा–सा घर है। जहाँ से मैंने SSC पास किया। वहाँ से मैं फिर मुम्बई आया। मैं बहुत ग़रीब रहा क्योंकि मेरे पिताजी पण्डितगिरी (यजमानी) का काम करते थे। इसीलिए मैंने कभी

सोचा ही नहीं था कि इतनी बड़ी कुर्सी पर मुझे बैठने का मौक़ा मिलेगा। उस समय अरुण गुणदाति विधानसभा में अध्यक्ष थे, उन्होंने कहा था कि लाल क़िले पर रायगढ़ आ गया। रायगढ़ वह ज़िला है जहाँ छत्रपति शिवाजी महाराज जी आकर रुकते थे, उनकी इसी प्रतिक्रिया की वजह से मैंने कहा कि सर्वोच्च समाधान का दिवस। उस समय शिवसेना छोड़कर गये नारायण राहणे थे, जिन्होंने कहा कि मनोहर जोशी का जीवन एक नयी पीढ़ी के लिए प्रेरणात्मक हो जायेगा। तो विधान परिषद् के नितिन गडकरी जो अभी मन्त्री हैं सेंटर के, उन्होंने कहा कि मनोहर जोशी जी के इस पद पर आने के बाद इस पद की शान बढ़ेगी, लेकिन उनके ये कहने का मुझे अचरज नहीं लगा, जब मैं मुख्यमन्त्री था महाराष्ट्र में उस समय वे मिनिस्टर थे और वह प्रेम उन्होंने क़ायम रखा है। इसी विषय को पकड़कर मैंने कहा है कि अध्यक्ष पद पर जाने वाला आदमी सफल है यदि वह ज्ञानी है, अच्छा वक्ता है, उसकी बातों में विनम्रता है और सभ्यता है। उसे स्वतन्त्र होना चाहिए, उसे सहिष्णु होना चाहिए और साथ ही उसे हँसी–मज़ाक़ करना भी आना चाहिए ताकि वह हाउस को ख़ुश रख सके। सफल होने के लिए अनुभव होना चाहिए जो कि मुझे मिला, एजुकेशन होनी चाहिए, इसीलिए मैं अपनी एजुकेशन आपको बताता हूँ। मैंने बी.ए. किया, एम.ए. किया, एल.एल.बी. किया और पीएच.डी. भी की। यह सब करते समय एक चीज़ थी पॉलिटिक्स, वह भी की। आदमी को साहसी होना चाहिए जो पहले से मेरी हॉबी थी। लोकसभा का अध्यक्ष होना भी साहस की ही बात है। मैंने नौकरी छोड़कर बिज़नेस किया और बाद में मैं कई सालों तक टीचर भी रहा और अच्छे टीचर को समझाना बख़ूबी आता है। इसीलिए मैंने कहा कि लोकसभा का अध्यक्ष होने वाले आदमी को मस्तक पर बर्फ़ रखनी चाहिए और मुँह में शक्कर रखनी चाहिए और ये दोनों बातें होती हैं तो उसका कार्यकाल अच्छा जाता है। इसके साथ में उसे दम भरना भी आना चाहिए क्योंकि वहाँ कई ऐसे सदस्य होते हैं जो गड़बड़ी करना ही जानते हैं, लेकिन मुझे कुछ ख़ास तकलीफ़ नहीं दी इन लोगों ने। कुछ लोग तो मिनिस्टर को राय देते हैं, उन्हें भी रोकना पड़ता है। जैसे कि प्रश्न पूछना होता है तो प्रश्न सटीक होना चाहिए, लेकिन कभी–कभी ऐसा नहीं होता है और इसमें सदन का समय जाता है। मैंने मराठी में कहा है कि 'शान्त संयमी अभ्यासु संवेदँचम् विनोद, विनोदी पांडिण्य निदारयुकतम' ऐसा कार्य उसका होना चाहिए।

किसी ने मुझसे पूछा कि आप लोकसभा के अध्यक्ष रहे तो क्या–क्या किया आपने? तो मैंने उनको जवाब दिया, मैंने दो काम किये जो मुझसे अपेक्षित थे। राष्ट्रपति, राज्यसभा सभापति, स्पीकर हमेशा चेयरमैन होते हैं स्टेच्यु कमिटी के। वह हमेशा चेयरमैन होता है इसलिए मैं भी चेयरमैन था। और इस समय मैंने दो काम किये, उन्हें जनता कभी नहीं भूलेगी। एक तो वहाँ छत्रपति शिवाजी महाराज की कोई मूर्ति नहीं थी। आप शिवाजी के बारे में मेरे जितना नहीं जानते होंगे इसलिए कहूँगा शिवाजी महाराज थे इसलिए हम हिन्दू रहे तो इतना बड़ा काम करने वाले आदमी का स्टेच्यू नहीं था और मेरा जो ज़िला है वह शिवाजी का ही है तो तारीख़ 28 अप्रैल, 2003 को मैंने स्टेच्यु लोकसभा के कम्पाउंड में लगवाया। अब जो कोई अन्दर जायेगा उसको वन्दन करना पड़ेगा। पहले छत्रपति शिवाजी महाराज को फिर दूसरे लोगों को। तो यह काम मुझसे हो गया, जो मेरे लिए ये बहुत ख़ुशी की बात है और दूसरा कठिन काम था, लेकिन मेरी पार्टी कहती थी कि यह काम होना चाहिए कि लोकसभा के अन्दर सावरकर जी का स्टेच्यु नहीं था। यह सभी को मालूम है कि हिन्दुत्व के नेता थे और उन्होंने हिन्दुओं को संगठित किया और ऐसे क्रान्तिकारी आदमी का चित्र लगाने से कई लोग नाराज़ हो गये, लेकिन मैंने मेहनत से और सभी का प्रेम लेकर यह काम भी किया और उसका मुझे अभिमान भी है। सावरकर जी के लिए मेरे मन में बहुत सम्मान है और इज़्ज़त भी है। अभी मैं जहाँ रहता हूँ उसके बाजू में ही मुम्बई में सावरकर जी का स्टेच्यु है और उनके नाम की एक बिल्डिंग भी यहाँ लोगों ने बनाई है। लेकिन मैंने इससे पहले ही लोकसभा के अन्दर उनकी स्टेच्यु लगवायी। काँग्रेस ने बहिष्कार भी किया, लेकिन लोगों ने वहाँ नारेबाज़ी भी की कि वीर सावरकर अमर रहे, जय भवानी, जय शिवाजी। पहली बार सावरकर जी का सम्मान हुआ लोकसभा में और उनका चित्र भी लगाया गया। यह होने के बाद उस दिन महिला आरक्षण विधेयक आ गया। महिलाओं को अधिकार देने का प्रश्न अभी भी चालू है। इसीलिए जो अध्यक्ष बनता है उसको क्या करना चाहिए यह मैंने बताया है। लेकिन हर अध्यक्ष की ख़ुद की कोई भूमिका होती है। मेरी सारी शिक्षा मैंने बाहर से पैसा लेकर की और ऐसा ही मुझे एक शौक़ था लिखने का, किताबें लिखने का। लेखन और उससे भी अध्ययन करना, अभ्यास करना, मेरा भरोसा इसमें है। मैं क्रिकेट में था, वहाँ भी मैं एक कमिटी का अध्यक्ष बना, वहाँ भी काम करता था। उस समय के सब टॉप मोस्ट क्रिकेटर्स अजीत वाडेकर, सुनील गावस्कर इन लोगों से मेरा सम्बन्ध रहा। यहाँ पर मैं कहूँगा

कि जो क्रिकेट खेलता है या जानता है वही चीज़ स्पीकर बनने के बाद भी रहती है, कभी हार, कभी जीतना, लेकिन वह करना पड़ता है। आदमी नाराज़ होगा तो वह इस्तीफ़ा देगा, लोग गड़बड़ी करते हैं सदन में, सदन चलाना भी मुश्किल होता है। लेकिन मेरे साथ ऐसा नहीं हुआ क्योंकि मैं आठ साल क्रिकेट के छोटे ग्रुप का अध्यक्ष भी रहा।

डॉ. राकेश योगी : अध्यक्ष पद के कार्यकाल में कोई महत्त्वपूर्ण वाकये हुए क्या?

मनोहर जोशी : इसका जवाब है लोकसभा का स्वर्ण महोत्सव जिसमें मैं अध्यक्ष था। वह काम बहुत ज़्यादा होता है, सब लिखना ही मुश्किल होता है। 13 मई, 2002 को लोकसभा शुरू हुए पचास साल हुए इसीलिए स्वर्ण महोत्सव शुरू हुआ। लोकसभा का स्वर्ण महोत्सव 22 जनवरी, 2003 को मनाया गया और एक अन्तरराष्ट्रीय कॉन्फ्रेंस में उस समय अनेक पुस्तकें भी प्रकाशित हुईं। मेरी पुस्तक उसी वक़्त प्रकाशित हुई थी। ये पुस्तक दिल्ली में ज़रूर आपको मिलेगी। और इसमें मैंने कहा है—मुझे तो ऐसा लगा कि स्वर्ण महोत्सव मेरी राह देख रहा था कि मनोहर जोशी कब स्पीकर बनेंगे। अटल जी ने उस समय कहा था कि लोगों की इच्छा, अपेक्षा, 100 करोड़ की जनता सब रुके थे इसके लिए, कि मनोहर जोशी कब स्पीकर बनेंगे। मैं विदेश पहले भी गया था बिज़नेस की वजह से, लेकिन अन्तरराष्ट्रीय कॉन्फ्रेंस में मेरा पहला भाषण हुआ। अभी रूस के बारे में हम बहुत बातें सुनते हैं, लेकिन वहाँ के बारे में बात करने में मुझे ज़्यादा परेशानी नहीं होती थी क्योंकि मेरी आदत पहले अभ्यास करने की थी। वहाँ के लोकसभा के सेक्रेटरी बहुत चालाक होते थे, क्योंकि उन्होंने तो जो पहले अध्यक्ष रहे थे उनके साथ भी काम किया था। अतः भाषण के मुद्दे वे तैयार करके देते थे और मैं भाषण देता था। लेकिन उस समय दूसरी परेशानी हुई थी कि मुझे एंजियोप्लास्टी हुई थी, बीमारी थी और मेरी चिन्ता मैं न करूँ तो कौन करेगा। तो वह भी हो गया और यह दूसरी ज़रूरी घटना थी। तीसरी घटना थी जब मुझे एक साल हो गया, तब सदन के सभी लोगों ने मेरा सत्कार किया। उस समय बहुत से लोगों के सामने भाषण देना था, लेकिन मुझे इच्छा नहीं थी क्योंकि सदन के समय को व्यर्थ करना मुझे अच्छा नहीं लगता था। मैंने धन्यवाद दिया। ऐसा मैंने कभी नहीं सोचा था कि मैंने इतना अच्छा काम किया है, लेकिन उनकी भावना, उनकी मित्रता इस दिन

दिखाई दी कि वे मुझे मानते हैं या नहीं और मुझे लगा कि वे बिल्कुल मानते थे मुझे और बहुत सराहते थे। एक बहुत ग़रीब आदमी सदन में जाता है और वहाँ उसका सत्कार होता है इसकी मुझे बेहद ख़ुशी थी। हमारे उस समय सेक्रेटरी जनरल थे मल्होत्रा जी! उन्होंने कहा कि अहो भाग्यम! और एक बात, स्पीकर डायरी जो मैंने लिखी, उसका प्रकाशन 9 जून, 2003 को हुआ, जिसका कार्यक्रम मुम्बई के टाटा थियेटर में हुआ। वहाँ जो घटना हुई वह भी हम कभी भूल नहीं सकते लेकिन पहली याद अख़बारों की मुझे है। मैं हर बार कहता हूँ कि समाचार–पत्र जनता की भावना होते हैं और इसमें काम करना उतना ही कठिन होता है। कभी–कभी ग़लती हो गयी तो सभी लोगों को मालूम पड़ जाता है कि ग़लती हुई है क्योंकि अख़बार सभी पढ़ते हैं। आज कारण क्या है, राजनीति क्या है, वहाँ से ही मालूम पड़ता है और यह सब भूलकर मेरी डायरी की सराहना बहुत अख़बारों ने की। टाटा थियेटर में जो कार्यक्रम हुआ वह अविस्मरणीय था। हर पार्टी के नेता और साहित्यकार उस समय उपस्थित थे और मुझे एक सुखद अनुभूति हुई फ़िर मालूम पड़ा, वैसे ही आपका जब मैसेज आया तो उस समय भी मुझे सुखद अनुभूति हुई कि सदन कैसा था, क्या था?

उस वक़्त पटवर्द्धन जी हाउस सेक्रेटरी थे। तीन दिन हम बैठते थे, विचार करते थे कि क्या बोलना है, क्या कहना है और तभी इस साक्षात्कार में भी मैं बैठा हूँ और मैं ख़ुद से अपना सर्टिफ़िकेट नहीं देना चाहता हूँ। इसीलिए सुशील कुमार शिंदे क्या बोले, वह मैंने एक वाक्य में दिया है–पॉलिटिक्स में कभी–कभी इन्सानियत नहीं रहती है, इन्सानियत का एक नमूना मनोहर जोशी के रूप में आया है। वाजपेयी जी ने कहा, 'जोशी जी आपने कमाई की, आपने डायरी लिखी और वे छपवाई भी, इन दोनों के कारण मैं आपका अभिनन्दन करता हूँ।' उस समय दोनों डायरियों की प्रस्तावना वाजपेयी जी ने ही लिखी थी।

जिस डायरी में मैंने स्पीकर बनने के दिन से दो साल तक अपनी दिनचर्या लिखी और उसे प्रकाशित करवाया उसके लिए प्रोफ़ेसर मधुर... ने कहा था कि ऐसा लिखना प्रोटोकॉल के ख़िलाफ़ है। और ये जो मेरा पीरियड था स्पीकर्स डायरी में प्रतिक्रिया देने का, उस समय संसद में हमला हुआ, उस हमले का भी वर्णन मैंने किया है। मैं अन्दर अपने चैम्बर में बैठा था और सभी संसद सदस्य संसद की बिल्डिंग में अन्दर ही थे। वे सभी सचेत हो गये। लेकिन हमला पूरा हुआ या नहीं यह उन्हें पता था।

उस दिन को मैंने कहा है–'संसद का काला दिन'। ये घटना भी बहुत महत्त्वपूर्ण है और इसे चार शब्दों में बताया नहीं जा सकता इसीलिए इसे एक पाठ बनाकर मैंने लिखा है।

एक घटना है जब अविश्वास प्रस्ताव पारित हुआ, 18 अगस्त, 2003 ठीक 12 बजे सोनिया जी सामने खड़ी हुई थीं। उन्होंने चेयर (स्पीकर) से परमिशन माँगी अविश्वास प्रस्ताव चलाने की और मैंने सदस्यों से पूछा सदन में कि क्या आप सहमत हैं? 50 से ज़्यादा सदस्य खड़े रहे और उन्होंने कहा हमारी इजाज़त है। श्रीमती गाँधी ने सरकार पर आरोप लगाये थे भ्रष्टाचार के और उन्होंने बहुत अच्छे से सरकार की आलोचना की, इस मोशन का बहुत बेहतर तरीक़े से जवाब दिया, उस वक़्त डिप्टी प्राइम मिनिस्टर लालकृष्ण आडवाणी मौजूद थे। इसका मतलब ही यह है कि यह बहुत सीरियस हो गया था। 19 अगस्त, 2003 को सुबह 11 बजे अविश्वास प्रस्ताव पर फिर से चर्चा हुई और उस चर्चा में यह अस्वीकृत कर दिया गया मतलब ये फेल हो गया। इसका वर्णन भी मैंने दिया हुआ है।

हैरानी की बात है कि संसद में 21 अगस्त को मुम्बई के दो प्रश्नों के ऊपर चर्चा हुई, झुग्गीवासियों का पुनर्वास और ट्रैफ़िक बढ़ने की समस्या पर। प्राइम मिनिस्टर और सभी मिनिस्टरों ने मुम्बई की समस्याओं पर बहुत ही रचनात्मक जवाब दिये।

विदेश में मेरा पहला भाषण मॉस्को के पास रूस में 17 सितम्बर, 2003 को हुआ। रूस के पार्लियामेंट में जिसे ड्यूमा कहते हैं, मैंने अपने भाषण का पहला भाग रूसी भाषा में पूर्ण किया और बाद में मैं हिन्दी में बोला। उन्होंने तालियाँ बजाकर मेरे भाषण की सराहना की।

मेरा अगला मुद्दा यह है कि लोकसभा अध्यक्ष को भयहीन स्पीकरशिप आनी चाहिए, यह बहुत ही ज़रूरी है मेरे हिसाब से। मैं सदन में 16 मई, 2002 को गया, और एक विशेष नोटिस आपको देना पड़ता है जब आप प्रधानमन्त्री के ख़िलाफ़ बोलना चाहते हैं और ऐसा हुआ। प्रियरंजन दास मुंशी उम्मीद लगाई थी जो बोलने वाले थे। मैंने प्रधानमन्त्री द्वारा दिये लिखित जवाब को स्वीकार किया और इस मुद्दे पर बहस को अस्वीकार किया। कोई गड़बड़ी नहीं, कोई नाराज़गी नहीं, इसलिए यह दिन भी मुझे हमेशा याद रहेगा।

25 जुलाई, 2002 को भारत के राष्ट्रपति श्री अब्दुल कलाम का शपथ ग्रहण समारोह हुआ और विशेषता यह है कि उस समय मैं भी मंच पर बैठा था। कहने का तात्पर्य है कि इतना सम्मान लोकसभा के स्पीकर को

दिया जाता है। मेरे लिए यह बहुत अद्भुत था क्योंकि मैं बहुत ग़रीब था, मेरे पास स्कूल जाने के लिए भी पैसे नहीं थे और फिर एक टीचर श्रीमती महाजन ने मेरी उँगली पकड़ी और मुझे सेवन हाउसेस ले गयीं और वहाँ से मैं अपना खाना ले जाया करता था। ऐसा आदमी इतने ऊँचे स्थान पर पहुँच गया, यह जॉब मुश्किल ज़रूर है। मगर बहुत ही सम्मानजनक भी है।

एक और वाक़या, जब 200 दिन लोकसभा चली और सर्वोच्च न्यायालय के मुख्य न्यायाधीश को शपथ दी गयी। अत्यन्त भव्य समारोह था और मैंने इस कार्यक्रम को भी अटैंड किया तथा मैं मंच पर बैठा था। लोकसभा का कार्यकाल पूरा होने के बाद मैं राज्यसभा में गया वहाँ का 200वाँ अधिवेशन भी मैंने अटैंड किया। तब मैं स्पीकर नहीं रह गया था। एक सदस्य बनकर चुनकर आया था। मंच पर राष्ट्रपति, उपराष्ट्रपति, पन्त प्रधान, सभापति ऐसे हम 5 लोग थे। इस समय मैंने ये भी सोचा कि मुझसे कुछ गलतियाँ हुई हैं वे भी बतानी चाहिए क्योंकि ग़लतियाँ नहीं सुने पत्रकार तो फिर वे क्या काम करता है। इसीलिए मैंने दो ग़लतियाँ बताई हैं। 22 दिसम्बर, 2003 को मैंने दो ग़लतियाँ कीं। मैं सदन में गया और मैंने एक प्रश्न पूछा सदन से, 'क्या किसी राज्य का राज्यपाल सदन में आ सकता है?' सब लोग हँसे और मैंने आगे पूछा 'आपण राज्यपाल हो... अभिनन्दन करतो' मदनलाल खुराना सदन में थे, मैंने बोला मैं आपको मुबारकबाद देता हूँ। मगर मेरा सवाल वही रहेगा कि क्या कोई राज्यपाल सदन में आकर बैठ सकता है और किसी ने मुझे बताया था कि खुराना उस वक्त आधिकारिक तरीक़े से नियुक्त नहीं किये गये थे। यह मेरी एक ग़लती थी। बार–बार मीडिया ने इसे टीवी पर दिखाया।

दूसरी ग़लती यह हुई संविधान में संशोधन के वक़्त मैंने कांग्रेस के लोगों को बोलने नहीं दिया था इस पर, यह भी एक ग़लती थी। उसके बाद मैंने एक प्वॉइंट दिया 'टेस्ट ऑफ़ स्पीकर्स' सदन ने वित्त विधेयक, बजट शुरू किया। माननीय राष्ट्रपति जब तक भाषण नहीं देते तब तक सदन नहीं चलाया जा सकता। मैंने सभी सदस्यों को सुना जो इस पर बोलना चाहते थे। विपक्ष ने विरोध किया लेकिन और सदस्यों ने कहा कि इसमें कुछ ग़लत नहीं है क्योंकि वे अभी राज्यपाल नियुक्त नहीं किये गये हैं। सदन में यह एक बहुत ज़रूरी मुद्दा बन गया था यानी कि मेरा टेस्ट, मेरी एजुकेशन का टेस्ट, ज्ञान का टेस्ट लेकिन मेरा दिमाग़ हमेशा मुझे बताता है कि दोनों फ़ैसले जो मैंने लिए थे वे ग़लत थे।

4 अगस्त, 2003 को प्रधानमन्त्री ने सदन में राम मन्दिर के बारे में बयान दिया और इस पर विपक्ष उठकर चला गया। दूसरा मुद्दा जो मैंने दिया था, दो संशोधन बिल सदन में लाये गये डिफेंस डिपार्टमेंट और भ्रष्टाचार पर। इन्हें रखने के लिए उन्होंने आज्ञा माँगी, मगर मैंने नहीं दी। वे चाहते थे सदन पूरे दिन के लिए एड्ज़ॉर्न (स्थगित) किया जाये, उसकी भी आज्ञा मैंने नहीं दी।

1 दिसम्बर, 2003 को प्रधानमन्त्री जी ने कहा मैं अपना बयान कल दूंगा। तो लोगों ने सवाल किया कि प्रधानमन्त्री को छूट क्यों दे दी गयी। क्योंकि उन्होंने जो बात कही मणिशंकर अय्यर ने भी वही बात कही। चन्द्रशेखर, प्रकाश सिंह बादल और उनके बेटे भी इसी बात पर सहमत थे कि स्थगित नहीं करना चाहिए था और इसीलिए सभी सम्बन्धित लोगों को कंडेमन करने के बाद सदन में बहुत अराजकता का माहौल हो गया।

लोकसभा अध्यक्ष अलग–अलग मुद्दों पर जो भी मत देते हैं उनकी ज़िम्मेदारी फाइनल होती है। लोकसभा में सबसे ज़रूरी बात अध्यक्ष का निर्णय होता है। स्पीकर के फ़ैसले के परे कोई नहीं जा सकता, क्योंकि वे अन्तिम अथॉरिटी हैं।

डॉ. राकेश योगी : अध्यक्ष होने के बाद ज़िन्दगी पर क्या फ़र्क़ पड़ता है?

मनोहर जोशी : अध्यक्ष को अध्ययनशील होना चाहिए, उसे किताबें पढ़ने में अध्ययनशील होना चाहिए। कुछ किताबें समझने में मुश्किल होती है लेकिन अपनी ग़लती कुबूल करना यह भी ज़रूरी बात है। इसलिए अध्यक्ष के पद को बहुत बड़ा सम्मान मिलता है।

मैं आपके सवाल का जवाब देता हूँ कि ईमानदारी क्या है? लोग किसी विषय का अभ्यास नहीं करते हैं और इसके फलस्वरूप ऐसा होता है कि लोग खुश होकर भाषण देते हैं और उसके जानने वाले भी खुश होते हैं लेकिन यह सच में निरर्थक होता है। लोग राजनीति पसन्द करते हैं। अब मैं राजनीति क्या होती है यह बताता हूँ, इसका मतलब होता है सत्ता में (पावर में) आ जाना और वे हर वह चीज़ करते हैं जो कि ज़रूरी है सत्ता में आने के लिए, लेकिन जो मूल बात है वे उसे भूल जाते हैं कि सत्ता मिल भी जाती है तब भी उसको अपने रूट्स से जुड़े रहना चाहिए, पर ऐसा होता नहीं है। अगर वे सत्ता में आकर भी उससे जुड़ नहीं पाते हैं तो संवाद और

बहस भी कम हो जायेंगे। लेकिन आपके सवाल के अनुसार आप देशहित को सबसे बड़ा हित मानते हैं जो कि दुर्भाग्यवश है ही नहीं यहाँ, क्योंकि सबसे पहले जब कोई इलेक्शन लड़ता है तब शिक्षा की कोई शर्त नहीं होती तो वह कैसे समझेगा उन सवालों को जो संसद में किये जाते हैं जो कि बहुत गहरे होते हैं और ऐसे लोग जब संसद में जाते हैं वे इन प्रश्नों को ईमानदारी से अपनाते ही नहीं हैं, मैं सबकी बात नहीं कर रहा लेकिन कुछ ऐसे होते हैं। इसीलिए सही तरीक़े से बहस नहीं हो पाती है।

डॉ. राकेश योगी : आपका जो अनुभव है, डेमोक्रेसी के जो अलग–अलग संस्थान हैं, लोकल बॉडीज़ से लेकर हाउस का जो अनुभव है आपका सभी स्तर पर है तो इसमें आपने क्या फ़र्क़ देखा। लोकल बॉडीज़ में काम करके, विधान परिषद् में काम करके, विधानसभा में और फिर उसके बाद तो आप मुख्यमन्त्री भी रहे, आपने फिर स्पीकर के तौर पर जो कि एक निष्पक्ष जॉब है, इन तीनों स्तरों में जो फ़र्क़ है संवाद का, बहस का या डायलॉग का वह कैसा है?

मनोहर जोशी : कॉर्पोरेशन के जो सदस्य हैं वे प्रारम्भिक उम्र में ही चुन लिए जाते हैं। उनको कॉर्पोरेशन जैसे किसी संस्थान में काम का कोई अनुभव नहीं होता है। इसीलिए वे बच्चों की तरह होते हैं और जब वे संसद में जाते हैं तो पार्लियामेंटेरियंस बन जाते हैं और उनकी शिक्षा भी पूरी हो गयी होती है। उन्हें अनुभव भी बहुत होता है और विधानसभा की जो स्टेज है वह दोनों के कहीं बीच में है। लेकिन फिर भी क्या संसद अन्तिम स्टेज है? नहीं, ऐसा नहीं है। ज़िन्दगी में बहुत अलग रास्ते हैं और ये अन्तिम नहीं है लेकिन सर्वोच्च स्थान पर है, अनुभव, शिक्षा और चीज़ों को अलग नज़र से देखने के तरीक़े की वजह से अलग है।

डॉ. राकेश योगी : क्या सांसद सक्षम हो पाते हैं जनता की बात रखने में, देश हित की बात रखने में?

मनोहर जोशी : यह सब इलेक्शन पर निर्भर करता है। हर कोई चाहता है कि वह चुना जाये, पर चुनाव के अलावा संसद में बहुत अच्छी चर्चाएँ होती हैं। कुछ लोग इसके लिए मशहूर भी हैं और उनकी रेपुटेशन भी अच्छी है। अगर आप पार्लियामेंटेरियन बनना चाहते हैं, तो आप ऐसे व्यक्ति होने चाहिए, जिसे मुद्दे और विषय की गहन जानकारी हो। किसी

भी मुद्दे के कई पहलू होते हैं, कुछ छोटे और कुछ बड़े, अगर आप किसी मुद्दे को संसद में रखना चाहते हैं तो उससे पहले यह ज़रूरी है कि आपने उसका गहन अध्ययन किया हो।

डॉ. राकेश योगी : पार्लियामेंट में जो लोग भी चुनकर जाते हैं, वे अलग–अलग पार्टी या अलग–अलग विचार के लोग होते हैं। उनको एक्सप्रेशन का, बोलने का मौक़ा मिलना और उनके विचार का उस पर आना इम्पोर्टेंट है, उस प्रोसेस के लिए जो पार्लियामेंट का प्रोसेस है, डिफ़रेंट आइडियोलॉज़ी और डिफ़रेंट थॉट्स हैं, जो एक्सप्रेस किये जा सकें।

मनोहर जी : यदि आप एक अच्छे प्रवक्ता हैं, यदि आप अपने विचारों को अच्छे से नहीं रख पाते हैं इसका मतलब आपको चाहिए कि उस विषय का गहन अध्ययन किया जाये। जिस व्यक्ति ने उसका गहन अध्ययन किया होगा वह पार्लियामेंट में अवश्य सफल होगा और यदि आप चीज़ों को अच्छी तरह से नहीं रख पा रहे हैं, यदि आप एक सफल सांसद बनना चाहते हैं, पहले आपके पास एक निश्चित शैक्षिक योग्यता होनी चाहिए जो कि निश्चित नहीं है, दूसरा एक अच्छा वक्ता और तीसरा खुले विचारों वाला व्यक्ति।

यदि आप बोलना चाहते हैं तो आपको समझना होगा कि यदि सदस्यों की संख्या आज 500 की या कुछ हो कि इनमें से कोई भी चतुर नहीं है यह सच नहीं। बाहर के जो लोग हैं, जो आज तक स्कूल और कॉलेज नहीं गये पर उनके अन्दर यह क्षमता है कि वे पूरे देश की सोच को मोड़ सकें, यही है जो चाहिए। मुझे नहीं लगता कि बुद्धिमान व्यक्ति को ही संसद में जाने का मौक़ा मिलता है। और भी पहलू हैं जैसे चुनाव इत्यादि। यदि आप एक सफल सांसद बनना चाहते हैं तो आपको बुद्धिमान होना चाहिए। आप एक अच्छे स्पीकर होने चाहिए, इसलिए संसद में जाना आसान नहीं है।

डॉ. राकेश योगी : पार्लियामेंट में देश के अलग–अलग हिस्से से, क्षेत्रों से लोग आते हैं, अलग–अलग निर्वाचन क्षेत्र से लोग आते हैं। एक सांसद 10 लाख लोगों का प्रतिनिधित्व करता है, तो यह कैसे सम्भव है कि वह अपने निर्वाचन क्षेत्र के लोगों की एक्सपेक्टेशंस और मुद्दों को संसद में रख सके, इसके लिए क्या होना चाहिए?

मनोहर जोशी : सारे ही मुद्दों को संसद में रखा जा सकता है। इसके लिए आपको एक अच्छा प्रवक्ता होना चाहिए। आपके पास यह अधिकार है कि

आप किसी भी मुद्दे पर बोल सकें। इसके लिए आपको विषय और मुद्दे की अच्छी जानकारी होनी चाहिए और आपने उस पर गहन अध्ययन किया हो। यदि आप चुने जाते हो तो उसका यह मतलब नहीं कि आप बुद्धिमान ही हो, इसके लिए चाहिए कि अच्छी शिक्षा, अच्छा साहस। आप चतुर हो सकते हो, पर यदि आप हाउस में नहीं बोल पाये तो फिर इसका क्या फ़ायदा?

तो आप चतुर होने चाहिए, आपको अच्छे से बोलना आना चाहिए। यह ज़रूरी नहीं कि हर मुद्दे को संसद में ही बोला जाये, उनकी चर्चा असेंबली और कॉर्पोरेशन में भी हो सकती है।

डॉ. राकेश योगी : डेमोक्रेसी में डिफ़रेंट आइडियोलॉज़िस की क्या इम्पोर्टेंस है?

मनोहर जोशी : यदि एक आइडियोलॉज़ी बेस्ट है, तब कोई आवश्यकता नहीं है। पर आज तक ऐसी आइडियोलॉज़ी संसद में नहीं लायी गयी और सभी मानते हैं। अगर यह ग़लती है, तो यह ग़लती ईश्वर की है न कि इन्सानों की। संसद कई मुद्दों पर बहस करती है जो कि अपीलिंग नहीं होते, तो स्पीकर को चाहिए कि वह देखे कि कौन–सा मुद्दा सबके लिए ज़रूरी है कि नहीं, तब जाकर उसे परमिट करना चाहिए। इसके लिए उसे हाईली एजुकेटेड होना चाहिए और एक अच्छा वक्ता भी, और ऐसा बोलना चाहिए कि सारी विचारधाराओं द्वारा स्वीकार किया जाये। कोई मुद्दा जो मेरे दिल को छूता है वह यह है कि दो समय का भोजन पायें। अगर आप मुझसे पूछेंगे कि वह नहीं पाते, ग्रामीण क्षेत्रों में आदिवासी क्षेत्रों में, कुछ लोगों को पीने के लिए पानी तक नहीं मिलता, और मौतें होती हैं, पर बेसिक मुद्दों पर संसद में चर्चा नहीं होती है। कैसे होगा कि इस पर डिस्कशन हो पाये? असम्भव कुछ भी नहीं है, इस मुद्दे पर मैं पहला नहीं हूँ जो बोल रहा है, कई सांसद इस पर बोल चुके हैं, पर यह बातें प्रधानमन्त्री के दिल तक पहुँचनी चाहिए, और उसकी पार्टी के सदस्यों तक पहुँचनी चाहिए, और पार्टी के सदस्यों के बाद यह बात हर किसी तक पहुँचनी चाहिए, तो यह असम्भव नहीं है, दुर्भाग्य से इसमें अगर राजनीति न हो तो!

डॉ. राकेश योगी : डेमोक्रेसी को मज़बूत करने में यह जो पार्लियामेंट का डिस्कशन, यह जो डायलॉग है इसका क्या रोल है?

मनोहर जोशी : रोल है पर वैसा नहीं जैसा आप आशा करते हो या मैं

आशा करता हूँ, इसका रोल है लोगों के दिमाग़ में फीलिंग को फैलाना, जैसा कि आपने पिछले प्रश्न में पूछा और मैंने आपको उत्तर दिया, तो यह सिखाया जाना चाहिए, तो पार्लियामेंट को शिक्षित और प्रशासनिक होना पड़ेगा, प्रशासन में फ़ाइल्स पड़ी रहती है, हर कोई मेहनत से काम करता है, हर कोई दिल से काम करता है, और देश को भी करना होगा, जो हो नहीं रहा है, केवल अच्छे लोग ही यह कर सकते हैं, इसका यह मतलब नहीं कि दूसरी पार्टी के नेता अच्छे नहीं हैं वे भी अच्छे हैं, पार्टी के सदस्यों से कहना चाहिए, किसे महत्त्व देना चाहिए किसे नहीं, लेकिन फिर भी सुधार नहीं हो रहे हैं। मैं आपको एक वाक्य में बताता हूँ, कि यदि हर कोई अपना कर्तव्य अच्छे से निभाये, तो देश समृद्ध हो जायेगा। पार्लियामेंट में हो या किसी म्युनिसिपल कॉर्पोरेशन में आपके अन्दर यह भावना होनी चाहिए कि यह मेरा देश है और मुझे इसको पूरे विश्व में शीर्ष पर लाना है,

क्या पार्लियामेंट यह पक्का करती है कि हर कोई अपना कर्तव्य निभा रहा है या नहीं?

मेरे अनुसार यहाँ आजकल क्या होता है कि आदमी ऑफ़िस में जाता है और बताता है कि उसका क्या काम है एक आदमी जो वहाँ बैठा हुआ है कहता है कि मेरे पास नहीं है, इसके पास जाओ, और वह उसके पास जाता है, वह कहता है मेरे पास नहीं है मेरे से जो बड़ा ऑफ़िसर है उसके पास जाओ, फिर वह वहाँ जाता है, एक–एक छोटे काम के लिए जो काम 4 दिन में हो सकता है, उसको 40 दिन लगते हैं, तो आदमी थक जाता है, और इसमें मेरी पार्टी के प्रमुख बालासाहेब ठाकरे हर समय कहते थे, कि आपका काम अगर एक बार में ना हो, तो आप नाराज़ हो जाते हैं, साथ ही साथ आपकी पार्टी भी नाराज़ हो जाती है, फिर लड़ाई शुरू होती है, इसलिए इसे सीरियसली लेना चाहिए!

हमने कई मुद्दों पर संसद में चर्चा भी की, लेकिन उनका कुछ भी परिणाम नहीं निकला, कुछ लोग उसके पक्ष में थे और कुछ लोग पक्ष में नहीं थे। राजनीति के कारण कोई परिणाम नहीं निकला।

अधिक राजनीति मनुष्य को पागल बना देती है, क्योंकि राजनीति एक अध्ययन है। यदि आप अध्ययन करते हैं तो आपको समाधान मिलता है, यदि आप और ज़्यादा अध्ययन करते हैं, तो आप तनावग्रस्त हो जाते हैं।

डॉ. राकेश योगी : पार्लियामेंट के डिस्कशन में और दो पार्टियों के लोग

जो आपस में बाहर बात करते हैं या मीडिया में बात करते हैं उसमें और पार्लियामेंट के अन्दर बात करते हैं और क्या होना चाहिए, जैसे–मीडिया में बैठकर स्पोकपर्सन बात करते हैं, लड़ते हैं, पार्लियामेंट में जाकर दो पार्टी के लोग आपस में बात करते हैं, में क्या अन्तर है?

मनोहर जोशी : मैंने जो पहले बात कही कि कुछ नियम और शर्तें होने चाहिए, चुने हुए सदस्य के लिए उसे मुद्दे के बारे में पता होना चाहिए। यदि उसे नहीं पता है तो वह पार्लियामेंट में जाकर कुछ भी नहीं बोल पायेगा। थिंकिंग बियोंड इंडिविजुअल एक कठिन कार्य है, हर कोई अपने बारे में सोचता है, देश के बारे में नहीं, इस वजह से तो कोई भी मुद्दा संसद में आने से पहले उस पर चर्चा नहीं की जाती है। अगर तुम उन पर चर्चा करना चाहते हो तुमको पहले उसे समझना होगा। उसके बारे में अध्ययन करना होगा और जो व्यक्ति कक्षा 4 पास है वह भी मुख्यमन्त्री बन जाता है!

डॉ. राकेश योगी : पार्लियामेंट में स्पीकर के तौर पर रहते हुए जो आपका अनुभव रहा आपको क्या लगता है जो उस समय पार्लियामेंट में डिस्कशन होता था। जो डिबेट होती थी, उसका स्तर क्या था, उसके आधार पर उसे बताये! अगर एक्जाम्पल्स भी आप उसमें दे सके तो!

मनोहर जोशी : जो स्पीकर स्पीच देता उससे निकलकर आता है, मुद्दा हर एक नागरिक से जुड़ा होता है, जो और ज़्यादा ध्यान खींचता है। स्पीकरशिप एक टीचर की जॉब नहीं है, यह इससे भी परे है। यह एक प्रशासन की जॉब है। यदि आप कोई किताब पढ़ते हैं, और आप ग्रेजुएट हैं, तो आप आसानी से चीज़ों को समझ सकते हैं। इस वजह से तो आप स्पीकर से भी पूछ सकते हैं जिसका इंटरव्यू ले रहे हैं, या आप इंटरव्यू के लिए जा रहे हैं, आपकी शैक्षिक योग्यता क्या है? बात यह है कि देश में शैक्षिक योग्यता का प्रश्न अन्त में आता है। मेरा प्रश्न यह है कि देश में हर कोई दो वक़्त का भोजन प्राप्त करे, तो एक लक्ष्य होना चाहिए कि मेरे देश में कोई भूख से न मरे, जो हो नहीं सकता। दूसरी तरह की समस्या अलग है, तुम्हारे पास एक आर्मी होनी चाहिए जो तुम्हारी रक्षा करे, मेरे अनुसार भाग्य से यह हमारे पास है, यह सब हम पर निर्भर करता है और साथ ही साथ मन्त्रालय पर भी। हमें इस तरह पेश आना चाहिए कि दूसरा देश हम पर आक्रमण न कर सके, जीवन महत्त्वपूर्ण है, भोजन महत्त्वपूर्ण है, उसके बाद शिक्षा, शिक्षा

में दुर्भाग्यवश हमारी शिक्षा का स्तर उच्चतम नहीं है। वरना बच्चे दूसरे देशों में नहीं जाते, वे जाते हैं क्योंकि हमारी शिक्षा के स्तर को और ऊँचा होना है, लेकिन यह प्रक्रिया में है इसलिए नहीं कि केवल मैं ही इसके बारे में बात कर रहा हूँ, बल्कि बहुत सारे लोग हैं जो इस पर काम कर रहे हैं।

डॉ. राकेश योगी : पॉलिटिकल पार्टी और पॉलिटिकल प्रोसेस और लेजिसलेटिव डेमोक्रेटिक सेटअप में 50 वर्षों से ज़्यादा आपकी पब्लिक लाइफ़ है, क्या आपको लगता है हम सही दिशा में जा रहे हैं?

मनोहर जोशी : अगर मेरी पार्टी का कोई आदमी होता तो मैं हाँ कहता, पर दूसरी तरफ़ विदेशों में क्या हो रहा है? बाक़ी देश कैसा कर रहे हैं, और सुधार कैसे किया जा सकता है, राजनीति में अगर मेरी पार्टी के पार्टी प्रमुख ख़ुश हैं, तो मेरा भविष्य उन पर निर्भर करता है। अगर वे ख़ुश नहीं हैं, तो समझ लो सबकुछ ख़त्म, क्योंकि डेमोक्रेसी में मैं उच्चतम पायदान पर पहुँच सकता हूँ, मेरी पार्टी उस समय मेजोरिटी में नहीं थी, उस समय मुश्किल से लगभग 19 लोग होंगे, मेरा चुनाव एकमत था, कोई विपक्ष नहीं था, तो निर्भर करता है इस प्रकार का कल्चर है, किस प्रकार का इंटेलीजेंस आप विकसित करते हैं, सब कुछ सम्भव है।

डॉ. राकेश योगी : जो आज के समय में पार्लियामेंट में लगातार पिछले 10 सालों में हम देख रहे हैं, कि शोर ज़्यादा है, बात कम है, इसका क्या कारण है। आपने जो एजुकेशन वाला बताया कि लोग एजुकेटेड नहीं उनमें से जो भी एजुकेटेड हैं और जो कि ज़्यादा समझदार हैं, जो इंडिविजुअल समझदार नज़र आते हैं, अलग–अलग जगहों पर पार्लियामेंट में कुछ सालों से ट्रेंड बना है कि बात नहीं हो रही है, शोर ज़्यादा हो रहा है, उसका स्तर जो गिरा है, उसका क्या कारण है?

मनोहर जोशी : बेसिक कारण मेरी दृष्टि से लोगों ने यह समझा नहीं है अभी तक कि पार्लियामेंट क्या कर सकती है और समझेंगे भी कैसे पढ़ना ही नहीं आता है। तो, ऐसे लोग भी बहुत हैं, 40% लोग अभी भी ऐसे हैं जिन्हें अपने अधिकार नहीं पता हैं। अगर आप चीज़ों को भी नहीं समझ पाते हैं, तो आप इसे सुधारेंगे कैसे? कल्चर बचपन से ही विकसित होता है उसके लिए पिता को भी शिक्षित होना चाहिए, पर पिता को शिक्षित करना तो सम्भव नहीं है। अगर पिता ही शिक्षित होगा तो, वह अपने बच्चे को उच्चतम स्तर तक शिक्षा देगा, और मैं पर्सनली सोचता हूँ, ऐसे ही

कल्चर को सुधारा जाये, तो वह लड़का या लड़की शिक्षित ही होंगे तो यह बहुत बड़ा मुद्दा है, बहुत बड़ी जनसंख्या है। अगर आप संसद के स्तर को सुधारना चाहते हैं, अगर आप उनके व्यवहार को सुधारना चाहते हैं, तो आपको अगली बार इसे रोकना होगा।

डॉ. राकेश योगी : आप स्पीकर रहे उस समय मतलब आज का जो डिफ़रेंस है उसके हिसाब से मैं पूछ रहा हूँ, लीडर ऑफ़ अपोज़िशन, प्राइम मिनिस्टर, डिप्टी प्राइम मिनिस्टर, ये जब बोलते थे, जब इनको पार्लियामेंट में बोलना होता था उस समय क्या माहौल होता था, रेस्पांस क्या होता था जो अदर मेंबर होते थे उनका?

मनोहर जोशी : संसद में यदि स्पीकर बोल रहा हो, प्रधानमन्त्री बोल रहा हो, तब वहाँ सन्नाटा होता है। हर कोई उनको सुनता है, कोई वहाँ से जाता नहीं है, लेकिन यह काफ़ी नहीं है, कई सारे मुद्दे हैं। वे आपस में लड़ते रहते हैं, कई बार मैं हैरान हो जाता हूँ, कौन–सी ऐसी चीज़ें हैं जो हमारे देश को आगे ले जा सकती हैं, उन मुद्दों पर बात होनी चाहिए, जो कि हम नहीं करते हैं, जैसे कि अयोध्या। बहुत सारे लोग कह रहे हैं कि अयोध्या मन्दिर का निर्माण होना चाहिए। यह माँग हमारे अनुसार सही है, पर यह हो क्यों नहीं रहा है। यह सब डिक्टेटर्स पर निर्भर करता है, जो कि राजनीतिक पार्टियों में अलग से हैं। जो लीडर्स पार्लियामेंट का हिस्सा नहीं हैं। इस वजह से कोई एक कारण नहीं है, कई सारे कारण हैं, जिसे संसद नहीं सुधार पा रही है, सदस्यों को अधिकार नहीं है कुछ चीज़ों को एक्सप्रेस कर सकें, मैं नाम बता सकता हूँ, पर यह अलग ही मुद्दा बन जायेगा।

डॉ. राकेश योगी : आपके कहने का मतलब यह है कि पार्टी तन्त्र लोकतन्त्र से ज़्यादा प्रभावशाली है?

मनोहर जोशी : मैं यह नहीं कह रहा हूँ, लोकतन्त्र ज़्यादा प्रभावशाली है, यदि अच्छे लोगों को संसद में भेजा जाये तो, पर भेजेगा कौन? अभी तक हमारे देश की जनता को अपनी शक्तियाँ पता नहीं हैं। यही कारण है कि राजनीतिक पार्टियाँ विकसित नहीं हो पा रही हैं।

डॉ. राकेश योगी : आपने कहा कि पार्लियामेंट में स्पीकर और प्राइम मिनिस्टर बोलते थे। एक ट्रैडिशन था, एक संस्कार था, सब साइलेंट रहते थे और वॉकआउट भी नहीं करते थे, सब उनकी बात सुनते थे, लेकिन अभी तो कुछ अलग ही नज़ारा दिखाई देता है!

मनोहर जोशी : 2014 से ही हम देख रहे हैं कि अब जो अपोज़िशन है उसकी संख्या कम है। वह प्राइम मिनिस्टर के बोलने पर पूरे टाइम इंटरेप्ट करते हैं। अभी *आपने टी.वी. पर देखा होगा कि अपोज़िशन पार्टी की लीडर प्राइम मिनिस्टर के बोलते समय हँसने लगी, ज़ोर–ज़ोर से हँसने लगी, तो यह क्या है, यह पॉलिटिकल ख़राबी है या ओवरऑल हमारी सोसायटी का पतन है कि हम बातचीत के इस स्तर तक आ चुके हैं।*

किसी इंडिविज़ुअल के सुधार का प्रश्न महत्त्वपूर्ण है इसलिए मैंने संस्कार शब्द का प्रयोग किया, अगर आपको अच्छे संस्कार पाने हैं तो आपको इसे बचपन से शुरू करना होगा, और जब कभी देश का मुद्दा होता है, आपको निजी स्वार्थ भूलना होता है। मैं यह कहना चाहूँगा कि हर चीज़ सम्भव है, बस लोगों की विचारधारा अलग होनी चाहिए, और पॉलिटिकल पार्टी की विचारधारा भी अलग होनी चाहिए। झगड़ के या दोस्ती करके नहीं, पर बाहर उन लोगों के भीतर साहस नहीं है कि वे कह सकें यह सही है और यह ग़लत। मेरे अनुसार देश का मतलब इंडिविज़ुअल ही है। अगर एक व्यक्ति विकसित होता है, और वह चीज़ों को समझता है, तो वही एक श्रेष्ठ राष्ट्र का निर्माण करने में अपनी भूमिका निभाता है।

डॉ. राकेश योगी : इसमें एक बात जो आप कह रहे हैं कि पार्टी से ऊपर, विचारधारा से ऊपर जो रिलेशन है, वह इम्पोर्टेंट चीज़ हैं। आपने संसद का जितना समय गुज़ारा है, उसमें से कुछ एक्सपीरियंस आप शेयर करें, पार्टी से ऊपर देश के लिए कुछ डिसीज़न करने की कोशिश की हो।

मनोहर जोशी : अगर मैं महाराष्ट्र की बात करूँ, क्योंकि मैं वहाँ का मुख्यमन्त्री था। मुख्यमन्त्री के अधिकार अलग होते हैं, ज़्यादातर चीज़ें मुख्यमन्त्री द्वारा ही की जाती हैं। जब मैं मुख्यमन्त्री था, बहुत ही बुरी चीज़ों को मैंने छोड़ा, और बहुत सारी अच्छी चीज़ों को मैं ला सकता था, यदि कोई दुर्घटना होती थी, तो तुरन्त मैं सबसे पहले उसी स्थान पर जाता है। यदि किसी की मृत्यु हो जाती थी, किसी रोग के कारण, तो उसको समझकर मैं सबसे पहले अपने विभाग के अध्यक्ष से सम्पर्क करता था, और मैं कोशिश करता था कि ऐसी चीज़ें दोबारा न हों। इसलिए वर्तमान सरकार और पिछली सरकार इन चीज़ों को ध्यान में रखती है, और यदि कहीं आग लग जाती है और लोग मुसीबत का सामना कर रहे हैं, आपकी प्रतिक्रिया महत्त्वपूर्ण होती है। एक्शन लेने के लिए आप मुख्यमन्त्री बनते हैं। स्पीकर को इस प्रकार का अधिकार नहीं होता

है, उसको पार्लियामेंट में जाना होता है, सहमति लेनी होती है, जो समय लेता है, स्पीकर को समझना होता है, कि प्राथमिकता क्या है?

डॉ. राकेश योगी : आपके जो स्पीकर का कार्यकाल था उसमें कुछ इम्पोर्टेंट बिल्स और जो आपने ज़िक्र भी किया, जैसे विमेन रिज़र्वेशन का बिल, तो थोड़ा याद करते हुए या कुछ डिस्कशन को लेकर या कुछ!

मनोहर जोशी : यह प्रश्न प्राथमिकता को लेकर है, और यह लोकप्रियता पर भी निर्भर करता है, जब भी कोई सदस्य बोलता है, तो सबका ध्यान अपनी ओर आकर्षित करता है। ये चीज़ें हो रही हैं और, यह चीज़ महत्त्वपूर्ण है। कभी–कभी लोग उसे स्वीकार करते हैं, जो व्यक्ति दुर्घटना में मरता है, तो तुरन्त उस पर प्रतिक्रिया दिखानी चाहिए, पार्टी से इस बारे में क्या पूछना, तुरन्त इस पर प्रतिक्रिया करनी चाहिए। इसलिए पूरी दुनिया में हमारे देश की आलोचना होती है। चीज़ें सही तरीक़े से नहीं होती हैं। वर्तमान में महाराष्ट्र में सूखा पड़ा है, इसमें क्या किया जाये, इस पर चर्चा की जानी चाहिए, मेरी पार्टी के प्रमुख इस समय उद्धव ठाकरे हैं, जब वे कर सकते हैं तो सरकार क्यों नहीं? क्योंकि इस बारे में बात करते रहते हैं, राजनीति के कारण तुरन्त प्रतिक्रिया करना असम्भव हो जाता है। इस वजह से मैंने आपसे पहले ही कहा है, बालासाहेब ठाकरे कहा करते थे कि अभी के अभी चाहिए, बहुत दिन के बाद नहीं चाहिए, लेकिन हमारे देश में प्रतिक्रिया काफ़ी देर से होती है जो कि बहुत ख़राब है।

डॉ. राकेश योगी : उस समय पार्लियामेंट पर अटैक भी हुआ, उस अटैक के बाद की डिबेट में क्या बातें हुईं, क्या उसको लेकर बातें हुईं?

मनोहर जोशी : बात होती है, बात हर विषय पर होती है, और इस बात के साथ एक्शन लेना कभी–कभी मुश्किल होता है, और कभी–कभी ऊँची सोच, बड़ी सोच और तुरन्त एक्शन लोकतन्त्र में आवश्यक है। इस स्तर पर पहुँच चुका हूँ, जहाँ मैं रिटायर होना चाहता हूँ।

मैं 81 वर्ष का हूँ, तो इस उम्र में अपने देश और शहर के लिए कुछ बेहतर करने के लिए मैं वहाँ होऊँगा या नहीं। मैं नहीं जानता, संसद के पहले दिन से ही चर्चा अवश्य होनी चाहिए।

डॉ. राकेश योगी : तो आपको क्या लगता है? जो पार्लियामेंट का सिस्टम है उसमें कैसे बेहतर बात हो सकती है, डायलॉग हो सकते हैं!

मनोहर जोशी : आपका प्रश्न दिखता छोटा है पर है बहुत बड़ा। परिस्थिति को सुधारने के लिए क्या किया जाना चाहिए, मैं कभी नहीं सोचता कि यह लोगों की संख्या पर निर्भर करता है, यह अकेले पर निर्भर करता है, वे काम कैसे करते हैं, मैं हमेशा कहता हूँ कि महात्मा गाँधी अकेले थे, उन्होंने अपने विचारों को पूरे देश में फैलाया, और आज़ादी आयी, मैं स्वतन्त्रता के बारे में कल्पना कर रहा था, जैसे कि सुभाषचन्द्र बोस, श्री सावरकर; ये लोग काफ़ी बुद्धिमान थे, बलिदानी थे। अगर आप इस तरह के लोग पाते हैं, इससे देश को आगे ले जाने में मदद मिलती है, एक ही तरीक़ा है, चीज़ों को करने का!

डॉ. राकेश योगी : कोई ट्रेनिंग जैसा कि आप कह रहे हैं कि नया जो सांसद आता है, उसे पता भी नहीं होता कि क्या बात वहाँ करनी है, क्या इसके लिए कोई ट्रेनिंग होती है, कुछ होता है ऐसा!

मनोहर जोशी : नहीं! जब कोई इस पद पर आता है, तो यह उसके पार्टी प्रमुख और पार्टी के सहयोग पर निर्भर करता है, इसलिए जो प्रश्न आपने पूछा यह काफ़ी महत्त्वपूर्ण है। पर हर एक प्रश्न के लिए ज़रूरी है कि किताब को पढ़ा जाये, अगर आप बाहर जायेंगे और पूछेंगे, बहुत सारे लोग आज तक स्कूल ही नहीं गये होंगे। मैं काम पर भरोसा करता हूँ, बहुत सारे लोग आते हैं, जो हमें सिखाते हैं, सिखाना मतलब वे अपनी राय देते हैं। सांसदों के लिए बहुत सारे संवाद होते हैं, बाहर के लोगों द्वारा, देश के बाहर के लोगों द्वारा भी, जिनका राजनीति से कोई सम्बन्ध नहीं है, वे भी बोलना चाहते हैं। वे आते हैं, वे बोलते हैं, कुछ लोगों द्वारा सराहना मिलती है, और कुछ समय बाद लोग उन्हें भूल जाते हैं। बच्चे देश से बाहर जाते हैं, ज़्यादातर बच्चे यूनाइटेड स्टेट्स जाते हैं, क्यों? आप हैरान हो जाओगे, यह एक मूलभूत बिन्दु है, विदेशों में आपको वे पढ़ने के लिए सिर्फ़ किताब ही नहीं देते, वे आपको व्यावहारिक बनाते हैं, यदि आप एक कारपेंटर बनना चाहते हैं, वे आपको कारपेंटरी सिखाएँगे, और आप एक एक्सपर्ट कारपेंटर बन जायेंगे। तो बाहर ये चीज़ें है, मैं उन लोगों की बात कर रहा हूँ जो शिक्षा के क्षेत्र में हैं, ऐसी ही प्रणाली हमारे देश में होनी चाहिए, प्रश्न यह है कि यदि इस समय कोई योग्य है तो वह पढ़ने के लिए विदेश जाता है, शिक्षा में बहुत स्कोप है, और नियमित शिक्षण आपको समृद्ध बनाता है।

डॉ. राकेश योगी : पार्लियामेंट के कॉन्टेक्स्ट में, शिक्षा, प्रोग्राम, ट्रेनिंग की क्या आवश्यकता है? किस प्रकार का ट्रेनिंग प्रोग्राम हम स्वीकार करेंगे?

मनोहर जोशी : ट्रेनिंग में यह नहीं होगा, यदि आप प्रशिक्षित हैं तो बताएँगे कि मैंने ऐसी–ऐसी जगहों से प्रशिक्षण लिया है, लेकिन यदि आप सच में ऐसा करना चाहते हैं। पार्लियामेंटरी के नियमों में आधुनिकता का निर्माण करना होगा, यह सब आशा के अनुरूप नहीं है। अगर आप एक पार्लियामेंटेरियन हैं, तो आपको उसका सम्मान करना होगा, दूसरों की आलोचना करने का अधिकार नहीं है, पर सब ऐसा करते हैं, और इसके लिए क्या सजा होनी चाहिए, यदि आप सज़ा देते हैं, इसका मतलब आप दूसरी आलोचना को अपनी ओर आकर्षित कर रहे हैं, जैसा कि आप जानते हैं, कि कुछ लोग सज़ा के पात्र होते हैं, तुरन्त की गयी चीज़ें तुरन्त परिणाम देती हैं।

डॉ. राकेश योगी : आपके हिसाब से पार्लियामेंट में सुधार के लिए क्या नियम क़ानून होना चाहिए?

मनोहर जोशी : कुछ नियम क़ानून बिल्कुल सख़्त होने चाहिए, कि यदि कुछ गड़बड़ करने पर आपकी सदस्यता समाप्त हो सकती है, तो कोई गड़बड़ नहीं करेगा, तो नियमों में सुधार हमारे लिए लाभदायक होगा, और यह सुधार जो लोग वहाँ बैठते हैं उनके द्वारा किया जाना चाहिए।

डॉ. राकेश योगी : हमारे देश को स्वतन्त्र हुए 70 साल हो गये हैं, उस समय ऐसा तो कभी हुआ नहीं कि अनुशासन के नाम पर किसी की मेंबरशिप गयी हो, ऐसा तो कोई एक्जाम्पल नहीं है।

मनोहर जोशी : ऐसा हो सकता है पर कोई ऐसा क़ानून नहीं है क़ानून बदलना चाहिए, देखो मैं एक बात कहूँगा हर चीज़ हमारे हाथों में है और हर चीज़ में सुधार किया जा सकता है, यह क्या बेवकूफ़ी है कि लोग वहाँ पर बैठते हैं और आपस में बहस करते हैं, तो ये सब चीज़ें हैं जिनमें हमें सुधार करना है, लेकिन मेरा कहा क्या सिर्फ़ आपकी किताबों में जायेगा, क्या मैं अपनी पार्टी से बात कर सकता हूँ, कि तुरन्त न्याय देना चाहिए।

डॉ. राकेश योगी : तो आप यह कहना चाहते हैं कि हम यदि संसद के संवाद को मज़बूत करना चाहें, तो हमको साथ ही साथ राजनीतिक पार्टियों के भीतर लोकतन्त्र को भी मज़बूत करना होगा।

मनोहर जोशी : यह पार्टी से ही शुरू होता है, और चीज़ें चाहिए होती हैं, जिन लोगों को वहाँ चुनकर भेजा जाता है, उन्हें एक निश्चित शिक्षा दी जानी चाहिए। तभी तो ये मुद्दों को समझ पायेंगे, नहीं तो फिर कौन

समझने वाला है। बल्कि जो लोग पढ़े–लिखे हैं वे भी तो इस तरह की किताब नहीं पढ़ते हैं, जिस बारे में उन्हें चर्चा करनी है।

आजकल जवान लड़के लड़कियाँ एक–दूसरे के पास आते हैं, कुछ समय बाद वे शादी कर लेते हैं, और उसके कुछ समय बाद ही वे तलाक़ ले लेते हैं, तो क्या इस तरह से हमारा देश आगे बढ़ेगा?

यह एक सीरियस इश्यू है, और मेरे अनुसार सीरियस मुद्दों को सीरियसली लेना चाहिए, और ऐसा हो भी सकता है।

कैसे??

सबके लिए सख़्त क़ानून होना चाहिए।

इनके लिए क़ानून कौन बनायेगा जो कि ख़ुद ही अनुशासनहीन है।

यह सब बन्द हो सकता है बशर्ते आपके अन्दर इसको बन्द करने की प्रबल इच्छा होनी चाहिए, दुर्भाग्य से जो मुझे कहीं नहीं दिखती।

एक लोकतन्त्र में यदि वास्तव में आप चीज़ों को सुधारना चाहते हैं, आपको सख़्त कामों के लिए तैयार होना पड़ेगा।

मैं इसलिए कह रहा हूँ, क्योंकि मेरी पार्टी लोकतान्त्रिक नहीं है, और इसलिए कोई भी काम तुरन्त हो जाता है।

डॉ. राकेश योगी : पार्लियामेंट्री रूल्स में सख़्ती को बढ़ाना चाहिए? तब लोग यह कहेंगे कि ये डेमोक्रेसी के अधिकारों पर हमला कर रहे हैं।

मनोहर जोशी : आपको मैं इतना ही कहूँगा, कि पार्टी की कौन–सी आइडियल साइट है। मैं इस पर नहीं जा रहा हूँ, पर मैं मानता हूँ कि कुछ बदलाव ज़रूरी हैं, पार्लियामेंट के सदस्यों को अनुशासन में रखने के लिए, पर यह एक व्यक्ति के हाथ में नहीं है, कि हर व्यक्ति के विचारों में बदलाव होना चाहिए।

डॉ. राकेश योगी : इसमें ऐसा भी होना चाहिए कि जो लोग अच्छा कर रहे हैं, उनकी प्रशंसा की जाये, तो बाक़ी लोगों के लिए भी एक्जाम्पल सेट हो, और क्या कोशिश हो सकती है?

मनोहर जोशी : आपको मेरा रिप्लाई मिला है, पर मेरा रिप्लाई इसके फ़ेवर में नहीं है कि जो है उनमें सुधार करना। जो अच्छे हैं वे अच्छा काम आज भी करते हैं, वे काम तो कर सकते हैं, उनको कौन रोकता है, लेकिन जो गड़बड़ी करने वाले हैं, उनके लिए प्रोसिज़र में सुधार लाने की ज़रूरत है।

डॉ. राकेश योगी : आज जो आप कंडीशन देख रहे हैं, उससे आपको कितनी आशा है, कि सब कुछ ठीक होगा, आज जिस तरह की पॉलिटिकल सिचुएशन है, कितना आप उम्मीद करते हैं?

मनोहर जोशी : आदमी पर है, प्राइम मिनिस्टर पर है, चीफ़ मिनिस्टर पर है, क्योंकि वहाँ काम करने के अधिकार बहुत होते हैं, लेकिन वे अधिकार के उपयोग नहीं करते हैं, क्योंकि उनको प्राइम मिनिस्टर पद कंटिन्यू करना होता है। निजी स्वार्थ के लिए बड़ी ग़लतियाँ करते हैं, और चर्चा में वे मानते हैं कि ऐसा करना चाहिए, पर असल में ऐसा नहीं करते, बहुत कम लोग ऐसा करते हैं, एक्शन में नहीं।

डॉ. राकेश योगी : यह जो पार्लियामेंट में बातचीत होती है, इसको बेहतर बनाने के लिए, गवर्नमेंट का ज़्यादा बड़ा रोल है कि अपोज़िशन का?

मनोहर जोशी : सरकार का, अथॉरिटी सरकार है। किसी भी पार्टी की गवर्नमेंट हो, अथॉरिटी उनके प्रमुख पर और पार्टी चीफ़ पर ही होती है। उनकी भी मीटिंग लेनी चाहिए, वे कोई बाहर के लोग नहीं हैं। वे कहते हैं, चलो आज गड़बड़ी करते हैं, और अचानक होने वाली गड़बड़ी भी होती है।

डॉ. राकेश योगी : स्पीकर के तौर पर आप जब रहे, स्पीकर पर किसी पार्टी का दबाव होता है।

मनोहर जोशी : पार्टी का होता ही है, न बोलना भी ग़लत है, होता ही है। हम चुनकर आये तो हमारा सुनना ही चाहिए, स्पीकर हो या प्राइम मिनिस्टर हो बाहर का दबाव ज़रूर चलता है। आज ही मैंने पेपर में पढ़ा कि आर.एस.एस. ने दम भरा है, किसको पता है? पार्टी को ही कि आप राम मन्दिर नहीं बनायेंगे, तो बड़ा मुश्किल हो जायेगा आपको, प्राइम मिनिस्टर को दम भरते हैं, वह क्या स्पीकर को छोड़ेंगे कभी?

डॉ. राकेश योगी : तो गवर्नमेंट, अपोज़िशन और पार्टी, सबको मिलकर इसका उपाय निकालना चाहिए।

मनोहर जी : सही कहा।

डॉ. राकेश योगी : कोई सन्देश नये सांसद को आपकी तरफ़ से।

मनोहर जोशी : पढ़ते रहिए, अध्ययन करते रहिए।

डॉ. नजमा हेपतुल्ला

बोलना ही नहीं सुनना भी है महत्त्वपूर्ण

–डॉ. नजमा हेपतुल्ला

परिचय : 13 अप्रैल, 1940 को मध्य प्रदेश के भोपाल ज़िले में जन्मी नज़मा हेपतुल्ला जी ने अपने नाना मौलाना अबुल कलाम आज़ाद से मिली राजनीतिक विरासत को बख़ूबी आगे बढ़ाया। शुरुआती शिक्षा–दीक्षा के बाद आपने भोपाल से प्राणीशास्त्र में स्नातकोत्तर किया तथा उसके बाद हृदय विज्ञान में पीएच.डी. की उपाधि प्राप्त की।

राजनीति में ख़ास रुचि रखने के चलते आप भारतीय राष्ट्रीय काँग्रेस से जुड़ीं। वर्ष 1980 में आप राज्यसभा में सदस्य चुनी गयीं और 1985–86 तक तथा 1988 से 2007 तक राज्यसभा की उपसभापति रहते हुए आपने राज्यसभा की कार्यवाही के संचालन में अपनी समझ, विद्वत्ता और निष्ठा का बेहतर उपयोग करते हुए प्रतिमान स्थापित किये, साथ ही सत्ता पक्ष और विपक्ष दोनों के साथ समन्वय स्थापित कर अपनी सर्वस्वीकार्यता स्थापित की। यही कारण थे कि वर्ष 2004 में जब आपने भाजपा में शामिल होने की इच्छा जताई तो भाजपा नेतृत्व ने आपको हाथों–हाथ लिया और आपको पार्टी में शामिल किया। उनकी दलगत राजनीति से इतर छवि का अन्दाज़ा इसी बात से लगाया जा सकता है कि जब वे काँग्रेस में थी तब भी भाजपा नेतृत्व वाली एनडीए सरकार ने उनको वर्ष 2000 में ही भारतीय सांस्कृतिक सम्बन्ध परिषद् का अध्यक्ष बनाया। भाजपा में शामिल होने के बाद अपनी प्रतिभा और क्षमताओं में उत्तरोत्तर प्रगति करते हुए आप भाजपा

नेतृत्व के मन्त्रिमण्डल में शामिल रहीं। आपने राजनीति में दिये नियमित योगदान के साथ शिक्षा और साहित्य के क्षेत्र में भी बेहतरीन काम किया है। आपके कई किताबों के लेखन के साथ ही समाचार पत्र–पत्रिकाओं में भी नियमित रूप से लेख प्रकाशित होते रहते हैं। आपके प्रमुख लेखन में 'एड्स अप्रोचे : टू प्रिवेंशन' है, आप राजनीति, समाज और संस्कृति के अलावा विज्ञान जैसे जटिल विषयों पर भी बेहतरीन पकड़ रखती हैं। आप भारतीय राजनीति की उन महान विभूतियों में से एक हैं, जिन्होंने अपनी प्रतिभा और योग्यता के बल पर स्वयं को स्थापित भी किया और अपना मुक़ाम बनाया। वर्तमान में आप मणिपुर राज्य की राज्यपाल हैं। संसद के उच्च सदन के संचालन के लम्बे अनुभव तथा संसदीय राजनीति में महत्त्वपूर्ण भूमिका के कारण संसदीय संवाद जैसे विषय में नज़मा जी के विचार अत्यन्त महत्त्वपूर्ण हैं।

डॉ. राकेश योगी : आपने एक लम्बा वक़्त गुज़ारा है, लगभग तीन दशक से ज़्यादा आप पार्लियामेंट्री प्रोसेस में शामिल रही हैं और एक पार्लियामेंटरियन के तौर पर और चेयर पर रहते हुए दोनों तरफ़ से आपने पार्लियामेंट को देखा है और समझा है, तो पार्लियामेंट में जो बातचीत होती है उसका आपको क्या एक्सपीरिएंस है या उसकी इम्पोर्टेंस क्या है डेमोक्रेसी में?

नजमा जी : हमारे यहाँ जन–तन्त्र हमने अपनाया आज़ादी के बाद क्योंकि हमारे देश में अनेकता में एकता है। हर एक आदमी अलग है अलग–अलग धर्म, अलग–अलग ज़ुबान बोलने वाले, अलग–अलग जाति के लोग, अलग–अलग जगह के रहने वाले, खान–पान, रहन–सहन सब अलग है। एक चीज़ जो हमें एक करती है, हमें जोड़ती है, वह है हमारा हिन्दुस्तान। तो कोई दूसरा तरीक़ा था नहीं देश के ऊपर हुकूमत करने का या सरकार बनाने का। हुकूमत करना नहीं कहना चाहिए उसको सरकार बनाने के सिवा इसके कि हम जन–तन्त्र को मानें और लोगों को शक था, अंग्रेज़ों को भी शक था कि हम इतने बड़े देश के जन–तन्त्र को कैसे चलायेंगे। अगर मैं चला पायी और अच्छा चला तो दुनिया का सबसे बड़ा जन–तन्त्र, दुनिया का सबसे बड़ा इलेक्शन का प्रोसेस होता

है, इलेक्शन का सबसे बड़ा व्यायाम और हमारे बाद जो–जो मुल्क आज़ाद हुए थे, साउथ अफ़्रीका, नामीबिया, उन्होंने जन–तन्त्र अपनाया हमको देख के, क्योंकि मुझे याद है कि जब साउथ अफ़्रीका में संविधान बन रहा था तो वहाँ के लोग आये थे मुझसे डिसकस करने कि क्या–क्या चीज़ें रखनी चाहिए पार्लियामेंटरी डेमोक्रेसी के अन्दर और संविधान में क्या–क्या रखना चाहिए और मैं समझती हूँ जो हमारी सबसे बड़ी कामयाबी थी वह ये थी कि हमने एडल्ट फ्रेंचाइज़ी रखी।

किसी महिला को अपना जो संविधानिक हक़ है वोट देने का उसके लिए लड़ाई न लड़नी पड़े। बहुत से मुल्क़ों में इस मुद्दे पर बहुत औरतों को संघर्ष करना पड़ा। हमारे यहाँ संघर्ष नहीं करना पड़ा। जिन्होंने संविधान बनाया "बाबा साहब अम्बेडकर" और उनके साथी सब लोग क्योंकि वे अकेले नहीं थे एक पूरी संविधान सभा थी। जिन्होंने एक–एक शब्द और जो उसके अन्दर एक–एक क्लॉज़ रखे गये हैं उनकी महानता डिसकस करके यह संविधान बनाया और उन्होंने यह सोचा कि अगर हमें एक कामयाब जन–तन्त्र बनाना है तो उसके लिए बहुत आवश्यक है कि क्या महिलाओं को भी उनका हक़ दें तो इसलिए हमारा जन–तन्त्र इतना मज़बूत है कि आज महिला–पुरुष में कोई अन्तर नहीं है।

सबसे बड़ी बात जो है हमारे संविधान की वह प्रस्तावना है। उसमें किसी भी तरह का कोई भेदभाव नहीं है, जैसे–जाति, धर्म, भाषा और लिंग–ये चीज़ हमारी बुनियाद है और इसी बुनियाद के रहते हमने देश चलाया है। जो आज हम 75वीं आज़ादी की सालगिरह मनाने वाले हैं तो वह क्यों चल पाया इसकी वजह यह है–जन–तन्त्र में हर किसी को बोलने का हक़ है। एक न सिर्फ़ हमने पार्लियामेंट बनायी क्योंकि हमारे यहाँ संघीय ढाँचे हैं, अलग–अलग प्रान्त हैं, अलग–अलग प्रान्तों में हम लोगों ने वही तरीक़ा रखा और गाँव तक रखा। पंचायत से ऊपर हमारे डिस्ट्रिक्ट को फिर उसके बाद असेम्बली को और फिर पार्लियामेंट, तो ज़मीन से ऊपर तक और ऊपर से नीचे तक, हमारे यहाँ जन–तन्त्र रहा। रही बात बातचीत की, जिसको आप संवाद कह रहे हैं वह संवाद तो ग्रासरूट लेवल तक रहा। अब इसमें बहुत बड़ी तब्दीली हुई है कि महिलाओं को ज़्यादा–से–ज़्यादा ग्रासरूट पर बात कहने का मौक़ा मिला जब 73 एंड 74 अमेंडमेंट आया। इससे 33 प्रतिशत महिलाओं को सत्ता

में भागीदारी हमारे ग्रासरूट लेवल की पंचायतों में मिली। जिससे एक मिलियन महिलाओं को सत्ता में भागीदारी मिल गयी, तो ऐसा दुनिया में कहीं भी नहीं हुआ।

एक मिलियन की तो आबादी ही नहीं होती। बहुत से मुल्कों में तो यह चीज़ जो थी, जो संवाद है वह ग्रासरूट से सम्भव होता है और जब तक हमें बोलने का हक़ नहीं होगा एक सभा में, राज्यसभा में अगर आप जायेंगे उसमें ऐसे सर्कल बने हुए हैं, उनमें लिखा है कि पहले ज़माने में भी हमारे देश में राज्यसभाएँ होती थीं। राजाओं के ज़माने में भी जन–तन्त्र था जिसमें लोग संवाद करते थे, बातचीत करते थे और फिर तय करते थे और वे बड़े होते थे। मतलब उसमें लिखा है कि वे बुजुर्ग लोग थे। अब वरिष्ठ लोग क्या करेंगे? मतलब समझदार लोग डिसकस करते थे। लोग कहते हैं कि जन–तन्त्र बेस्ट है। कहते हैं कि ग्रीस में जन–तन्त्र था, ग्रीस में जन–तन्त्र के लिए हमेशा बात करते हैं और हमेशा से बोलते थे कि हिन्दुस्तान में पहले से ही है। हमारे यहाँ पाँच हज़ार साल पहले से जन–तन्त्र की सोच थी अलग–अलग लेवल में, क्योंकि हमारा देश अलग–अलग प्रान्तों में, अलग–अलग भाषा में बँटा हुआ है, तो अपने–अपने हिस्सों में इस तरह के संवाद की परम्परा पुरानी है जो हमने विरासत में ली और उसको आज के ज़माने के लिहाज़ से हम लोगों ने बनाया, जो आज हमें ग्रासरूट जन–तन्त्र से संसद जन–तन्त्र तक ले आया है।

डॉ. राकेश योगी : लगभग 30 वर्ष वह समय उसमें जब तक आप रही हैं उस हाउस में आपको क्या लगता है कि जो वह रिप्रजेंटेशन है और उसमें जो एक्शन है वह हो पाता है? जो जिस क्षेत्र से आता है, जो जिस अनुभाग से आता है क्या वह अपनी बात कह पाता है और उसके कहने का कोई परिणाम निकल पाता है, मतलब रिजल्ट ओरिएंटेड बात हो पाती है?

नजमा जी : लोकसभा प्रतिनिधि सभा है, जिसमें लोग चुनकर आते हैं और अपनी–अपनी कांस्टीटूएंसी की लिमिटेड पॉपुलेशन को रिप्रेजेंट करते हैं। राज्यसभा की क्यों ज़रूरत पड़ी? बहुत से लोग यह कहते थे लोकसभा मेन है, राज्यसभा कुछ है नहीं। जो लोकसभा के स्पीकर थे वे भी यह बात कहते थे मतलब उनकी लिमिटेड सोच से कहते थे कि राज्यसभा का कोई महत्त्व नहीं है। मैं इसके ख़िलाफ़ हूँ, मैं यह समझती हूँ कि राज्यसभा का अपना बहुत ही अहम महत्त्व है, इसलिए

जो लोकसभा में आते हैं वे एक कांस्टीटूएंसी को रिप्रेजेंट करते हैं, उनकी संख्या 10 लाख की हो या 20 लाख या 25 लाख की हो वो एक लिमिटेड कांस्टीटूएंसी होनी चाहिए।

राज्यसभा में जो लोग आते हैं उनका अगर आप इलेक्शन प्रोसेस देखें कि कैसे आते हैं तो वे अलग–अलग स्टेट से चुनकर आते हैं। उनकी असेम्बली उनको चुनती है तो असेम्बली में जिसका भी रिप्रजेंटेशन ज़्यादा होगा वे अपने उतने ही उम्मीदवार भेज देते हैं। अलग–अलग राज्य की अलग–अलग शक्ति हैं, जैसे–उत्तर प्रदेश से सबसे ज़्यादा आते हैं, फिर महाराष्ट्र से आते हैं, ऐसे ही छोटी–से भी जैसे मणिपुर से 2 जाते हैं कहीं से एक ही आता है तो इनके रिप्रजेंटेटिव लोकसभा में जाते हैं। एक राज्यसभा में जाता है तो प्रतिनिधित्व अलग–अलग होता है। अब ये जो लोग हैं ये अपनी कांस्टीटूएंसी का प्रतिनिधित्व करते हैं, राज्य के मुद्दों का प्रतिनिधित्व करते हैं।

जब मैं डिप्टी चेयरमैन थी। तब देखती थी कि लोकसभा में लोग चुनावी क्षेत्र से बाहर नहीं डिसकस करते थे, जिनको उन्होंने वोट दिया है उनके मुद्दे को ले के। मगर राज्यसभा में पूरे राज्य के मुद्दे आते हैं। जैसे मणिपुर के मुद्दे हैं तो उनका सांसद बोलेगा, बिहार के मुद्दे के लिए उनका सांसद बोलेगा, उत्तर प्रदेश के मुद्दे के बारे में उनका सांसद बोलेगा, जो कि पूरे राज्य के मुद्दे होते हैं। तो एक व्यापक विकास एवं व्यापक संवाद होता है। हर चीज़ का उसके अन्दर निचोड़ आता है।

डॉ. राकेश योगी : अलग–अलग राजनीतिक पार्टी की जो विचारधारा होती है उसकी एक संसदीय चर्चा या संसदीय बहस में क्या भूमिका है?

नजमा जी : देखिए, मेरे ख़याल में तीन विचारधाराएँ हैं। पहली है–वामपन्थी, दूसरी है–मध्यमार्गी और तीसरी है–दक्षिणपन्थी। मगर मक़सद क्या होता है? कोई भी प्रतिनिधि होता है उसका मकसद होता है कि जिनका हम प्रतिनिधित्व करते हैं उनकी समस्याओं को बोलें और उनका हल भी बतायें। हल भी बताते हैं कि यह होना चाहिए कि नहीं होना चाहिए। तो अपनी–अपनी सोच के मुताबिक़ जिस विचारधारा को मानते हैं उसका हल ढूँढ़ते हैं और उसका हल मैं समझती हूँ कि यह भी एक तरह की शक्ति है। हमारे मुल्क में वामपन्थी, मध्यमार्गी, दक्षिणपन्थी तीनों तरह के लोग हैं जो प्रतिनिधित्व करते हैं और यह भी एक स्वस्थ लोकतन्त्र का माध्यम

है। हमारे यहाँ हर एक को अपने तरीक़े से सोचने की आज़ादी है कि वह अपनी तरह से हल ढूँढे समस्या का। कोई मध्यमार्गी तो कोई दक्षिणपन्थी, इससे मैं समझती हूँ कि हमारे जन–तन्त्र को ताक़त मिले।

डॉ. राकेश योगी : जो संसद में विचार–विमर्श होता है, जो संसद में संवाद है और एक जो पॉलिटिकल संवाद है या जो पॉलिटिकल बहस है, जो विभिन्न स्तर पर चलती है। पार्टी और स्पोकपर्सन के बीच में, पार्टी के स्वभाव पर चलती है, पार्टी की अलग–अलग गतिविधियों पर चलती है, तो एक राजनीतिक बहस और एक संसदीय बहस इन दोनों में क्या अन्तर है?

नजमा जी : राजनीतिक बहस अगर होती है तो अपनी पार्टी के दृष्टिकोण के मुताबिक़ आपस में विचार–विमर्श करते हैं और जो संसदीय बहस होती है उसमें लोगों की समस्याओं का समाधान ढूँढ़ने के लिए वे लोग बात करते हैं। यह अन्तर है एक और जब मुझे "बेस्ट पार्लियामेंट का पुरस्कार" मिला था तो संसद में बोल रही थी, तो मैंने देखा संसदीय जीवन में कि संसद में सब धुआँधार तखरीरें करेंगे। अपने–अपने मुद्दों को लेंगे मगर जब सेंट्रल हॉल में आकर बैठते हैं तो सब एक साथ चाय पीते हैं, कॉफ़ी पीते हैं, खाना खाते हैं। यह बहुत बड़ी शक्ति है और मैं चाहती हूँ कि यह क़ायम रहे। राजनीतिक संवाद इसे तोड़े नहीं, दीवारें खड़ी नहीं करें क्योंकि यही हमारी शक्ति है। क्या हमें अपनी सोच के मुताबिक़ अपनी पार्टी के दृष्टिकोण के मुताबिक़ पार्लियामेंट में भाषण करना चाहिए जो हम सही समझते हैं। मैं चेयर पर बैठकर कभी नहीं सोच सकती कि कौन सही है कौन ग़लत है। अपने–अपने तरीक़े से बोलते थे। मगर जब हम आपस में मिलें तो वह दीवार नहीं बननी चाहिए जो मुझे लग रहा है कि थोड़ी–थोड़ी बन रही है। यह नहीं बननी चाहिए, क्योंकि यह हमारे स्वस्थ जन–तन्त्र के ख़िलाफ़ है, क्योंकि संवाद तो करना चाहिए। अगर कोई कम्युनिस्ट है या कोई सोशलिस्ट है या कोई दूसरी किसी पार्टी का है तो वे आपस में बात कर सकते हैं। मीडिया द्वारा किसी पर ध्यान केन्द्रित किये बिना आपस में सोच सकते हैं कि क्या सही है क्या ग़लत है क्योंकि दोनों ही चाह रहे हैं देश की उन्नति, विकास बस अपना–अपना तरीक़ा है सोचने का।

डॉ. राकेश योगी : ये जो संसदीय विचार–विमर्श या संसदीय बहस है इसका जो लेवल है जो इसकी गुणवत्ता है इसमें कोई गिरावट आयी है?

नजमा जी : देखिए हर समय पर अच्छे बोलने वाले रहे, हर समय पर परेशान करने वाले लोग हैं, हर समय पर एक ज़माने में बहुत बहस हुआ करती थी। राज्यसभा के बारे में बताऊँ तो बड़ी अच्छी बहस होती थी। अटल जी हमारे हाउस के सदस्य थे, आडवाणी जी सदस्य थे, जॉर्ज फ़र्नांडिस सदस्य थे। मुझे नाम इसलिए याद आ रहे हैं कि इन लोगों का एक प्रभाव पड़ा था हाउस के अन्दर बोलने का, क्योंकि वे जो बोलते थे तैयारी करके बोलते थे, सब्सटेंस था। मैं यह नहीं कह रही कि आज नहीं बोलते हैं आज भी बोल रहे हैं पर ये जो लीडर थे, ये अपने व्यक्तिगत तौर पर भी बड़े लीडर थे। संसद में नहीं संसद के बाहर भी लीडर थे, तो वे हाउस में सदस्य हैं। मैं एक दिन सोच रही थी कि पंजाब से कौन–कौन लीडर थे? सुरजीत साम्यवादी थे, तलवण्डी राज्यसभा के सदस्य थे, तौरा राज्यसभा के सदस्य थे।

मतलब ये जो लोग थे ये उस लेवल के लोग थे। अपने स्टेट में उनकी कोई सोच थी। इसी तरह से हर पार्टी में जैसे बीजेपी में अटल जी और आडवाणी जी थे और कांग्रेस के बहुत बड़े–बड़े लीडर थे, जैसे प्रणब जी, उनमें से एक इन्दिरा गाँधी मेरे समय में राज्यसभा सदस्य नहीं थीं। मगर लोकसभा में थीं सदस्य। जो लीडर थे, जो लीडर कहलाने के लायक थे ऐसे बहुत नाम हैं, मैं सबका नाम तो नहीं ले रही हूँ। मगर बहुत नाम हैं जो लीडर थे, जिन्होंने अपना एक इम्प्रेशन छोड़ा है। जब बोलने खड़े होते थे तो लोग सुनते थे। हाँ, ये बोल रहे हैं तो सब्सटेंस है। ऐसे आज भी बहस होती है मैंने बहुत से सुने लोकसभा में। जब मैं मन्त्री थी तो लोकसभा में तो सुनती थी राज्यसभा में तो बहुत अच्छी–अच्छी बहस होती थी आज भी होती है बहस और उस ज़माने में भी झगड़े होते थे, शोर होते थे, हाउस एड्जॉर्न होते थे। तो जो अगर मुद्दे बाहर होते हैं ऐसे मुद्दे जिनमें विवाद होता है, तो विवाद संसद के बाहर ही नहीं होता है। संसद के अन्दर भी आ जाता है और मुझसे किसी ने कहा कि संसद में मतलब बहुत से लोग सवाल करते हैं। 17 साल शायद मुझे नहीं लगता कि दुनिया में कोई इतिहास और आदि में है। 17 साल सरवाइव कर लिया राज्यसभा को तो लोग पूछते थे कि संसद में यह बात होती है तो मैंने कहा संसद में नहीं होगी तो क्या दिल्ली की सड़कों पर होगी।

ज़ाहिर–सी बात है कि अगर कोई मुद्दा है तो संसद में चर्चा होगी। प्रतिबिम्ब तो होने ही वाला है संसद में। समाज में अगर कोई विवाद चल

रहा है तो चर्चा होगी। मगर उसको एक लेवल पर चर्चा करनी चाहिए कि उसका कोई समाधान निकले ख़ाली शोर मचाने के लिए नहीं, बल्कि समाधान ढूँढ़ने के लिए। तो शोर होते थे बहुत विवादास्पद मुद्दे पर, तो कितने दिन तो हाउस ही नहीं चलता था। मैंने तो देखा है शान्तिपूर्वक हाउस देखा है। ऐसा हाउस देखा है, जिसमें हम लोगों ने तो रात के 12, 1 बजे तक हाउस चलाया है, अभी तो कोई बैठता ही नहीं है। वह चीज़ मुझे अच्छी नहीं लगती कि संसद के बैठने की जो टाइमिंग है वह कम हो गयी है। पहले बहुत ज़्यादा टाइम होता था चर्चा करने का। हम जब डिसाइड करते थे राज्यसभा का टाइम, अगर 4 घंटे किसी बहस को दिये तो प्रति 1 सदस्य का समय 1 मिनट आता है। 4 घंटे पर तो 144 सदस्य देखें तो 1 मिनट आता है 1 मिनट में अगर कोई बड़ी पार्टी है बड़ा राज्य है, तो उसे ज़्यादा टाइम मिलेगा, जिसके ज़्यादा प्रतिनिधि हैं और अगर उसमें कोई बड़ी पार्टी है उसको ज़्यादा टाइम मिलेगा। किसी के 15 सदस्य हैं तो 15 मिनट मिलेंगे तब वे एक आदमी को 15 मिनट बोलने को कह सकते हैं, पर जैसे मणिपुर है उनका तो 1 ही मेम्बर है तो 1 मिनट मिलेगा। 4 घंटे में तो 1 मिनट में क्या बोल सकता है तो समय का स्टंट होता था। तो मैं कहती थी आप बोलो, मैं अपनी तरफ़ से टाइम दे देती हूँ, मैं बैठूँगी आप 10 मिनट या 15 मिनट जितना बोलना चाहिए बोलिए कोई बात नहीं। हमने टाइम लिमिट रखी है आप बोलिए एक्स्ट्रा क्योंकि आपकी बात को सुनना चाहिए जब एक–एक दो–दो प्रतिनिधि आते हैं तो उनकी बात भी सुननी चाहिए, क्योंकि वे भी देश का हिस्सा हैं, क्योंकि टाइम संसद में कम है क्या उनकी बात की अहमियत नहीं है तो मैं हमेशा टाइम दिया करती थी। अब तो मुझे मालूम नहीं था कि मैं मणिपुर आने वाली हूँ। मगर पहले से ही मैं सोचती थी कि नॉर्थ–ईस्ट है या बहुत छोटे–छोटे राज्य हैं उनके लोगों को काफ़ी टाइम मिलना चाहिए कि वह अपनी बात सही मायनों में कह सकें।

डॉ. राकेश योगी : जो संवाद की प्रक्रिया है आपको इसमें क्या लगता है कि कौन–सी चीज़ें हैं जो रुकावट डालती हैं, जो रुकावट कई बार देखने को मिलती है, कौन–सी चीज़ है जो सबसे ज़्यादा रोकती है, जो बाधा बनती है?

नजमा जी : जो उसका दूसरा मुद्दा होता है, साइड होती है, तस्वीर के

दो रूप होते हैं। एक जो है एक तरीक़े से सोचते हैं, दूसरे दूसरे तरीक़े से सोचते हैं। मैं हमेशा चेयरमैन से यह कहती थी कि यह तो एक तरीक़े का फुटबॉल गेम है। हर आदमी को टीम से खेलने की इजाज़त है कि वह अपनी कोशिश से गोल करे फेयर और फ्री गेम होना चाहिए। मेरा काम तो रेफ्ररी का है कि मैं देखूँ कि फ्री और फेयर प्ले हो रहा है। मेरा काम गोल करने का नहीं था। मेरा काम सिर्फ़ देखने का था कि यह जो बहस है, उसे सही तरीक़े से एक को बोलने की इजाज़त है। अब कुछ लोग एग्रेसिव होते हैं और वे लोग दूसरे को बोलने नहीं देते हैं। तो वह विवाद होता है, वह नहीं होना चाहिए। ऐसी बात नहीं है कि यह यहाँ सिर्फ़ इंडिया में होता है। हर जन–तन्त्र में यह चलता है। लोग शोर मचाते हैं, जापान में तो यह हुआ कि कुर्सियाँ उठायीं, तोड़ा–फोड़ी हुई। यह बहुत अच्छी बात है कि संसद में यह नहीं हुआ है। सभा में हमने देखा है इस तरह का विवाद माइक तोड़े, कुर्सियाँ उठायीं।

संसद में नहीं हुआ न होना चाहिए और मैं उम्मीद करती हूँ, हमारा जन–तन्त्र इतना समझदार है और इतना मेच्योर है कि वे इस तरह की हरकत कभी करेंगे नहीं और करनी भी नहीं चाहिए।

डॉ. राकेश योगी : जो मुद्दे हैं, जो भी देश से रिलेटेड मुद्दे हैं या जनता से रिलेटेड मुद्दे हैं, उन मुद्दों पर जो प्रेजुडिस है, जो अनुमान है। मतलब कुछ लोगों की अपनी सोच है वह उस सोच को ही रिप्रेजेंट करना चाहते हैं। संसद में और उससे आगे बढ़कर उस सोच से निकलकर किसी समाधान के आगे नहीं बढ़ना चाहते हैं या किसी एक सहमति की तरफ़ नहीं बढ़ना चाहते हैं तो यह कितनी बड़ी रुकावट है?

नजमा जी : देखिए हर इन्सान की अपनी सोच होती है। बोलते हैं, समाधान की तरफ़ भी जाते हैं। बोलते हैं, अपनी स्पीच में बोलते हैं समाधान पर एतराज़ करते हैं। सरकार की ओपन अपोज़िशन जो बोलती है कि आपने यहाँ समस्या को नज़रअन्दाज़ किया उसको ध्यान नहीं दिया तो यह समस्या का समाधान आपको ढूँढ़ना है। कुछ लोग यह भी कहते हैं हमारे ख़याल से यह नहीं होना चाहिए, कुछ लोग हैं जो सत्ताधारी पार्टी में होते हैं। आज की बात कर लें, हमेशा हमारे यहाँ मैंने तो तक़रीबन 10 प्रधानमन्त्रियों के साथ काम किया है तो कभी यह सत्ता में कभी वह सत्ता में तो मैं जनरली बात कर रही हूँ जो सत्तारुढ़ पार्टी होती है वह डिफेंड

करती है कि हमने ठीक किया है, जो कर रहे हैं। हमने ठीक किया है। अपोज़िशन की ज़िम्मेदारी होती है कि वह बताये कि क्या गलत हुआ है? और मैं यह समझती हूँ कि जन–तन्त्र के लिए एक अच्छी सोच रखने वाला जागरूक अपोज़िशन बहुत ज़रूरी है। ताकि बहुत सही तरीक़े से बता सके और रोक–टोक भी कर सके। मगर यह रोक–टोक ऐसी ना हो कि बोलने ही न दे, क्योंकि फिर जन–तन्त्र अच्छी नहीं चलेगी और सिर्फ़ संसद में बोल देने से सरकार नहीं चलती है न सरकार को भी कुछ सीखना पड़ता है कि लोग क्या चाह रहे हैं। अन्यथा आप बताइए कोई दूसरा तरीक़ा है कि सरकार के पास इन लोगों की क्या ख़्वाहिश है तो लोगों की अपेक्षाओं, उम्मीदों, ख़्वाहिशों, समस्याओं को जब लोग संसद में लाते हैं। जो लोग संसद में लाते हैं यह ज़रूरी नहीं कि वह अपोज़िशन के लोग हैं। लोक समस्याओं को लाते हैं। रूलिंग पार्टी के लोग भी लाते हैं।

मैं जो बात कर रही हूँ, लोकसभा और राज्यसभा के सदस्य हैं। रिगार्डलेस उनकी राजनीतिक सम्बद्धता की परवाह किये बिना वे लोगों की समस्याओं को अपने दृष्टिकोण से रखते हैं, तो सरकार को एक जानकारी मिलती है। किसी सरकार के पास कोई ऐसी मशीनरी नहीं होती कि वह उनको बता सके हम अगर विभिन्न तरह से देखें जन–तन्त्र और अधिनायकत्व में। अधिनायकत्व में जो तानाशाह होता है उसको पता ही नहीं रहता है कि लोगों की क्या ख़्वाहिश है, लोगों की क्या समस्याएँ हैं, वह अपने हिसाब से अपनी सोच को उन पर थोपता है। यहाँ नीचे से आती है लोगों से आती है बात और जो हमारी जनतन्त्र 30:11 की तो नीचे तक की समस्याएँ ऊपर तक आती हैं। तो सही तरीक़े से लोगों की समस्याओं का समाधान होता है।

डॉ. राकेश योगी : जिस प्रकार की चर्चा अभी पिछले कुछ वर्षों से हो रही है उससे ऐसा लग रहा है कि जब भी संसद शुरू होती है और जितना समय संसद को चलना है उसमें से मैक्सिमम समय डिस्टर्बेंस में या एड्जॉनमेंट में चला जाता है, तो इसको आप किस तरह से देखती हैं?

नजमा जी : देखिए इसमें प्रिसाइडिंग ऑफ़िसर का रोल मुख्य होता था। वहाँ शिवराज पाटिल जी थे, जोशी जी थे, बलराम ठाकुर थे, झा साहब थे। इन सबके साथ काम करने का मौक़ा मुझे मिला था। समस्याएँ आती थीं, एड्जॉनमेंट होते थे हमारे यहाँ भी, डिस्कशन के बीच में लोग

हो–हल्ला मचाते थे। प्रिसाइडिंग ऑफ़िसर का रोल होता है कि लोगों को पीछे का दृश्य समझा के, चैम्बर में जो डिस्कशन होते हैं स्पीकर के या डिप्टी चेयरमैन के, वे चैम्बर में बैठ के सबको बुलाकर के उसका समाधान ढूँढ़ते हैं कि क्या हल होना चाहिए। क्यूँकि स्पीकर जब बन जाता है या डिप्टी चेयरमैन जब बन जाता है। हालाँकि वाइस स्पीकर को इतना इनवॉल्व नहीं किया जाता था, तो सबको बुलाकर बात की जाती है, हल निकला जाता है और कोशिश कर ली जाये कि चैम्बर के अन्दर ही सब मामला निपटा लिया जाये। मुझे बहुत से ऐसे वाक़ये याद हैं कि हाउस में ऐसे झगड़ा हो रहा है और हंगामा हो रहा है, काग़ज़ फाड़ के फेंक दिये, बिल फाड़ के फेंक दिये। रात के 12 बजे यह हंगामा हुआ, बूटा सिंह जी होम मिनिस्टर थे। मैंने कमरे में सबको बुलाया, चाय पिलायी, दिमाग़ सबका शान्त किया और मामला सॉल्व हो गया। राज्यसभा में मेरा यही काम हो गया था, सबको खाने पर बुलाया, और ज़्यादातर तो मैं सारे संसद सदस्यों को बैचेज़ में बुला लेती थी। अब खाने पर अगर अलग–अलग पार्टी के लोग बैठें तो वहाँ थोड़े ही झगड़ा करेंगे। तो वे सब एक बिहाइंड द सीन डायलॉग हो जाता था जो कि पब्लिक से दूर है, मीडिया से दूर है। कमरे में बैठकर बात की गयी है, समझा–बुझा दिया गया है। क्योंकि कोई भी एम.पी. बुरा नहीं होता है, कोई भी ग़लत काम करने वाला एम.पी. नहीं होता। बस सबकी ख़्वाहिश होती है बोलने की। अब मुझसे सब बोलते थे कि इतना शोर मचाते हैं, चिल्लाते हैं, मैंने कहा संसद में नहीं बोलेंगे तो कहाँ बोलेंगे। संसद का मतलब ही बोलना है, Parlement du एक फ्रेंच शब्द है जिसका अर्थ ही बोलना है। इसीलिए मैं आपको कह रही थी सदन रात के 12 बजे तक भी चलता था। मैं सबको इजाज़त दे देती थी कि जिसको बोलना है बोलो। बात ख़त्म हो जायेगी, फिर उसके बाद कुछ रहता ही नहीं है बोलने को। किसी वोलकेनो को दबा कर रखोगे तो फटेगा ही, तो बोलने दो न। यह तरीक़ा होता है।

पाटिल जी के ज़माने में ऐसा हुआ था, ऑपोज़िशन ने बायकाट कर दिया था, उठकर चले गये थे सदन से और ऑपोज़िशन ने वाकआउट कर दिया था। अन्त में मगर सब आ ही जाते हैं डिबेट में। पहले झगड़ा करते हैं पर ऐसा कभी नहीं हुआ मेरी जानकारी में कि हमने कोई एजेंडा चुना हो और हंगामा हुआ तो बजट पास नहीं हुआ या कोई डिस्कशन नहीं हुआ, या कोई बिल रह गया। हम लोगों ने हमेशा सरकार के एजेंडे

को पूरा किया। हाँ; कई शिकायतें महिला मेंडेट को लेकर ज़रूर हैं कि महिलाओं का जो रिज़र्वेशन बिल है उसके अन्दर लोग जो नहीं चाहते हैं वे अड़ंगे लगाते हैं इसलिए वे पास नहीं होता है। सरकार की अगर मंशा हो तो जो लोग झगड़ा करते हैं अड़ंगा लगाते हैं, उन्हें करने देते हैं पर अपना काम कर लेते हैं। राज्यसभा में करके भेज दिया गया लोकसभा में रखा है, सरकार की ही मंशा नहीं थी कि वह उसको आगे बढ़ाये। अगर सरकार की किसी चीज़ की मंशा होती है तो प्रिसाइडिंग ऑफ़िसर पूरा ज़ोर लगाते हैं, उसे पूरा करने के लिए और फिर जो लोग होते हैं दोनों सदनों में, वे उसकी मदद करते हैं, उसे पास करने के लिए। तो सवाल यह है कि इच्छा भी तो हो। नीति अलग होती है और नीयत अलग होती है। नीति तो है ही मगर आपकी नीयत क्या है किसी मामले में, यह बहुत ज़रूरी है।

डॉ. राकेश योगी : कई बार किसी मुद्दे पर ऑपोज़िशन, सरकार से या प्रधानमन्त्री से या गृहमन्त्री से कोई सुझाव या सफ़ाई चाहता है और उसके लिए वहाँ वे तैयार होते हैं और फिर विस्तृत तरीक़े से बात हो भी जाती है और दोनों तरफ़ से बहस भी हो जाती है। लेकिन उसके बाद भी ऑपोज़िशन उस मुद्दे को वहीं रखता है पब्लिक पॉलिटिक्स में, और न उससे कनवेंस होता है और न ही किसी सहमति पर पहुँचता है, तो इसे आप कैसे देखते हैं?

नजमा जी : एक बात तो यह होती है कि ऑपोज़िशन ने स्पष्टीकरण माँगा और बहस होने के बाद उस पर सहमति दिखा दी और दूसरा होता है कि मानना ही नहीं है आपका बताने का तरीक़ा क्योंकि अगर मानना है तो जब एक्सप्लेन करेगी सरकार तो उसका जवाब दे देंगे कि आपने जो बात रखी वह हमें मंज़ूर नहीं है क्योंकि यह हमारी सोच के मुताबिक़ एक्सप्लेनेशन ग़लत है। एक–दो बार मैंने कहा कि यहाँ सवाल ऐसा होता है कि कोई सर काट के भी थाली पे रख दे तो जिसको नहीं मानना है वह तो यही कहेगा कि नहीं यह सही से नहीं काटा। सवाल यह है कि वे चाहते हैं मानना या नहीं चाहते हैं? और दूसरी चीज़ें भी हैं इसके अन्दर। हमने राज्यसभा में बहुत अच्छी प्रथा डाली थी कि मिनिस्टर को स्टेटमेंट देनी पड़ती थी। हम लोग नहीं माँगे तब भी कोई मुद्दा है तो उन्हें सुओ मोटो स्टेटमेंट देनी पड़ती है। लोकसभा में भी देते हैं। मगर वहाँ

उस पर सफ़ाई नहीं दी जाती, राज्यसभा में इस पर एक्सप्लेनेशन भी माँगा जाता है। ये सिर्फ़ हमने राज्यसभा में शुरू किया। मन्त्री आकर स्टेटमेंट देगा फिर उसमें लोग आकर अलग–अलग एक्सप्लेनेशन माँगते हैं सिर्फ़ ऑपोज़िशन के ही नहीं बल्कि रूलिंग पार्टी के भी। अब ये लोग सन्तुष्ट हों या न हों यह अलग बात है। लेकिन सरकार को जवाबदेही थी, तो वह राज्यसभा में थी। जो मैं फ़र्क़ बता रही थी, लोकसभा में बजट डिसकस होता था और लोकसभा के लोग यह भी कह देते थे कि तुम लोग बजट भी डिसकस नहीं करते। जिन्होंने संविधान बनाया और संसदीय डेमोक्रेसी की स्थापना की और दोनों सदनों को अलग–अलग तरीक़े से चुना, इसी वजह से यह जो डिसकशन है वे भी अलग–अलग तरीक़े ही हुए। लोकसभा तो एक बार आती है और पाँच साल तक रहती है, राज्यसभा तो स्थायी सदन है। बस उसकी बनावट हमेशा बदलते रहती है। जब मैं 1980 में एम.पी. बनी तब ऑपोज़िशन की मेज़ोरिटी थी फिर रूलिंग पार्टी बराबर पर आ गयी। आजकल भी ऑपोज़िशन अगर देखा जाये तो मेज़ोरिटी में 2020–22 में कब बराबर आयेगी। तो इसका आधार बनता है कि किस स्टेट में क्या सरकार आयी है। एक बार जब इन्दिरा गाँधी आयी थीं 1980 में तो उनकी मेज़ोरिटी थी। उसके बाद एक बार राजीव जी जब आये तो 400+ थे तो जो चाहते पास करा लेते। कोई भी अच्छा–बुरा जो भी बिल चाहे कोई भी पास करा लेगा, बिना डिसकशन के मगर राज्यसभा में नहीं होता था, राज्यसभा में चर्चा होती थी। बल्कि एक बार एक मुद्दा था जो डिफ़ीट हो गया, इन्दिरा गाँधी के सामने की बात है कि मेज़ोरिटी नहीं थी राज्यसभा में तो डिफ़ीट हो गया। मुझे लगता है कि मार्गरेट अलवा उस ज़माने में ऑपोज़िशन में थीं कांग्रेस में नहीं थीं, उन्होंने वोट दिया मगर वह डिफ़ीट हो गयीं। इस तरह से कई बार हुआ है। पंचायत का बिल जिसमें महिलाओं को सत्ता में भागीदारी मिली यह एक वोट से पहले डिफ़ीट हो गया था राज्यसभा में, फिर बाद में दोबारा आया नरसिम्हा राव जी के टाइम में तब पास हुआ तो इस तरह से राज्यसभा का अपना तरीक़ा है क्योंकि कोई भी बिल अगर होता है तो उसमें राज्यसभा का वोट बहुत ज़रूरी होता है। सिर्फ़ बजट के ऊपर नहीं। अब पूछेंगे कि बजट के ऊपर क्यों नहीं है? क्योंकि जो सरकार बनती है उसकी ज़िम्मेदारी होती है रेवेन्यू कलेक्ट करना और बजट बनाना और पैसे

को बाँटना। डिस्कशन राज्यसभा में भी होता है। बजट पर डिस्कशन। बाक़ायदा ऑपोज़िशन और रूलिंग पार्टी के लोग अपनी राय देते हैं उसमें। मगर उसके ऊपर वोट नहीं होता। इसलिए वोट नहीं होता कि अगर मान लीजिए राज्यसभा में अपोजिशन की मेज़ोरिटी है और उन्होंने बजट को डिफ़ीट कर दिया तो पूरे देश में हालत ख़राब हो जायेगी। किसी को तनख़्वाह नहीं मिलेगी, रेलें चलना बन्द हो जायेंगी, हवाई जहाज़ सब बैठ जायेंगे। इसीलिए उसको सिर्फ़ लोकसभा तक रखा जाता है। यह महत्ता नहीं है एक ज़िम्मेदारी है, जिस पर मेरी बार–बार शिवराज जी से या लोकसभा स्पीकर से बात होती थी तो वे कहते थे कि तुम बजट की ज़िम्मेदारी नहीं लेते हो। हमने कहा कि बजट कोई प्रिविलेज़ नहीं है ये एक ज़िम्मेदारी है कि यह आप जीत कर आयें हैं लोकसभा में तो आप रेवेन्यू इकट्ठा करो। उसका बराबर डिसपर्शन करो, लोगों को तनख़्वाहें दो, ये आपकी ज़िम्मेदारी है आपका कोई प्रिविलेज़ नहीं है। यह ज़िम्मेदारी हम इसलिए नहीं उठा रहे हैं। हम कभी भी रोक सकते हैं उसको कि अगर ऑपोज़िशन गैर–ज़िम्मेदार है। तो उनको यह प्रावधान ही नहीं दिया कि वे यह कर सकें।

डॉ. राकेश योगी : जो संसद में बातचीत हो रही है क्या उसको सरकार और जनता के बीच का संवाद कहा जा सकता है?

नजमा जी : हाँ, जनता की समस्याओं का उनके प्रतिनिधियों के ज़रिये डिस्कशन हो रहा है और अगर नहीं हो रहा है तो होना चाहिए। अपने मतलब की बात न कहकर उनको लोगों के मतलब की बात कहनी चाहिए।

डॉ. राकेश योगी : जहाँ अपनी–अपनी पॉलिटिकल आइडियोलॉज़ी को और अपने पॉलिटिकल माइलेज़ को बढ़ाने के लिए अगर वहाँ लीडर्स बात कर रहे हैं तो उसमें पब्लिक के विचारों का प्रतिनिधित्व करने का जो सिलसिला है वह ज़्यादा हो, इसके लिए क्या उपाय हो सकता है?

नजमा जी : ऐसा नहीं है, जो लोग सोचते हैं उसी का रिफ़्लेक्शन हाउस में आता है, कोई भी ऑपोज़िशन पार्टी हो या फिर रूलिंग पार्टी हो। सरकार भी तो लोगों की ही बात सोचकर बनती है, और इलेक्ट होकर आयी है तो लोगों की सोच से ही इलेक्ट होकर आयी है। इलेक्ट होकर

जो लोगों की सोच है उसी को रखेगी। इसी तरह से ऑपोज़िशन तो यहाँ 49–51 का मामला है, आप यह तो नहीं कह सकते कि सिर्फ़ 51 ही सही है और 49 ग़लत है क्योंकि कोई ऐसा भी समय हाउस में रहा है जब दूसरी पोलिटिकल पार्टी थी। तो 51 वो हो गयी तो उनकी बात जब 51 हो जाये, तो सही हो जाये, तब सही हो जाये और वह ही 49 हो जाये तो ग़लत हो जाये? तो जैसे मैंने कहा कि तस्वीर के दो रुख़ है– ऑपोज़िशन और रूलिंग दोनों। तो बात दोनों ही समाज में जो समस्याएँ हैं उन्हीं की रखते हैं अपने–अपने तरीक़े से और कुछ लोग जो भी बात संसद में बोलते हैं उनमें कुछ–न–कुछ तो दम होता है। वरना हवा में तो कोई बात नहीं करता। जिस समाज का वे प्रतिनिधित्व करते हैं जिस सेक्शन का वे प्रतिनिधित्व करते हैं उनकी ऐसी सोच होगी।

डॉ. राकेश योगी : जब पहली बार कोई सांसद सदन में आता है, चाहे अपर हाउस में या फिर लोअर हाउस में, तो उसको बहुत सारी प्रोसीडिंग्स की टेक्निकलिटीज़ के बारे में ज्ञान नहीं होता है तो क्या हाउस में ऐसा कोई सिस्टम है या फिर डेवलप होनी चाहिए?

नजमा जी : आलरेडी है। दोनों लोकसभा और राज्यसभा के मेम्बेर्स को ट्रेनिंग दी जाती है, उसको हम ओरिएंटेशन कहते हैं। इसकी क्लासेज़ लगती हैं उनके रूल्स रेगुलेशंस, कंडक्ट ऑफ़ बिज़नेस, प्रोसिज़र्स, हाउस में कैसा व्यवहार करना है, जब क्रॉस करें तो चेयर से झुक कर जायें। ये सब प्रोटोकॉल वहाँ सिखाई जाती है, तो यह ओरिएंटेशन होता है। उनको सब सिखाया जाता है, उसकी रूल बुक है उससे उनका ओरिएंटेशन किया जाता है। लोकसभा में हर पाँच साल में होता है और राज्यसभा में हर दो साल में होता है। इसका बहुत सकारात्मक रिजल्ट होता है। हर बार जब ओरिएंटेशन होता था तो हम जाकर उन्हें अलग–अलग चीज़ें समझाते थे। वरिष्ठ नेता भी आकर बोलते थे और अलग–अलग पार्टी के वरिष्ठ सदस्य भी आकर बोलते थे।

डॉ. राकेश योगी : एक सांसद जब संसद में आता है अगर वह पूरे पाँच साल तक डिबेट में हिस्सा नहीं लेता है या वह कोई बात कहता ही नहीं है वहाँ पर, तो क्या इसकी भी कभी कोई अकाउंटबिलिटी फिक्स होती है कि उसने कितना एक्टिव होकर भाग लिया संसद में या फिर यह सिर्फ़ मीडिया तक रहता है?

नजमा जी : मीडिया तक नहीं होता पॉलिटिकल पार्टीज़ तक भी होता है क्योंकि जिस पार्टी ने अपना केंडीडेट भेजा वह देखते हैं कि किसने कितना भाग लिया सदन में। हर पार्टी टिकट देने से पहले सोचती है किनका कंट्रीब्यूशन क्या था या कितना बोलते हैं तो पॉलिटिकल पार्टी की ज़िम्मेदारी होती है यह और मीडिया तो इसको सिर्फ़ उजागर करती है। सदस्यों के लिए मैं कुछ कहना चाहती हूँ कि कई सदस्य तो कुछ बोलना ही नहीं चाहते हैं वह अलग बात है, कुछ सदस्यों को समय की बाध्यता की वजह से मौक़ा नहीं मिल पाता। कुछ को चेयर इजाज़त नहीं देती। इसीलिए मैंने शुरू में ही यह बात कही कि संसद पहले लम्बे अरसे तक बैठती थी, तीन दफ़ा बैठती है न, बजट, मानसून और शीत सत्र। अब तो छोटा होता जा रहा है। मेम्बर तो संसद के कम नहीं हुए समय आप कम कर रहे हैं तो ज़ाहिर–सी बात है कि उनको कहाँ मौक़ा मिल पायेगा बोलने का। तो मैं हमेशा यह झगड़ा करती थी कि सदन को लम्बे वक़्त तक बैठना चाहिए इसीलिए जब हमारे कहने का जब कोई असर नहीं होता था सरकार चाहती है कि कम–से–कम समय तक सदन की कार्यवाही चले, ताकि झगड़ा कम हो, उनको मुसीबत कम हो क्योंकि जब सत्र चलता है तो पूरी सरकार जो है शिफ्ट हो जाती है संसद में। सारे मन्त्री वहीं बैठते हैं तो उनके काम में भी बाधा आती है मगर यह भी एक पार्ट ही है डेमोक्रेसी का। आपको जवाब तो देना ही है। जब यह नहीं होता था तो मैं उसी में ज़्यादा समय बैठ जाती थी। सुबह 11 बजे से शाम 5 बजे तक का हाउस है, अगर मैं 2 घण्टे ज़्यादा बैठी तो उतना टाइम ज़्यादा मिल गया संसद सदस्यों को। तो मैं फिर भी अपील करूँगी कि जो भी सरकार हो। मगर संसद की कार्यवाही का समय बढ़ाना चाहिए, क्योंकि एक अच्छी सरकार चलने के लिए यह बहुत ज़रुरी है कि लोगों की सोच का पता चले, क्योंकि जो भी इत्तेला देगा वह भी अपने मक़सद को सामने रखते हुए। संसद के अन्दर जो भी डिस्कशन होगा उससे आप सोच सकते हैं कि लोगों की क्या धारणा है, क्या चाहते हैं वे। जो एक गाइडेंस होती है सरकार के लिए।

डॉ. राकेश योगी : इसी से जुड़ा एक और मसला है कि जो अटेंडेंस ऑफ़ पार्लियामेंटेरियंस है और ख़ासतौर पर जो अपर हाउस में हस्तियाँ या खिलाड़ी कोई या फिर फ़िल्मस्टार कोई जो आ गये हैं चुनकर। तो

बाद में जब उनका कार्यकाल ख़त्म होने वाला होता है तो तब अख़बारों में छपता है कि उनकी अटेंडेंस 10% है या 4% है, इनवॉल्वमेंट ज़ीरो है, एक बार भी नहीं बोले?

नजमा जी : राज्यसभा में 121 सदस्य नोमिनेटेड होते हैं, जो अलग–अलग फ़ील्ड से आते हैं वे पॉलिटिकल नहीं होते हैं। वे अगर नोमिनेट न हों तो उनको कभी भी मौक़ा नहीं मिल सकता संसद का हिस्सा बनने का, तो यह ज़रुरी नहीं है कि कोई फ़िल्म एक्टर या एक्ट्रेस आये, खिलाड़ी आये, तो वे बोले ही। वे इसलिए लाये जाते हैं कि उस क्षेत्र की समस्याओं को वो बता सकें। जैसे दिलीप कुमार थे और उन्होंने एक बार फ़िल्म इंडस्ट्री की समस्याओं के बारे में बोला। अब फ़िल्म इंडस्ट्री की समस्याओं को आप और मैं कैसे जानेंगे, जो उस इंडस्ट्री से है वह ही जानेगा। अब आजकल तो फ़िल्म जगत के लोग इलेक्ट होकर लोकसभा में भी पहुँचने लगे हैं तो वे बोल सकते हैं। मगर हमेशा तो ऐसा नहीं होता था। पृथ्वीराज, नर्गिस जी, ये सब राज्यसभा के नोमिनेटेड सदस्य थे तो ये अपनी इंडस्ट्री के बारे में बता सकते थे। बहुत लेखक हैं जो इलेक्ट होकर आये, राज्यसभा में नोमिनेटेड होकर आये। उन्होंने लेखकों की समस्याओं को बताया। आर. के. नारायण थे राज्यसभा के जिन्होंने बहुत अच्छा बोला। मगर अपनी जिस कैटेगरी से आते हैं, उन्होंने उसके बारे में बताया, इसी तरह से क्रिकेटर्स होते हैं, फुटबॉलर होते हैं, मेरी कॉम है। इनसे हम यह उम्मीद नहीं कर सकते कि यह पॉलिटिकल चीज़ पर कुछ बोलें, हर मुद्दे पर बोलें। उनकी जो स्पेशियलिटी है उसी पर उन्हें बोलना चाहिए। एक बार शबाना आज़मी ने बहुत अच्छा बोला महिलाओं के मुद्दों पर, अपनी इंडस्ट्री के मुद्दों पर, जावेद साहब भी बोले। लोकसभा में जब ये जाते हैं तो ये राजनीतिक होकर जाते हैं क्योंकि पब्लिक द्वारा इलेक्ट होकर आते हैं तो वे अलग मुद्दों पर बोलते हैं, पर राज्यसभा में नोमिनेट होकर आते हैं तो जब उनका मुद्दा होता है तब वे बोलते हैं। यह बहुत निर्भर करता है प्रिसाइडिंग ऑफ़िसर पर कि एम.पी. तभी बोलेगा जब उसे समय मिलेगा। तो जो प्रिसाइडिंग ऑफ़िसर है उसको सुनना चाहिए, समझना चाहिए कि कौन–सा विषय है कौन–सा एम.पी. है, किसके लिए ज़्यादा समय देना चाहिए।

डॉ. राकेश योगी : जैसा आपने कहा कि प्रिसाइडिंग ऑफ़िसर पर निर्भर करता है काफ़ी कुछ प्रोसिडिंग को चलाना। आपका तो 17 साल का चेयर पर अनुभव रहा है तो आपके अनुभव में कोई बहुत अच्छा डायलॉग या बहुत मीनिंगफुल डिस्कशन हुआ हो जिसके बारे में आप कह सकें कि कुछ इनिशिएटिव आपने लिए हों?

नजमा जी : डिबेट तो सभी अच्छे होते हैं। हर समय पर हर संसद में, हर सत्र में अच्छा डिबेट होता है, मुद्दों पे निर्भर करता है, कौन–से मुद्दे हैं। जैसे मुझे याद है कि शिव शंकर जी बोले थे पिछड़े वर्ग का जिस पर वी.पी. सिंह ने बहुत कहा, मण्डल कमीशन पर। बहुत अच्छा बोले वे, ऐसी चीज़ें याद रह जाती हैं। ऐसे एक नहीं अनेको हैं। बजट की कई डिबेट्स मुझे याद हैं जिन पर अच्छा बोले लोग और उसमें प्रिसाइडिंग ऑफ़िसर को भी अच्छा लगता है सुनना और मैं सुनती थी कि क्या बोल रहे हैं? मेरा सुनना मेरा भाग लेना था वहाँ पर, क्योंकि कोई सुने ही नहीं तो क्या आपने भाग लिया? और प्रिसाइडिंग ऑफ़िसर को मैं एक मशवरा दूँगी। सहनशक्ति होना बहुत ज़रूरी है और सेंस ऑफ़ ह्यूमर होना भी बहुत ज़रूरी है। आपको हर चीज़ में कोई ह्यूमर दिखना चाहिए और जिस प्रिसाइडिंग ऑफ़िसर में यह गुण नहीं वह प्रिसाइडिंग ऑफ़िसर जल्दी ही परेशान हो जाता होगा। आप डिबेट का हिस्सा नहीं होते हैं पर आपको इतनी समझ होनी चाहिए कि क्या कह रहे हैं, कौन अच्छा बोल रहा है, किसको मौक़ा देना चाहिए। उसको अपने सदन का पार्ट समझना चाहिए। अगर बार–बार घण्टी बजेगी तो आदमी इरिटेट हो जाता है। हमारे वहाँ शिव शंकर अच्छा बोलते थे, जयपाल रेड्डी अच्छा बोलते थे और भी बहुत अच्छे–अच्छे डिबेटर थे, कम्युनिस्ट पार्टी के भी अच्छे डिबेटर थे। हर पार्टी के अन्दर अच्छा बोलने वाले होते हैं। हालाँकि सारे ही लोग अच्छे डिबेटर तो नहीं हो सकते और इस वजह से कोई नहीं चुना जाता कि वह अच्छा डिबेटर है उसके और भी कई रीज़न होते हैं। राज्यसभा में आप देखिएगा 17 साल में सब प्रिसाइडिंग ऑफ़िसर के जो भी कमेंट्स हैं वे मेरे ही हैं, कोई दूसरा था ही नहीं।

डॉ. राकेश योगी : आपके कुछ इनिशिएटिव जो आपने डायलॉग को बेहतर बनाने के लिए किये हों या फिर आज आप कोई सजेशन देना चाहें आज के लोग और बेहतर बनाने के लिए।

नजमा जी : शिवराज जी के ज़माने में हम लोगों ने स्टैंडिंग कमिटी बनायी। शिवराज जी ने पहले ख़ाली लोकसभा के मेम्बर्स को उसमें रखा, फिर हमने लड़ाई, झगड़ा करके कहा के नहीं, इसमें राज्यसभा के मेम्बर्स को भी रखना चाहिए, उनसे रिक्वेस्ट की मीटिंग हुई, सब हुआ, फिर राज्यसभा के मेम्बर भी उसके अन्दर शामिल हो गये, और उसी प्रपोर्शन से; 2 : 3, 1 : 3 क्योंकि जो चीज़ें मेम्बर हाउस में डिस्कस किसी बिल पर नहीं कर सकते हैं, वे लोग बिल पर डिस्कस कर सकते हैं स्टैंडिंग कमिटी के अन्दर, तो यह मेरा कंट्रीब्यूशन है, क्योंकि उसमें शिवराज जी ने सिर्फ़ लोकसभा के मेम्बर रखे थे, हमने और हमारे लोगों ने लड़ाई भी की, झगड़ा किया, कनविंस भी किया, कि हमारे मेम्बर्स को भी रखो, क्योंकि जब हम डिस्कस करते हैं इश्यूज़ को, तो डिस्कस करना चाहिए।

उन्होंने कहा कि उनको वोटिंग राइट नहीं होगा, तो हमने कहा ये भी नहीं है वोटिंग राइट क्यों नहीं होगा जो स्टैंडिंग कमिटी के अन्दर वोट करते हैं उस वोट का मतलब थोड़ी है कि बिल डिफ़ीट हो जाता है, ख़ाली यह राय लेने के लिए होता है, तो उनको भी वोटिंग राइट उतना ही मिला जितना लोकसभा के मेम्बर्स को, इसमें मेरा कंट्रीब्यूशन रहा है, तो इस तरह से जहाँ–जहाँ भी राज्यसभा के पार्टिसिपेशन की बात आये, तो प्रिसाइडिंग ऑफ़िसर को आपसे स्टैंड रखना चाहिए कि राज्यसभा का क्या स्टैंड है उसके अन्दर, यह मैं मशविरा दूँगी, दूसरा मशविरा मेरा यह है कि मेम्बर को जितना ज़्यादा टाइम दे सकते हैं बोलने के लिए दें, डिफ़िकल्ट होता है, बैठना, हाउस लम्बा चला है पर चलाये क्योंकि उससे एक अच्छा डिबेट होगा।

ज़ाहिर–सी बात है कि हम भी एक अच्छे नागरिक होने के नाते यह चाहते हैं कि हमारे देश का जो जन–तन्त्र है वह अच्छा चले, तो हम उसके अन्दर क्या पार्टिसिपेशन कर सकते हैं, वह हमारी ज़िम्मेदारी है। अगर हम मेम्बर हैं तो बोलें। अगर प्रिसाइडिंग ऑफ़िसर हैं तो बोलने दें बल्कि प्रिसाइडिंग ऑफ़िसर बनकर तो बहुत बड़ा रोल हो जाता है बोलने देना आपके हाथ में है, घण्टी भी आपके हाथ में है, आप मत बजाओ, बोलने दो, वहाँ नहीं बोलेंगे तो कहाँ बोलेंगे सड़क पर बोलेंगे, सड़क पर बोलेंगे तो झगड़ा होगा, तो यहीं गुबार निकल जाये, और सरकार को भी अन्दाज़ा हो।

डॉ. राकेश योगी : ये तो बात हुई कि क्या अच्छे वाक़यात रहे कुछ ऐसे वाक़यात भी रहे होंगे इतना लम्बा समय आपने गुज़ारा है कि जिन्हें आप चाहे डिलीट कर दें पर वे न हुए होते तो अच्छा होता, कुछ ऐसी घटनाएँ पार्लियामेंट में या डिस्कशन में।

नजमा जी : डिस्कशन में तो होता ही है जो नहीं रिकॉर्ड में होना हो, तो वे उसे निकाल ही देते हैं, दिस विल नॉट गो ऑन रिकॉर्ड, कोई अनपार्लियामेंटरी बात कह दी तो वह रिकॉर्ड में रहती ही नहीं है। मगर मुझे नहीं लगता कि, मैं चाहूँ कि मुझे कोई ऐसा वाक़या याद है, जिसे मैं चाहूँ कि मैं याद न करूँ, क्योंकि सारे वाक़यात याद रखने के हैं 'दीज़ आर गुड एंड डिफ़िकल्ट टाइम ऑफ़ दी डेमोक्रेसी' जो मैंने देखे हैं, अच्छा टाइम देखा है कि अच्छी डिबेट हुई हैं, सुनने को जी चाहता था सारी गैलरी भर जाती थी, और सब लोग आकर सुनते थे, कि डिबेट हो रहा है। कभी–कभी हंगामा होता था तो कान में दर्द होने लगता था, शोर से तो वह अच्छा नहीं लगता था, पर ठीक है वह भी डेमोक्रेसी का एक पार्ट है, एक वाक़या ऐसा हुआ कि उसमें मुझे मजबूरन इनवॉल्व होना पड़ा, जो मुझे पसन्द नहीं पर ज़िम्मेदारी थी तो किया, के.के. तिवारी जी ने एक बार शंकर दयाल शर्मा के ख़िलाफ़ कुछ बोला उस समय शंकर दयाल शर्मा वाइस प्रेसिडेंट थे, चेयरमैन थे, अब उनके ऊपर लोगों ने बात उठाई जिसमें यशवन्त सिन्हा जी सबसे ज़्यादा वोकल थे, उन्होंने कहा कि इनको रिपग्नेंट करना चाहिए कि हमारे वहाँ एक प्रोसिज़र है कि अगर सीनियर कोई ग़लत बात करे और अगर वह पार्लियामेंट का मेम्बर होता है तो उसे वहीं डाँट देते हैं, हम लोग अब ये तो लोकसभा के मेम्बर थे तो कुछ कर नहीं सकते थे, ख़ाली स्पीकर को रिक्मंड कर सकते थे। मगर यहाँ इंसिस्ट करा तो बहुत डिबेट हुई उस पर, क्या करना चाहिए, तो मैंने कहा कि वोट ले लेते हैं क्या करना चाहिए, तो वोट हुआ पार्लियामेंट में, क्योंकि हर चीज़ वोट पर डिपेंड करती है, मेज़ोरिटी होगी 51 का रूल है, 51 है तो मेज़ोरिटी होगी, 49 है तो नहीं है, यह हमारा काम है, तो उसे तो करना है, इसलिए वोटिंग हुई, शंकर दयाल शर्मा तो वाइस प्रेसिडेंट हैं, तो कौन कहेगा कि के.के तिवारी को माफ़ कर दो, किसी ने नहीं कहा, सबने कहा कि उनको रिपग्नेंट करना चाहिए हाउस से, तो मेरी प्रॉब्लम आयी, क्योंकि शंकर दयाल शर्मा थोड़ी रिपग्नेंट करते, अपने ही ख़िलाफ़ बाद में

तो डिप्टी चेयरमैन को करना था, इसलिए नोटिस गया, सुप्रीम कोर्ट में गये–के.के तिवारी, उन्होंने कहा कि यह हाउस के अन्दर का मामला है। हम हाउस के अन्दर के मामले में दख़ल नहीं देते, तो फिर वे आये। जिस दिन वे आये उस दिन लोकसभा की गैलरी, राज्यसभा विज़िटर्स भी भर गयी, प्रेस गैलरी ओवरफ़्लो करने लगी, खड़े हो गये बैठने की जगह नहीं थी, उसका भी बड़ा प्रोसिज़र है, शुड बी कॉल्ड बिफ़ोर द, बार ऑफ़ द पार्लियामेंट, इस पर एक जोक भी सुनाऊँगी, तो मुझे उनका फ़ोन आया मणि शंकर का, व्हाट डू यू सर्व एट दी बार, आई सैड आइल सर्व ओनली रिपग्नेंट, लकड़ी का स्टैंड होता है, उसमें तीन बार होती हैं पीतल की, सारी रात हमारे लोगों ने चमकाया इन्हें क्योंकि एक एडिटर थे वे रिपग्नेंट किये गये थे, उसके बाद तो कोई रिपग्नेंट हुआ नहीं वह बार रखी गयी सामने जो दरवाज़ा होता है वहाँ, और के. के. तिवारी आये ऐसे हाथ बाँध के खड़े हुए और मुझे तो दो लाइन का रिपग्नेंट था, तो उसे बोलना मुझे भारी पड़ रहा था, क्योंकि के. के. तिवारी मेरे अच्छे दोस्त थे, अब मैं तो अपनी ड्यूटी निभा रही थी। तो वह समय मेरे लिए बड़ा मुश्किल था।

डॉ. राकेश योगी : यह कहा जाता है कि जब हाउस डिस्टर्ब होता है या हाउस में प्रॉब्लम आती हैं, तो कहा जाता है कि जो ऑपोज़िशन है वह नहीं चलने दे रहा है, तो मेरा सवाल यह है कि हाउस को चलाना इसमें गवर्नमेंट की कितनी रेस्पोंसबिलिटी है?

नजमा जी : बहुत रेस्पोंसबिलिटी है, क्योंकि अगर गवर्नमेंट चाहे, तो बिहाइंड दी सीन बात कर सकती है, पार्लियामेंटरी अफ़ेयर मिनिस्टर का बहुत बड़ा रोल होता है। मगर पार्लियामेंट के हिसाब से उसका बहुत बड़ा रोल है। *मैंने अच्छे–अच्छे पार्लियामेंटरी अफ़ेयर मिनिस्टर देखें हैं, जिन्होंने हाउस को बहुत अच्छे तरीक़े से चलाया, और डिस्कशन किये, प्रमोद महाजन थे अच्छे पार्लियामेंटरी अफ़ेयर मिनिस्टर थे, सुषमा स्वराज थीं, शिव शंकर थे, अलग–अलग लोग और अलग–अलग पार्लियामेंटरी अफ़ेयर मिनिस्टर ने अपना रोल अदा किया, एक बार मैं प्रमोद महाजन और सोनिया गांधी प्राइवेट प्लेन से एक साथ आ रहे थे स्पीकर थे बालयोगी जी, तो उनके फ्यूनरल आ रहे थे साथ में सोनिया जी, प्रमोद महाजन और अटल जी भी बैठे थे, तो मैंने कहा अटल जी, प्रमोद जी आप बहुत अच्छे पार्लियामेंटरी मिनिस्टर हैं क्योंकि ये सारी बातें कर लेते*

हैं मुझसे चेयरमैन के चैम्बर में, और करते वही हैं जो आप चाहते हैं, तो अटल जी बहुत हँसे। ऐसे ही एक एम.पी. थे जे. पी. माथुर जी, बहुत एक्टिव थे, तो मैंने अटल जी से कहा इनका टर्न ख़त्म हो रहा है आप दोबारा दे दीजिए, वे कहने लगे क्यों साहब, तो मैंने कहा इसलिए क्योंकि मुझे बहुत परेशान करते हैं, और जो मुझे परेशान करता है वो आपका बड़ा लॉयल होता है, आपके हित में करते हैं, तो ऐसे हँस के बहुत–सी चीज़ें निकल जाती थीं, तो पार्लियामेंटरी अफ़ेयर मिनिस्टर का बहुत बड़ा रोल होता है, डिप्टी चेयरमैन, प्रिसाइडिंग ऑफ़िसर, पार्लियामेंटरी अफ़ेयर मिनिस्टर का समन्वय बहुत अच्छा होना चाहिए!

डॉ. राकेश योगी : ऑपोज़िशन के जो लीडर हैं उनका भी उतना ही बड़ा रोल है?

नजमा जी : उतना ही बड़ा रोल है उनका भी, और उनके साथ भी वही रिश्ता पार्लियामेंट्रि अफ़ेयर मिनिस्टर चेयरमैन मतलब प्रिसाइडिंग ऑफ़िसर को होना चाहिए। जब मैं काँग्रेस में थी, मैंने कितने ही ऑपोज़िशन लीडर के साथ काम किया, जो मेरी पार्टी के नहीं थे उस टाइम पर मगर उनके साथ रिलेशन अच्छे थे, कितने ही पार्लियामेंट्रि अफ़ेयर मिनिस्टर्स के साथ काम किया, जो दूसरी पार्टी के थे, तो जो लीडर ऑफ़ दी अपोज़िशन होते हैं, लीडर ऑफ़ दी पोज़िशन या अदर लीडर ऑफ़ दी पॉलिटिकल पार्टी, उनका बहुत बड़ा रोल होता है और प्रिसाइडिंग ऑफ़िसर उनको सँभालने में बहुत बड़ा काम कर सकते हैं, क्योंकि अगर प्रिसाइडिंग ऑफ़िसर के रिलेशन या ताल्लुकात अच्छे हों अपोज़िशन के लीडर के साथ में तो हाउस अच्छा चल सकता है, क्योंकि बहुत–सी बार ऐसा होता था कि कोई इश्यू है और हाउस के अन्दर बहुत ही डिफ़िकल्ट इश्यू है, तो मन्त्री मुझसे आकर के कहते थे कि आप मैटर को सॉल्व करें। मैं अपने कमरे में एम. पी. को बुला लेती थी, और उनसे बात कर लेती थी, कि आप इस चीज़ को देख लो, ये ऐसा एक्सप्लेनेशन है। शत्रुघ्न सिन्हा जब हेल्थ मिनिस्टर थे तब इनका और गुरुदास गुप्ता का इश्यू था तो मैंने अपने कमरे में बुला कर एक्सप्लेन करा दिया, जिससे प्रिसाइडिंग ऑफ़िसर एक्टिव हो, तो सबसे बड़ी बात है कि उस पर ट्रस्ट होना चाहिए, ट्रस्ट नहीं होगा तो कोई नहीं करेगा। अतः ट्रस्ट पैदा करना ऑपोज़िशन के सामने बहुत बड़ी बात है, और सरकार भी ट्रस्ट करे।

डॉ. राकेश योगी : वह व्यक्तित्व भी होना चाहिए!

नजमा जी : अपना ऐसा स्वभाव रखा हो कि दोनों ट्रस्ट करें। जर्नली यह कहा जाता है कि ये तो बायस हैं, तो वे काम नहीं कर सकते, अगर प्रिसाइडिंग ऑफ़िसर की इमेज़ जाये, कि वह बायस है तो क्या हाउस चलेगा!

डॉ. राकेश योगी : तो अभी जो सिनेरियो दिखाई देता है पार्लियामेंट में जो टेलीविज़न में और भी बहुत सारी जगहों पर दिखता है या दिखाया जाता है, उसमें आपको क्या लग रहा है कि यह जो बड़ा दिल रखना, अबॉव दी पार्टी लाइन, अबॉव दी पार्टी आइडियोलॉज़ी जो रिलेशन रखना यह बहुत इम्पोर्टेंट पार्ट हुआ करता था हमारी डेमोक्रेसी का, वह जो चीज़ है धीरे–धीरे कम हो रही है। अभी ऐसा लगता है जो रायवलरी है वह बहुत प्रोमीनेंट दिखाई देती है, पार्लियामेंटरी डिस्कशंस में, पार्लियामेंटरियन के बीच में।

नजमा जी : हाँ वह नहीं होना चाहिए इंडिविजुअल रायवलरी रखनी नहीं चाहिए, क्योंकि हर आदमी अपने तरीक़े पे बोल रहा है, जो इम्पोर्टेंस सत्ताधारी एम. पी. की है वही एम. पी. सब बराबर होते हैं, तो उनको बड़ी पार्टी, छोटी पार्टी, सिंगल मेम्बर, डोमिनेटेड मेम्बर, ये सब दीवारें जो हैं ये ऊँच–नीच नहीं है, एम. पी.एम. पी. है वह चाहे लोकसभा का हो या राज्यसभा का हो, उसकी उतनी अहमियत है उतने ही राइट्स हैं, जितने सबके हैं और प्रिसाइडिंग ऑफ़िसर को अपनी अनबायस सिचुएशन बनाने में बहुत मुश्किल होती है, उसके लिए उसकी पॉलिटिकल पार्टी सपोर्ट करे जिससे वह बिलोंग करता है, क्योंकि कुछ डिसीजंस होते हैं, जो पार्टी के ख़िलाफ़ होते हैं, कहीं उसको पार्टी की मदद करनी पड़ती है, मगर मैं तो मदद करती थी, अब तो कह सकती हूँ। मदद करती थी, पर किसी को पता नहीं लगता था कि कहाँ मदद की है।

डॉ. राकेश योगी : एज़ एन इंडिविजुअल एक पार्लियामेंटरियन इस पूरे प्रोसेस को स्ट्रेंथन करने में क्या रोल अदा कर सकता है उसको क्या करना चाहिए?

नजमा जी : देखिये बूँद–बूँद से समुद्र बनता है तो इंडिविजुअल एम. पी. से पार्लियामेंट बनता है, तो जो रूल्स हैं, जो क़ायदे क़ानून है, जो प्रोसिज़र है,

जो कंडक्ट ऑफ़ बिज़नेस है तो हाउस में एम. पी. का कंडक्ट बराबर रखना चाहिए जिससे वह अपनी ज़िम्मेदारी पूरी तरह से निभा सकता है, सबसे बड़ी बात है कि एम. पी. को तैयार हो के आना चाहिए, इश्यूज़ पढ़ के आना चाहिए, मैं जब वाइस चेयरमैन थी। तो मैं एम. पी. को बुला कर, इश्यूज़ जो थे पार्लियामेंट में अलग–अलग बिल आने वाले होते थे, इश्यूज़ आने वाले होते थे तो उसमें पूरी रिपोर्ट तैयार करके पार्टी की सोच के हिसाब से उनको बाँट देती थी, कि आप पढ़ लीजिए कि अगर आपको आकर बोलना पड़े, तो ये पॉइंट्स हैं कि पार्टी की सोच क्या है?

डॉ. राकेश योगी : मीडिया जो पार्लियामेंट्री की प्रोसीडिंग्स को जिस तरह से दिखाता है और जो उसका एनालिसिस किया जाता है उससे पब्लिक परसेप्शन बनता है कि हमारे पार्लियामेंट्रियन जो हैं वे सिवाय शोर मचाने के वहाँ कुछ नहीं करते, ये जो परसेप्शन है इनको आप कैसे देखती हैं, इस परसेप्शन को रोकने के लिए क्या करना चाहिए?

नजमा जी : मीडिया को चाहिए कि जो अच्छा डिबेट है उसे भी दिखाए, क्योंकि न्यूज़ नहीं बनती न अच्छी डिबेट की, शोरगुल की बनती है कुत्ते ने आदमी को काटा तो न्यूज़ नहीं बनती, आदमी ने कुत्ते को काटा तो न्यूज़ बनती है, तो निगेटिव चीज़ की हमेशा न्यूज़ बनती है, पॉज़िटिव चीज़ की न्यूज़ नहीं बनती है। मगर मीडिया की ज़िम्मेदारी है देश से अलग तो नहीं है, न अगर कोई चीज़ ख़राब होगी मुल्क में, तो वे भी ज़िम्मेदार हैं बहुत से मीडिया के मेंबर भी राज्यसभा में रह चुके हैं वैरी–वैरी सीनियर हरिवंश जी भी एडिटर हैं, तो उनको भी कहना चाहिए मीडिया को बुलाकर मुझे भरोसा है। उन्होंने कहा होगा कि पॉज़िटिव इमेज़ दिखाओ ठीक है निगेटिव इमेज़ दिखाओ तुम्हें दिखानी है तो जब अच्छा डिबेट हो रहा है तो उसे भी दिखाओ।

अब तो एक फ़ायदा है मीडिया का इतना असर नहीं पड़ता, ओपन मीडिया की लोकसभा राज्यसभा की सारी प्रोसीडिंग अब तो टी. वी. पर आती है सारा दिन, जो अच्छा दिखते हैं, तो बुरा भी दिखते हैं, बल्कि राज्यसभा वाले जब बुरा हो रहा होता है तब टी. वी. को बन्द कर देते हैं, तो मैंने कहा नहीं बन्द करो, लेट दी पीपल नो लेट मेम्बर्स ऑल्सो नो, कि उनकी इमेज ख़राब हो रही है नहीं तो अच्छी इमेज ही दिखे, तो दिखाना चाहिए हो रहा है, दोनों दिखाना चाहिए।

डॉ. राकेश योगी : और यह भी बात है जब शोर होता है स्थगन होता है। तो उसी समय साथ–ही–साथ सेशन में बहुत सारे बिल पास होते हैं बहुत–सी अच्छी चीज़ें भी होती हैं।

नजमा जी : सभी बिल पास होते हैं। कोई भी ऐसा बिल नहीं है जो पास न हुआ हो महिला का बिल छोड़कर क्योंकि उसके लिए विल नहीं है यह ज़रूर लिख देना!

डॉ. राकेश योगी : अच्छा इसी पर मैं थोड़ी–सी बात करना चाहूँगा कि यह जो विमन रिज़र्वेशन बिल है इस पर भी डिबेट हुयी और आप यह कह रहे हैं कि राज्यसभा से यह बिल पास भी हो गया तो इस पर जो डिबेट इसे आप किस रूप में याद रखना चाहेंगी?

नजमा जी : देखिए, मैं आपको एक बात बताऊँ, मैं उन लोगों में से हूँ जो महिला रिज़र्वेशन के ख़िलाफ़ थी, पहले मैं नहीं चाहती थी कि महिलाएँ रिज़र्वेशन से आयें, क्योंकि उन पर एक ठप्पा लग जाता, कि ये तो रिज़र्वेशन से आयी हैं, करके मैं यह कभी नहीं चाहती थी। मगर हमने बड़ी कोशिश की कि हर पॉलिटिकल पार्टी महिलाओं को आगे बढ़ाये और उन्हें इस क़ाबिल बनाये कि वे ख़ुद ही अपने बूते पर खड़ी हो जाये। आख़िर बहुत–सी महिलाएँ आयी हैं कि नहीं पॉलिटिक्स में, सुषमा जी आयीं, मैं आयी मेरे टाइम पर मतलब और भी थीं सुमित्रा महाजन कितनी बार इलेक्ट होकर आयीं, तो ऐसी कोई कमी नहीं थी, कम्युनिस्ट पार्टी में भी आयीं। हर पॉलिटिकल पार्टी में हर स्टेट में महिलाओं ने अपना रोल दिखाया है, अच्छा काम किया है, उन लोगों ने जबकि लोग उनसे डरते थे जब वे डिबेट करते थे, महिलाओं में इसकी क्षमता है कि वे अच्छी एम.पी. बन सकें। प्रॉब्लम क्या है कि पॉलिटिकल पार्टी उनको आगे नहीं बढ़ने देती है। हर पॉलिटिकल पार्टी कहती ज़रूर हैं मुँह ज़बानी। मगर बढ़ने देते तो परसेंट ऊपर बढ़ना चाहिए था, जब मैं आई. पी. यू. की प्रेसिडेंट थी तो मुश्किल से 8% महिलाओं का होता था, तो मैं अपने टाइम पर एग्ज़ीक्यूटिव में थी और उसके बाद प्रेसिडेंट बनी। तब मैंने यह कोशिश की कि हर पॉलिटिकल पार्टी हर कंट्री को लिखकर के भेजे, कि कम–से–कम एक महिला आपके डेलिगेशन में होनी चाहिए। कुवैत से डेलिगेशन आगा उसमें एक भी महिला नहीं थी। हमने उन्हें कहा था। हमने एक कॉन्फ्रेंस की थी दिल्ली में कंट्रीब्यूशन टुवर्ड्स मैन एंड विमेन

इन पॉलिटिक्स, तो कुवैत के डेलिगेशन में कोई औरत नहीं थी क्योंकि वहाँ औरतें नहीं होतीं न उनके हाउस में, तो हमने कहा कि कम–से–कम एक महिला होनी चाहिए आपके वहाँ, तो उसका नतीजा यह हुआ कि कुवैत में उन्होंने महिलाएँ इलेक्ट कर दीं।

अब महिलाएँ आती हैं इलेक्ट होती हैं। सऊदी अरेबिया में महिलाएँ इलेक्ट होती हैं तो यह विल की बात होती है। अभी जब मैंने छोड़ा है **25%** महिलाएँ डेलिगेशन में आगे थीं। आई. पी. यू. के डेलिगेशन में, और बहुत–सी कंट्री की लीडर भी महिलाएँ होती थीं। हमारे यहाँ से मैंने कितना रिप्रेजेंट किया। स्पीकर दो रही हैं, वे दोनों लीड करती थीं सुमित्रा महाजन और मीरा कुमार, तो इंडिया हमेशा आगे रहा। U.N. में भी जो हमारी ओर से प्रेसिडेंट बनीं विजय लक्ष्मी पण्डित थीं, मैं बनी आई. पी. यू. की पहली महिला अध्यक्ष 115 साल का रिकॉर्ड तोड़ा, तो हमारे यहाँ तो समस्या नहीं है। मगर हम लोग खाली उदाहरण हैं। मास तरीक़े पर सोच होनी चाहिए महिला को रिप्रज़ेंटेशन दें और पॉलिटिकल पार्टी में विल होगी तो महिलाएँ इस क़ाबिल कर दी जायेंगी कि एलेक्ट्रुअलबिलिटी भी हो जायेगी!

डॉ. राकेश योगी : आपको क्या लगता है कि महिलाओं का पार्टिसिपेशन ज़्यादा होगा तो डेमोक्रेटिक सेटअप जो है, पार्लियामेंट्री प्रोसीडिंग्स जो है वह भी कुछ और बेहतर हो जायेगी?

नजमा जी : सवाल बेहतर और ख़राब होने का नहीं है, सवाल यह है कि पार्टिसिपेटेड डेमोक्रेसी हो जायेगी। समाज में अगर वे 50% हैं तो कम से कम 33% तो होना चाहिए, उनकी आवाज़ भी सुनाई दे, यह ज़रूरी नहीं है कि हर महिला इलेक्शन में जाना चाहती है। मगर जो जाना चाहती है उसे कोई रोके नहीं। 50% न सही पर 33% तो जाना चाहेंगी, अतः ज़रूरी है कि डेमोक्रेसी को पार्टिसिपेटेड डेमोक्रेसी बनाने के लिए महिला और पुरुष दोनों होने चाहिए, जबकि हमारे कांस्टीट्यूशन की प्रस्तावना में नो डिस्क्रिमिनेशन बिटवीन जेंडर, जब वहाँ है तो पार्लियामेंट में भी होना चाहिए!

डॉ. राकेश योगी : आपने आई.पी.यू. की बात की तो डिफ़रेंट कंट्री के पार्लियामेंट्री सिस्टम को आपने देखा है। आपने विज़िट भी किया होगा उनके बीच में। क्या फ़र्क़ दिखाई देता है। कहाँ का सिस्टम आपको ज़्यादा बेहतर लगता है?

नजमा जी : मुझे तो अपना ही सिस्टम बेहतर लगता है, क्योंकि हर देश में वहाँ के समाज और माहौल के हिसाब से डेमोक्रेसी डेवलप हुई है। हमारी जो कॉमनवेल्थ पार्लियामेंट्री डेमोक्रेसी है, सब कॉमनवेल्थ कंट्री में उसी को अपनाया गया है, और बहुत–से छोटे मुल्क हैं, जैसे–यू. के. में तो फ़ेडरल सिस्टम ऐसा नहीं है, पर जहाँ–जहाँ फ़ेडरल सिस्टम है वहाँ उन्होंने तक़रीबन उसी तरह की डेमोक्रेसी अपनायी जैसी इंडिया ने अपनायी, कनाडा है उसमें, ऑस्ट्रेलिया है बड़ी कंट्री है, तो मैं समझती हूँ कि हमारे माहौल के हिसाब से, हमारी ज़रूरतों के हिसाब से, हमारी डेमोक्रेसी अच्छी है, और सिर्फ़ फ़र्क़ यह है कि हमारे यहाँ दोनों हाउस का इलेक्शन भी अलग तरीक़े का होता है। कनाडा और अमेरिका में भी पार्टिसिपेटेड डेमोक्रसी है। हाउसेस छोटी हो या बड़ी हो वहाँ दो ही रिप्रेज़ेंटेटिव चुने जाते हैं, हमारे यहाँ पॉपुलेशन के बेस पर होता है छोटी स्टेट होगी तो कम, बड़ी स्टेट होगी तो ज़्यादा, जो हमारे लिए ज़्यादा बेहतर है क्योंकि इश्यूज़ अलग–अलग हैं, तो मुझे लगता है हमारी ज़रूरत और लिहाज़ के हिसाब से हमारी सिस्टम ऑफ़ पार्लियामेंट सही है!

डॉ. राकेश योगी : अभी कुछ ताज़ी घटना हुई। पहले ऐसा होता था कि लीडर ऑफ़ अपोज़िशन बोल रहा है तो बड़े संजीदगी के साथ हाउस उसको सुनता है, जब प्रधानमन्त्री अगर बोल रहे हैं, हाउस ऑफ़ दी लीडर बोल रहे हैं, तो बहुत संजीदगी के साथ सुना जाता है, अभी दो–तीन साल में कुछ ऐसी घटनाएँ हुई हैं, प्रधानमन्त्री बोल रहे हैं और कम संख्या में अपोज़िशन होने के बावजूद एक महिला सांसद ने एक अलग तरीक़े से रिएक्शन दिया हँसने वाला, उस पर बहुत बात हुई हो। रेणुका चौधरी ने प्रधानमन्त्री के बोलते समय बीच में एक हँसने वाला रिएक्शन दिया, जिस समय वे बोल रहे थे यह लगभग एक साल पहले की बात है। अभी जैसे यह हुआ कि अपोज़िशन पार्टी के सबसे बड़े लीडर उठकर प्रधानमन्त्री तक चले गये, फिर एक आँख मारने वाला इंसीडेंट हुआ तो यह जो कुछ चीज़ें हो रही हैं। इसमें कुछ चीज़ें ऐसी हो रही हैं जिनमें कुछ अपरिपक्वता है।

नजमा जी : पहले भी प्रधानमन्त्री राजीव गाँधी थे, तो बोफ़ोर्स के मामले में ऐसा ही होता था, बोलने नहीं देते थे, रेणुका चौधरी ही खड़ी हो गयी थीं उनके सामने, तो लीडर ऑफ़ अपोज़िशन को भी बोलने नहीं देते मगर

ये अच्छी बातें नहीं हैं, मैं तो सोचती हूँ न सिर्फ़ लीडर ऑफ़ अपोज़िशन या प्राइम मिनिस्टर हर एक को बोलने देना चाहिए, हर एक को अपनी राय रखने का हक़ है, आप मानो या न मानो ये किसने कहा है, बोलेंगे तो आपको मानना ही पड़ेगा, आप मत मानिए उनकी बात, आप उसका जवाब दीजिए, क्योंकि मैं हर बार यही कहती थी, यह ज़रूरी नहीं है कि हर आदमी आपकी ज़ुबान बोले। मगर पार्लियामेंटरी डेमोक्रेसी की ख़ासियत यह है कि वे सहनशक्ति सुनने की रखे। डेमोक्रेसी में बोलना ही नहीं है सुनना भी है, दूसरे की आवाज़ जब आप नहीं सुनोगे तो आप सही डिसीज़न नहीं ले सकते, हर एक को अपने तरीक़े से राय देनी है। मेरा यही कहना रहता था कि सुनो, कि वे क्या बोल रहे हैं और हर एक को बोलने का हक़ है, और हमारी ज़िम्मेदारी है कि हम उसे सुनें!

डॉ. राकेश योगी : सांसद की संसदीय कार्यवाही में भागीदारी के मामले में शिक्षा का कितना महत्व है?

नजमा जी : नहीं; यह नहीं है कि अनएजुकेटेड सांसद अच्छा नहीं बोलते। बहुत साधारण एजुकेशन पाये लोग अच्छा बोलते हैं, सवाल यहाँ कोई लिटरली स्पीच देने का नहीं है, यहाँ पर लोगों के इश्यूज़ को उठाने का है, और जिस तरीक़े से कोई इश्यूज़ को उठाता है, वह अपना तरीक़ा है।

डॉ. राकेश योगी : सवाल सिर्फ़ संसदीय संवाद का नहीं बल्कि और बड़ा है, क्योंकि हमारे लीडर्स जैसे बिहेव करते हैं वैसा सोसायटी भी उसको देखती है, फॉलो करती है, क्योंकि लीडर का मतलब यही है कि वे जनता या जनता समूह को लीड कर सके, और वे अपने व्यवहार से कोई एक्जाम्पल सेट कर सके, तो पार्लियामेंट में जितना अच्छा डायलॉग होगा, हमारी सोसाइटी में भी डायलॉग की इम्पोर्टेंस उतनी बढ़ेगी।

नजमा जी : बहुत इम्पोर्टेंट है कि पार्लियामेंट में डायलॉग हो, पार्लियामेंट के बाहर भी डायलॉग हो, इश्यूज़ है हर आदमी अपनी सोच के हिसाब से करता है, हर एक आदमी की सोच अलग–अलग है, जो मैं कहती हूँ कि अनेकता में एकता है, अनेकता है तो अनेकता ही अच्छी होती है, सब एक शक्ल के होते तो कैसे लगते, सारे पेड़ एक जैसे नहीं हैं, सारे जानवर एक जैसे नहीं हैं, किसी–न–किसी के अन्दर तो एक स्पेशल फ़ीचर होता है, तो उसको भी बोलने का, रहने का, सुनने का हक़ है, तो यही अपनाना चाहिए। अन्दर भी, बाहर भी दोनों जगह, जब बाहर होगा तो अन्दर होगा,

जब अन्दर होगा, तब बाहर होगा, क्योंकि हम कहाँ से आते हैं पार्लियामेंट कहाँ से आती है। समाज में से ही आते हैं, सब चुने हुए लोग आते हैं तब तो रिप्रेज़ेंट करते हैं, लोगों को, अगर इनटॉलरेंस होगी समाज में, तो इनटॉलरेंस नहीं होनी चाहिए। जिस पार्लियामेंट में इनटॉलरेंस है, वह डेमोक्रेसी अच्छी नहीं है, टॉलरेंस की डेमोक्रेसी अच्छी होती है, और अपनी सोच किसी पर थोपनी नहीं चाहिए, अपनी सोच है ठीक है, जो हमारे यहाँ कहते हैं न अपनी–अपनी सोच तभी हम साथ में रह सकते हैं!

डॉ. राकेश योगी : नई पीढी के राजनेताओं के लिए आपका कोई संदेश?

नजमा जी : न्यू एज़ के बहुत सारे अच्छा बोल रहे हैं, हर जगह अच्छा पार्टिसिपेट कर रहे हैं, जो मैंने देखा है हर पार्टी से जो भी यंग आये हैं, बहुत अच्छे हैं और राजीव जी के टाइम में राज्यसभा में काफ़ी यंग लोग आ गये थे, और वे भी बहुत अच्छा बोलते थे, बुजुर्ग तो होते ही हैं एक्सपीरिएंस वाले यंग भी बहुत अच्छा बोलते हैं। यही सन्देश है कि विवाद के स्थान पर संवाद को अपना आचार–विचार एवं संस्कार बनाएँ।

करिया मुण्डा

महत्त्वाकांक्षाओं के संघर्ष के लिए नहीं है संसद

–करिया मुण्डा

परिचय : जनतन्त्र में जनता का प्रतिनिधित्व करना या उसका नेतृत्व करना एक महत्त्वपूर्ण कार्य है और इसके लिए व्यक्तित्व की बहुत– सी विशेषताओं को समाहित करना सदैव ही श्रेयस्कर होता है। कभी आक्रामक और देदीप्यमान व्यक्तित्व जनता के दिल के नज़दीक आता है, तो कभी साधारण अपना लगने वाला व्यक्ति जनता को भाता है। देश की संसद में आठ बार निर्वाचित होकर आये, चार बार केन्द्रीय मन्त्री, दो बार राज्य के विधायक रहे और लोकसभा के उपाध्यक्ष रहे करिया मुण्डा ऐसे ही सादे व्यक्तित्व के स्वामी हैं। 20 अप्रैल, 1936 को झारखण्ड (तब संयुक्त बिहार) में जन्मे करिया मुण्डा चार दशक से पहले लोकसभा में चुनकर आये और 1977 की जनता पार्टी सरकार सहित 1999 की एनडीए सरकार में मन्त्री रहे। श्री मुण्डा को 2009 में लोकसभा का उपाध्यक्ष निर्वाचित किया गया और 2014 तक वह इस पद पर रहे। बेहद साधारण जीवनशैली जीने वाले मुण्डा देश के शीर्ष आदिवासी नेताओं में शुमार होते हैं। उनके व्यक्तित्व की सादगी इसी से पता चलती है कि वे अपने इतने लम्बे राजनीतिक जीवन में जितने भी उच्च पदों पर रहे लेकिन उन्होंने अपने गाँव जाकर परम्परागत खेती जैसे कार्यों का अभ्यास सदैव बनाये रखा। हमारे देश की विविधता, उसके बुनियादी मुद्दे और संसदीय लोकतन्त्र की दशा–दिशा पर नितान्त मौलिक अनुभव से संवाद हेतु करिया मुण्डा सर्वथा उपयुक्त व्यक्ति हैं।

डॉ. राकेश योगी : आपने एक लम्बा समय संसद में गुज़ारा है एक सांसद के तौर पर और दूसरी तरफ़ आपने चेयर पर भी एक लम्बा समय गुज़ारा है, तो आपको क्या लगता है कि संसद में जो बातचीत होती है या संसद में जो बहस है वह संवाद कितना सार्थक हो पा रहा है?

करिया मुण्डा : पहले और आज में बहुत अन्तर आ गया है। पहले संसद में अनुशासन भी होता था। साधारणतः बीच में जो वैल हैं उसमें लोग कम आते थे, कभी–कभार ही आते थे, और विषय–वस्तु एवं विषय के आधार पर ही भाषण होता था। आज प्रत्येक विषय एवं सभी बातों पर वैल में आ जाते हैं, और हाउस के चलने में बाधा उत्पन्न करते हैं, तो नियम यह है कि कम–से–कम प्रश्नकाल में ऐसा नहीं होना चाहिए, क्योंकि प्रश्नकाल तो उन्हीं का ही है, सांसदों का ही है, क्षेत्र के सम्बन्ध में विकास के सम्बन्ध में सरकार के कामों के सम्बन्ध में प्रश्न पूछा जाता है उसकी जानकारी संसद को होनी चाहिए और जनता को भी होनी चाहिए, तो आज यह जो मर्यादा थी, एक तरह से कहिए कि एक परम्परा थी, वह अब इस समय लगभग ख़त्म हो गयी है जब चाहे तब शुरू हुआ और हल्ला–गुल्ला करते हैं और वैल में पहुँच जाते हैं। आजकल ये अन्तर आ गया है जिससे बहुत से मुद्दों के सम्बन्ध में महत्त्वपूर्ण बातें हो नहीं पाती हैं, दूसरी बात है कि आजकल अधिकतर भाषणों में अपने–अपने क्षेत्र की बात ज़्यादा होती है, जो पुराने लोग हैं वे थोड़ा बहुत विषय रखते हैं, परन्तु बोलते–बोलते अन्त में वे भी कहीं–न–कहीं अपने क्षेत्र की बात को महत्त्वपूर्ण समझते हुए रखते हैं। पहले ऐसा नहीं था, पहले जनरल था, क्योंकि भारत की संसद पूरे देश के लिए है, और उसके समक्ष जो विषय रखा जाये उसे भी भारत के सन्दर्भ में रखते हुए ही अपनी बात रखनी होती थी तो इतना अंतर ज़रूर आ गया है!

डॉ. राकेश योगी : आपको क्या लगता है कि यह अन्तर क्यों आया है?

करिया मुण्डा : एक तो आजकल जो सामाजिक व्यवस्था है उसमें भी परिवर्तन आ गया है। आज समाज के लोग भी सोचते हैं कि हमारा सांसद हमारे क्षेत्र के विषय में कितना वहाँ बोलता है? क्या उठाया है? कितनी बातों को वहाँ रखा है? इस तरह की एक भावना आ गयी है इसलिए इस दृष्टिकोण से भी ये बातें रखी जाने लगी हैं, और राष्ट्रीय मुद्दे डाउन हो जाते हैं, अब इससे कितने क्षेत्र को लाभ होता है, मुझे पता नहीं है, और

साथ ही एक अध्ययन की भी कमी है, पहले जो होते थे, वे अध्ययनशील हुआ करते थे। आज जो थोड़े बहुत समझदार हैं वे लाइब्रेरी से उठाकर जुगाड़ करते हैं, अन्यथा बाक़ी तो उस तरह कोई अध्ययनशील हैं नहीं, दूसरी बात है समाज में ऐसे भी कई लोग हैं जो जीत कर आते हैं। हम उन्हें अच्छा नहीं समझते हैं, उनको तो कोई मतलब नहीं है, उन्हें सिर्फ़ अपने से मतलब है, अपने मतलब से जीते हैं अपने मतलब से काम करते हैं, हाउस में भी उसी तरह का वातावरण पैदा करने की कोशिश करते हैं!

डॉ. राकेश योगी : यह जो शोर या डिस्टर्बेंस या जो वैल में जाना बढ़ गया है, और ये जो एक सेशन में लम्बे–लम्बे समय तक संवाद बाधित रहता है, बात नहीं हो पाती है और यह जो दृश्य दिखाई देता है इसके बारे में आप क्या कहेंगे!

करिया मुण्डा : यह सिर्फ़ विपक्ष की बात ही नहीं है यह सत्ता पक्ष के साथ भी जुड़ा है, कभी–कभी सत्ता पक्ष के लोग भी, जो आवश्यक है, जो ज़रूरी है, जिन मुद्दों को उठाया गया है, इस पर सरकार को कुछ जवाब देना चाहिए या बात रखनी चाहिए नहीं करने के कारण भी इस तरह की बातें होती हैं, दूसरा है, कुछ ज़िद करते हैं, हालाँकि क्षेत्रीय पार्टियाँ भी कुछ ज़्यादा हो गयी हैं। हर क्षेत्रीय पार्टी कहीं–न–कहीं पर किसी–न–किसी राज में सरकार चलाती है, तो अधिकतर वहाँ की सरकार, वहाँ की जनता के लिए, वहाँ के नेता के लिए भी हम बहुत क्रियाशील हैं और आपकी बात हम संसद ज़ोरदार तरीक़े से रखते हैं, यह जताने के लिए भी एक ऐसी स्थिति पैदा हो गयी है। पहले राष्ट्रीय पार्टियाँ होती थीं, अब क्षेत्रीय पार्टियाँ बहुत हो गयी हैं। निर्दलीय बहुत आ रहे हैं, एक आदमी की पार्टी भी है, दस आदमियों की पार्टी भी है। इस तरह से कई तरह के लोग आ गये, जिसके कारण राष्ट्रीय मुद्दों पर कम क्षेत्रीय मुद्दों पर ज़्यादा बातें होती हैं!

डॉ. राकेश योगी : संसद में जो संवाद होता है, इसमें जो अलग–अलग मत हैं, अलग–अलग तरह के जो विचार हैं, उनको प्रकट करना कितना महत्त्वपूर्ण है?

करिया मुण्डा : *ऐसा है कि लोकतन्त्र में तो सबको अधिकार है, और संविधान में भी अधिकार है कि अपनी बात को रखने की आज़ादी है, इस*

दृष्टिकोण से अपनी बात रखने की तो आज़ादी है, परन्तु मर्यादा के साथ, पहले भी लोग रखते थे और राष्ट्रीय हित को सर्वोपरि रखते हुए अपनी बात को रखना, और मर्यादित भाषा में मर्यादित ढंग से रखने की परम्परा रही है, परन्तु आज इस तरह का नहीं है!

डॉ. राकेश योगी : इसके पीछे यह जो परम्परा या जो बाधा आ रही है संवाद में या सार्थक बातचीत में उसके पीछे क्या कोई विचारधाराओं का टकराव है?

करिया मुण्डा : विचारधाराओं का टकराव तो मेरे दृष्टिकोण से कम है। परन्तु व्यक्तिगत महत्त्वाकांक्षाओं का टकराव है!

डॉ. राकेश योगी : तो लोग विचारधाराओं से भी ऊपर व्यक्तिगत ईर्ष्या को या व्यक्तिगत द्वेष को या पक्षपात को ज़्यादा महत्त्व देते हैं!

करिया मुण्डा : यह भी हम कह सकते हैं, दूसरा यह है कि हम जो कह रहे हैं वह ठीक है। इस तरह की भावना आ गयी!

डॉ. राकेश योगी : आपने राजनीति में इतना समय गुज़ारा है लोकसभा क्षेत्रों में, वही संसदीय राजनीति है, लेकिन आप लोकसभा क्षेत्र से आठ बार चुनकर आ रहे हैं, राजनीति को भी आपने उसी तरह से देखा है, और संसद को भी उतने ही अनुभव के साथ उसी तरह से देखा है। तो जो संसदीय संवाद है या संसद में जो संवाद है, और जो राजनीतिक बहस है इन दोनों में क्या अन्तर होना चाहिए?

करिया मुण्डा : कई मुद्दे आते हैं, कुछ नीतिगत मुद्दे होते हैं, कुछ विकास के मुद्दे होते हैं, तो दोनों को अलग–अलग रखना चाहिए, और नीतिगत मुद्दों पर नीति और उसके लाभ–हानि के आधार पर अधिक बात करनी चाहिए, और नीति में कहीं कमी है तो संशोधन की बात करनी चाहिए, संशोधन दृष्टिकोण से प्रस्तुत भी करते हैं, और बोलने का मौक़ा भी मिलता है, दूसरा यह है कि विकास के काम, विकास के काम में कितनी प्रगति हो रही है, किंतने विकास हो रहे हैं, क्या विकास के कामों में कोई कमी तो नहीं आ गयी है, या विकास के कामों से कोई समस्या तो खड़ी नहीं हो रही है, इन सारी बातों पर बात होनी चाहिए, इन दोनों को मिलाकर एक सम्पूर्ण दृष्टिकोण से देश और समाज के लिए भी फ़ायदा होता है!

डॉ. राकेश योगी : आप जब पहली बार संसद में चुनकर आये तब का आपका कोई अनुभव? संसद की बहस को आपने कैसे समझा? उस समय के जो वरिष्ठ सांसद रहे होंगे, उन्होंने आपकी क्या मदद की। क्या आपको ध्यान में आता है?

करिया मुण्डा : उस समय जो लोग थे आज के जैसे लोग नहीं आते थे, बकवास करने वाले या बाक़ी चीज़ें जो आज हम हाउस में देखते हैं। जिस तरह का चित्र या जिस तरह का आप माहौल देखते हैं, और उस समय के माहौल में बहुत अन्तर था। उस समय हाउस में गम्भीरता होती थी, लोग बिन्दु पर और जितना ज़रूरी है, उतना ही अपनी भाषा में जिस ढंग से भी हमला करना हो या समझाना हो बात करते थे। आज यह नहीं है, और उस समय जो नये लोग आते थे, सभी जगह नये लोगों को पुराने लोग थोड़ा सहयोग करते थे, मदद करते थे, विषय रखने का, विषय उठाने का या किसी प्रश्न को रखने की सारी बातें। कुछ तो अपने दलों में इसका शिविर होता है। दो–तीन दिन का, किन चीज़ों को कैसे रखा जाये, इसमें भी कुछ गाइडलाइन मिलती है, और दूसरी बात यह है कि जो कार्यकर्ता होते हैं। वर्षों–वर्षों से अपने क्षेत्र में कुछ अनुभव, कुछ नेताओं का निर्देशन, कुछ उनका सुझाव, कुछ उनका मार्गदर्शन, सभी चीज़ों से कुछ–न–कुछ ज्ञान तो मिलता ही है। आज इसकी भी कमी है, बहुत–से दलों में इसकी कमी है, नेता ही सब कुछ है, उन्होंने जो कह दिया वही सब कुछ है, इस तरह के आजकल दल हैं, इसलिए उस समय और आज में बहुत अन्तर हो गया है!

डॉ. राकेश योगी : चूँकि, आप चेयर पर रहे हैं, इतना लम्बा समय आपने उस रूप में एवं उस भूमिका में भी गुज़ारा है। कभी आपने देखा है कि संसद में जो बहसें होती हैं या संवाद होता है इनका उद्देश्य क्या है, ये किस लिए किया जाता है?

करिया मुण्डा : एक तो जिस विषय पर बहस होती है उस पर अपनी–अपनी राय, दूसरा दल का दृष्टिकोण, और तीसरा यह है कि इससे देश को लाभ होता है कि नहीं होता है, उसको आपके विचार से रखना उसका यही उद्देश्य है, बाक़ी तो कोई उद्देश्य नहीं है!

डॉ. राकेश योगी : आज का जो समय आपको दिखाई दे रहा है और आपके अपने कार्यकाल के समय में जब आप चेयर पर रहे तब आपको

क्या लगता है कि जो जनता के लिए नीति बननी है उस उद्देश्य की पूर्ति होती है।

करिया मुण्डा : देखिए, जब महत्त्वाकांक्षा बढ़ जाती है, और मैं जो कह रहा हूँ वही सब ठीक है, ऐसा विचार हो, तो राष्ट्रीय मुद्दे तो गौण होते हैं और फिर राष्ट्र और समाज को जितना लाभ मिलना चाहिए उतना नहीं मिलता, भले ही आपने बोला आपके क्षेत्र के लोग ख़ुश हुए। टी.वी. पर आते रहते हैं सब देखते रहते हैं, परन्तु समाज और देश को उसका कोई विशेष लाभ नहीं मिल पाता!

डॉ. राकेश योगी : इसको कैसे लाभदायक बनाया जा सकता है?

करिया मुण्डा : यह कहना कठिन है क्योंकि हर व्यक्ति के विचार आजकल अलग–अलग हैं, दलों के विचार भी अलग–अलग हैं। और समस्याओं को देखने का नज़रिया भी अलग–अलग हो गया है! अभी थोड़ी देर के लिए उदाहरण दें जो अभी एयर स्ट्राइक हुई, कई लोग कई तरह की बातें बोल रहे हैं। हालाँकि देशहित में ठीक नहीं है। जो हुआ उसके बाद आगे एक ही होना चाहिए जो हुआ ठीक हुआ, और फिर अपने देश में एक माहौल बनता है कि भई जो हुआ अच्छा हुआ, लेकिन उसी को अगर भिन्न–भिन्न तरह से हर आदमी अपना दृष्टिकोण लगाकर बोले, तो निश्चित रूप से इसका महत्त्व घट जाता है। दूसरा यह है कि जिन लोगों ने जान को जोख़िम में रखकर साहसपूर्ण काम किया है, उनका मनोबल तो टूटेगा क्योंकि वे देश के लिए, समाज के लिए मरने को तैयार हैं और हमारी खिल्ली उड़ाई जाती है, तो इस तरह की बात नहीं होनी चाहिए!

डॉ. राकेश योगी : आपका कहना है जो संवाद हो रहा है उसमें व्यक्तिगत महत्त्वाकांक्षा, अपनी–अपनी राजनीति ज़्यादा महत्त्वपूर्ण हो गयी, और जो देश की बात या बड़ी बात जो करनी थी, वह थोड़ी पीछे रह गयी। इसी कारण से संसद में उतनी सार्थक बातचीत नहीं हो पाती!

करिया मुण्डा : ऐसा कहा जा सकता है!

डॉ. राकेश योगी : संसद में जो संवाद है क्या थोड़ा सोचकर अपने पुराने अनुभव से हमें बतायेंगे, तो आगे आने वाली पीढ़ी और राजनीति में आने वाले लोगों को भी उसका फ़ायदा मिलेगा। क्या आपको कुछ ऐसे मुद्दे ध्यान में आते हैं या कुछ ऐसी सार्थक बहस जो कभी हुई हो, कोई

नज़र आती है या कोई ऐसा अनुभव जिससे आपको लगे कि इस बहस संवाद के द्वारा सहमति बनती है!

करिया मुण्डा : आज की परिस्थिति में तो नहीं है... एक समय हुआ करता था! आज मतभेद हो सकता है, मनभेद नहीं होना चाहिए। आज मतभेद भी है और मनभेद भी है, तो दोनों बातें आ गयी हैं, इसलिए हम मत के आधार पर भी अपने मन को बनाते हैं, जो ठीक नहीं है। लोकतन्त्र में विचारों की भिन्नता तो होनी ही है, क्योंकि दो आदमियों की बात एक ही हो ऐसा तो सम्भव नहीं है। परिवार में भी नहीं होता है परन्तु उसके बाद भी परिवार चलता है। किसी विचार या मुद्दे पर आकर लोग काम करते हैं, पर सभी लोग एकमत हों इसमें भी विचार हो तो मतभेद हो सकता है, परन्तु मनभेद नहीं होना चाहिए। मन में एक ही बात होनी चाहिए देशहित, समाजहित और लोगों का कल्याण हो।

डॉ. राकेश योगी : जब हम संसद की बात करते हैं, हम विधानसभाओं की बात करते हैं, तो लगभग हाउस का तो वही कंडक्ट रहता है। विधानसभाओं और संसद की भूमिका लगभग समान है, उनका दायरा अलग–अलग है, तो जो व्यक्ति जनता की तरफ़ से चुनकर आता है, जैसे वह सांसद है। वह दस से बीस लाख लोगों का प्रतिनिधित्व करता है, और वह उस जनता की आवाज़ उठाने के उद्देश्य वहाँ पर मौजूद रहता है। आपको क्या लगता है कि ऐसा सम्भव हो पाता है, कि सरकार तक उस जनता की आवाज़ पहुँचती है, जिसे वह रिप्रेजेंट करती है?

करिया मुण्डा : कोशिश होती है! लेकिन जितना सीमित समय है हम पाँच सौ से ज़्यादा लोग हैं, ऐसा सम्भव नहीं है। दूसरा यह है कि बोलने की सीमा किसी की नहीं है। बाक़ी समय दिया जाता है, आपकी पार्टी को इतने घण्टे का इतना समय दिया गया है, आपके इतने बोलने वाले लोग हैं, उस हिसाब से आप बोलिए, तो लोग इसे मानते नहीं हैं, एक बार बोलने की अनुमति मिल गयी तो खींचते हैं, जिससे बाक़ी सबकी बात नहीं हो पाती। अगर निर्धारित समय सीमा के आधार पर बातें हों तो ज़्यादा लोग बात कर सकते हैं, और कोशिश यह होनी चाहिए कि हर व्यक्ति को हर मुद्दे या विचार पर बोलने का मौक़ा मिल सके पर ऐसा भी नहीं हो पाता है!

डॉ. राकेश योगी : क्योंकि आपका लम्बा समय गुज़रा है तो आपने इन्दिरा गाँधी, अटल बिहारी वाजपेयी, राजीव गाँधी, नरसिम्हा राव, चन्द्रशेखर, वी. पी. सिंह, मोरारजी देसाई तक, इस तरह के लोग जो जनता की राजनीति से और संसद के भीतर भी अपने संवाद के लिए जाने जाते थे, उनमें से बहुत सारे लोग जनता के बीच भी अच्छा संवाद करते थे और संसद में भी अच्छा बोलते थे, अच्छी बात करते थे। ऐसे लोगों से जुड़े कोई अनुभव या आप उनकी तुलना आज के समय से करके देखें, तो आपको क्या लगता है?

करिया मुण्डा : समय के हिसाब से विचार में भिन्नता आती है, समय के बदलते हुए वातावरण भी बदलता है, और विषय रखने की स्थिति भी बदलती है, और विषय भी बदलता है, इसलिए उस समय और आज में हम मान लें वैसा क्यों नहीं होता है, यह उचित नहीं होगा, परन्तु विषय तो एक ही है, देशहित और समाज हित, समाज का कल्याण हो, देश सुरक्षित रहे, आपस में किसी तरह का झगड़ा न हो, सबका विकास होना चाहिए। लोगों को विकास का मौक़ा मिलना चाहिए, मुद्दे तो इतने ही हैं! विषय वही है बस विषय पर बोलने का तरीक़ा अलग हो गया है!

डॉ. राकेश योगी : ये संसद की जो बातचीत है उस पर क्या राजनीतिक परिस्थितियों का भी असर पड़ा है?

करिया मुण्डा : राजनीतिक परिस्थिति का असर ही नहीं, बल्कि समाज की भी सोच बहुत बदल गयी है। समाज में भी सांसद से जो अपेक्षा होनी चाहिए उससे ज़्यादा हो गयी है, और उस समय के समाज में और आज के समाज में बहुत अन्तर आ गया है, बोलचाल में, रहने में, सोचने में, व्यवहार में, उसी आधार पर सभी चीज़ें बदलती हैं, क्योंकि उसी में से आदमी निकलकर आता है, अलग से तो आता नहीं है, तो समाज का जो परिवेश है, परिस्थिति है उसमें किस तरह से रहता है, समाज में किस तरह से रहता है, किस तरह के विचार चलते हैं, और जैसा देखता है, लगभग वैसा ही असर उस पर पड़ता है!

डॉ. राकेश योगी : ऐसा कोई विषय आपको ध्यान में आता है जैसे अभी तो यह दिखाई देता है, दो घण्टे की बहस कर लें या आप बीस घण्टे की बहस कर लें, लेकिन जो आदमी जिस विचार को प्रकट कर रहा है; वह

उसी पर रहता है। कभी कोई सहमत होता हो किसी की बात से ऐसा कभी नज़र नहीं आता, तो क्या कभी ऐसा होता था या ऐसा होना चाहिए?

करिया मुण्डा : राष्ट्रीय मुद्दों पर तो आज भी लोग सहमत होते ही हैं। जो राष्ट्र की जुड़ी हुई समस्याएँ हैं, उन पर तो आलोचना के बाद भी कहीं–न–कहीं पर तो सहमति होती ही है। बाक़ी मुद्दों पर तो अलग–अलग है!

डॉ. राकेश योगी : जैसे जनता के सामने एक सवाल होता है। मान लीजिए आज राफ़ेल मामला है। सत्ताधारी ने कहा इस पर बहस करवा लीजिए, इस पर बात कर लीजिए, उसके बाद संसद की जो अहमियत है, उससे जनता को यह लगता है कि संसद में जो बात होगी वह फाइनल बात होगी, संसद में बात भी हो जाती है, संसद में जवाब भी मिल जाते हैं, संसद में तीस–चालीस घण्टे की बहस भी हो जाती है, लेकिन बाद में बाहर आकर राजनीतिक दलों का जो स्टैंड होता है वह वही होता है जो पहले था!

करिया मुण्डा : देखिए ऐसा है, आजकल हर मुद्दे को राजनीतिक दृष्टिकोण से देखा जाता है, और राजनीतिक दृष्टिकोण से देखने के कारण लाभ और हानि की चिन्ता अधिक और देश की चिन्ता कम होती है पहले लोग ऐसा नहीं करते थे, इसलिए आज राफ़ेल की बात कर रहे हैं। सुप्रीम कोर्ट ने कह दिया उसके बाद भी विपक्ष ख़ासतौर से राहुल गाँधी नहीं मानते हैं इसके ऊपर क्या करोगे और बहस करने के बाद भी उसी तरह होगा, सरकार जवाब उसी आधार पर देगी, तो फिर इसका रात–दिन या ऐसा दिन नहीं है, जहाँ पब्लिक मंच पर राफ़ेल का ज़िक्र न हो। अगर दो जगह, दसों जगह कहीं–न–कहीं, किसी–न–किसी रूप में चर्चा आयेगी, तो इसको उन्होंने राजनीतिक मुद्दा बना दिया है। इसी मुद्दे के आधार पर हमारा बेड़ा पार हो जायेगा, होगा नहीं होगा जनता समझेगी लेकिन ऐसा नहीं होना चाहिए!

डॉ. राकेश योगी : जब हम आदर्श स्थिति की बात करें जैसे संसद में जिस विषय पर बात हो गयी और उस पर कोई स्पष्टीकरण आ गया है तो क्या सांसदों के लिए और राजनीतिक दलों के लिए कोई ऐसा प्रावधान लाया जा सकता है कि इस विषय पर ये बात स्पष्ट हो चुकी है इससे आगे वो पुरानी बात न करें!

करिया मुण्डा : आज तक कोई ऐसी व्यवस्था नहीं है। आगे भी शायद नहीं हो पायेगी, क्योंकि लोकतन्त्र है और लोग कहते हैं व्यक्ति को अपने विचार रखने की आज़ादी है। इस पर कैसे बन्धन रखा जा सकता है! व्यक्ति को विचार करना चाहिए कि कितना बोलें, कितना जनहित में है, कितना देशहित में है, यह ख़ुद को विचार करना चाहिए और उसके आधार पर कुछ निर्णय लें, तो अच्छा होगा, हर चीज़ क़ानून से बाँधकर और जनता के आधार पर ठीक किया जाये, तो शायद यह सम्भव नहीं है!

डॉ. राकेश योगी : एक बात और समझ में आती है जिस तरह से आपने राजनीति के विभिन्न दौर देखे हैं उनमें बहुत सारे लोग चुनकर आते थे, लेकिन वे सत्ता में नहीं होते थे, और आप भी उनमें से ही एक रहे हैं। लम्बे समय से आप चुनकर आते रहे हैं, लेकिन आपके दल की सत्ता आयी हो ऐसा ज़रूरी नहीं है, तो उस समय आप एक सांसद होने की तरह से एक भूमिका निभाते आये हैं, लेकिन अभी कुछ वर्षों से ऐसा होने लगा है कि जो सत्ता में नहीं है उसको लगता है कि वह भूमिका में नहीं, और फिर वह उस भूमिका के लिए एक तरह से डेस्पेरेट होकर संसद में भी आचरण करता है!

करिया मुण्डा : उसके पीछे मनोवैज्ञानिक ढंग से अध्ययन करना पड़ेगा। अच्छा सोचने का कोई आधार तो है नहीं, लोग कर रहे हैं एक आदमी हो तब भी, दस आदमी हो तब भी, अब इसका सटीक तरह से कोई जवाब तो नहीं मिलेगा!

डॉ. राकेश योगी : नहीं फिर भी विभिन्न दौर देखते हुए आपको जो लगता है, जैसे शिवराज पाटिल जी से मैंने इसी संसदीय संवाद पर बातचीत की तो उन्होंने मुझे उदाहरण दिया था कि एक बार नरसिम्हा राव के कार्यकाल में सभी विपक्षी दलों ने मिलकर दस से पन्द्रह दिन तक संसद को बाधित किया और बजट पेश होने वाला था, लेकिन स्थिति ऐसी बन गयी थी कि होगा कि नहीं होगा, लेकिन उन्होंने कहा कि मैंने बातचीत करने की कोशिश की। इस बात पर सहमति भी बन गयी कि संसद में बात होनी चाहिए। तो आज जो स्थिति है उसमें लगता नहीं है!

करिया मुण्डा : नहीं आज भी अध्यक्ष तो प्रयास करते ही हैं और इस बार भी कई विषयों पर चर्चा हुई, बहस हुई, और चर्चा का विषय तय

हुआ एवं चर्चा भी हुई। उसके बाद भी यदि आपको लगता है कि हमको बोलना ही है, तो इसका क्या जवाब है! कमेटी है, सप्ताह में एक दिन कभी–कभी दो दिन बैठती है और चर्चा के विषय के सम्बन्ध में पर्चा आ गया, इसमें कितना समय लगाना है इसके अनुसार पार्टी की संख्या के हिसाब से हर पार्टी को समय मिलता है, लेकिन उसके बाद भी हाउस में उस रूप में दिखाई नहीं देता है यह बात सही है। मेरा मानना है कि महत्त्वाकांक्षा बहुत हो गयी है लोगों में!

डॉ. राकेश योगी : आपने जिस समय संसद की कार्यवाही को उपाध्यक्ष के रूप में देखा और आप चेयर पर रहे, उससे आपको क्या अनुभव हुआ कि कुछ सुधार हो सकते हैं। इसके प्रति लोगों का रवैया कैसा है!

करिया मुण्डा : बहुत–सी ऐसी बातें हैं कि आप ही नहीं सुधरेंगे तो बाक़ी कैसे सुधरेंगे। इस समय सारे देश के लोग ही, कई चीज़ों में देखिए, सुधरने की कोशिश नहीं करते हैं, उल्टा और अधिक बिगड़ाव की ओर जाते हैं। इस वातावरण से शायद कुछ ऐसी परिस्थिति बन गयी है रेप केस हो, मर्डर हो, डकैती हो, बाक़ी बहुत–सी चीज़ें हो रही हैं, फाँसी भी हो रही है, उसके बाद भी दिन–रात अपराध क्यों बढ़ रहा है? इतना सबकुछ होने के बाद भी अपराध बढ़ते जा रहे हैं तो इसका जवाब कुछ नहीं है। जब तक हम अपने आपको नहीं समझेंगे कि यह ग़लत काम है, नहीं करना चाहिए, तब तक शायद बन्द नहीं होगा। वैसे ही राजनीति में भी है बात हमको बोलनी है, ठीक है चाहे लोग सुनें या नहीं सुनें, इसलिए हमको बोलना है, चाहे वह किसी भी ढंग से हो। भाषा तो आजकल कई लोगों की ऐसी ख़राब है जिसको हम लोग नहीं कह सकते हैं तो ऐसी स्थिति में सुधारना तो मुश्किल है और कुछ लोग तो चिल्लाकर बोलेंगे तो ज़्यादा वज़न होगा चिल्लाने से। पहले के लोग नहीं बोलते थे! आज यह एक आदत है तो कई तरह की चीज़ें आ गयी हैं, अब इस सम्बन्ध में ठीक–ठीक कहना बहुत कठिन है!

डॉ. राकेश योगी : आपने एक चीज़ बतायी उससे मुझे एक बात और मिल गयी जैसे अभी वर्तमान में संसद के वातावरण को देखते हैं तो कई ऐसे हमारे सांसद हैं जो युवा सांसद हैं जिन्होंने शायद संघर्ष कर राजनीति नहीं की है, जो आप लोगों ने की है या जनता के उन मुद्दों के बीच से राजनीति नहीं की है, बहुत सारे लोगों को उस तरह से

भी मौक़ा मिल गया है। जैसे–विरासत के कारण या किसी वजह से अन्य उनका व्यवहार काफ़ी अपरिपक्व दिखाई देता है मतलब टी.वी. पर देखने से!

करिया मुण्डा : देखिए, ऐसा है पहले–पहले जो आता है, जैसे बहू पहली बार ससुराल आती है, बड़ी चमक–दमक के साथ आती है थोड़ा एक्टिव रहती है, धीरे–धीरे उसका झगड़ा होता है घर में, इसी तरह से नये–नये लोग आते हैं, तो कुछ इस तरह से होना चाहिए, परन्तु एक–दो बार आयेंगे तो सब ठीक हो जायेंगे!

डॉ. राकेश योगी : लेकिन जैसे मज़ाक़ करना, सीनियर लोगों पर भी कमेंट कर देना, प्रधानमन्त्री पर तक छींटा–कशी कर देना ये जो एक नया ट्रेंड जैसे पहले कुछ भी होता था, राजनीतिक मतभेद कितना भी होता था, लेकिन विपक्ष का नेता या प्रधानमन्त्री जब उठकर बोलते थे, तो उसको सुनने के लिए जनता भी इन्तजार करती थी कि सुनेंगे, प्रधानमन्त्री बोलने वाले हैं आज!

करिया मुण्डा : आधुनिक शिक्षा की जो पद्धति है आज वह संस्कारविहीन हो गयी है, गुरुजनों का आदर करना, बड़ों का आदर करना, माता–पिता की बात मानना यह सब तो किताबी हो गया है, उसका एक पर्सेंट भी पालन नहीं होता है, तो उसी में से ही निकले लोग हैं। ये वहाँ से निकलकर और अधिक बढ़ते जाते हैं, हम तो हम है, हम ठीक हैं, तो सब ठीक है, हम जो बोलते हैं वह ठीक है, हमारी जो इच्छा कहेंगे, हमारी जो इच्छा पहनेंगे जैसी इच्छा है, वैसे रहेंगे, यह एक नया ट्रेंड बढ़ रहा है समाज में। यह समाज के लिए भी और संस्कृति के लिए भी ठीक नहीं है। आख़िर इसका अन्त कहाँ होगा, आज देख रहे हैं वृद्धाश्रम बन रहे हैं। आज से पचास साल पहले तो हम सुनते ही नहीं थे। वृद्धाश्रम में अच्छे लोग जो अधिक कमाते हैं उनके परिवार के लोग भी हैं यह उसी ट्रेंड का है, इसको हम कहते हैं आज हमारे ऊपर हर क्षेत्र में भौतिकवाद, जातिवाद कहिए यह ज़्यादा ही हावी हो गया है!

डॉ. राकेश योगी : मैं आपके अनुभव को थोड़ा जानना चाहता हूँ जो आपने अपने क्षेत्र का प्रतिनिधित्व किया, आप लम्बे समय से हैं, आप कुछ ऐसे अनुभव साझा करें कि संसद की बहस में आप क्षेत्रीय मुद्दे या राष्ट्रीय मुद्दों पर जो आपने बात की हो और फिर वो उस पर कोई सहमति बनी

हो, कोई हल निकला हो या आपके चेयर पर रहते हुए कोई सार्थक चर्चा हुई हो किसी विषय पर?

करिया मुण्डा : देखिए, शुरू–शुरू में हम लोग अपने क्षेत्र की बात तो करते ही थे, उस समय हम लोग माँग करते थे, कि अलग प्रान्त बनना चाहिए, उस सम्बन्ध में जितना विषयों को रख सकते थे रखते थे, एक तरह से कहिए क्षेत्र का नहीं पूरा अलग क्षेत्र का चुनाव क्षेत्र का नहीं होता था, चुनाव क्षेत्र में थोड़े बहुत काम होते हैं, भारत सरकार की योजनाएँ चलती हैं, उस सम्बन्ध में चर्चा होती है, बाक़ी राज्य सरकार और उसके कामों के विषय में चर्चा करना तो कोई तुक नहीं है, किसी गाँव में बिजली नहीं है तो इसमें प्रधानमन्त्री क्या करेंगे, अब पीने का पानी नहीं है तो क्या करेंगे, प्राइमरी स्कूल में पढ़ाई नहीं है तो क्या करेंगे, क्योंकि ये तो राज्य सरकार की सीधे–सीधे सौ प्रतिशत जवाबदेही है! तो इसलिए उस समय थोड़े–से राष्ट्रीय मुद्दे क्षेत्र में रहते हुए भी और प्रान्तीय और स्थानीय दोनों में थोड़ा सा अन्तर रखते थे, इस ढंग से बात करते थे, मैंने पहले ही कहा है आज तो ज़्यादा क्षेत्रीय मुद्दे हो गये हैं, राष्ट्रीय मुद्दे और सामाजिक परिवेश में जो सम्पूर्ण सामाजिक दृष्टिकोण से होना चाहिए ये थोड़ा काम हो गया है!

डॉ. राकेश योगी : आप अपने कार्यकाल में कुछ ऐसे नेताओं को याद करना चाहेंगे जिनकी संसद में बहुत अच्छी भूमिका रही हो?

करिया मुण्डा : वाजपेयी जी को मानते हैं, सब दृष्टिकोण से वाजपेयी जी उत्तम व्यक्ति थे, चाहे वक्ता के रूप में, संसद की मर्यादा को रखते हुए बोलने के रूप में, अनुशासन के रूप में, वैसे सर्वगुण सम्पन्न नेता नहीं मिलेंगे मेरे अपने विचार से!

डॉ. राकेश योगी : एक संसद के संचालन के लिए जो हाउस का संचालन होता है उसे कंडक्ट करने के लिए आप किस प्रकार के प्रयास करते हैं, क्या कोशिशें करते हैं?

करिया मुण्डा : देखिए, हाउस को चलाने के लिए नियम बने हैं, संसद की प्रक्रिया एवं नियम सब बने हुए हैं, और इसके आधार पर ही संसद को चलाया जाता है, कोई अपने व्यक्तिगत हिसाब से नहीं होता है, और उसी में से किसी को बिठाना, किसी को मना करना या क्या जो लोग बात उठाते हैं उसमें जो व्यवस्था है, प्रावधान है, कहीं–न–कहीं उसी को

उद्धृत करते हुए लोग रखते हैं, उसके बाहर से कोई व्यक्तिगत रूप से रखते नहीं हैं, कभी अगर उद्धृत किया था या कुछ ग़लत ढंग से पेश किया जाता है, तो उसको मना किया जाता है। यह बना हुआ है कि ढाँचे पर ही संसद को चलाया जाता है।

डॉ. राकेश योगी : कई बार ऐसा होता है कि शोर हो रहा है, अब नियम तो हैं कि शोर को बन्द किया जाये!

करिया मुण्डा : कोशिश की जाती है कि शोर को बन्द किया जाये शान्ति व्यवस्था स्थापित हो या जो विषय चल रहा है उस पर बातचीत की कोशिश की जाती है, लेकिन अगर कोशिश करने के बाद भी नहीं माने तो कुछ देर के लिए, कुछ घण्टे के लिए कभी–कभी जब विषय ज़्यादा गम्भीर हो जाता है, तो दिनभर के लिए एड्जॉर्नमेंट में हो जाता है!

डॉ. राकेश योगी : जब कोई मुद्दा गर्म है, जैसे एक समय जे. पी. सी. की माँग पर लम्बे समय तक संसद बाधित रही, तो क्या जब एड्जॉनमेंट के बाद वापस आते हैं तो क्या स्थिति होती है, सांसद परिवर्तित दिखाई देता है, पार्टियों के रूप में फिर से उसी दृष्टिकोण से बात होती है!

करिया मुण्डा : विषय जब बदलता है तो उस पर जो अपना विचार रखना था तो उसे बदलना पड़ेगा, और ऐसा होता है मान लो थोड़ी देर के लिए बजट पर बात हो रही है, राष्ट्रीय सुरक्षा पर बात हो रही है आपने शुरू में तो रद्द किया दस मिनट–पन्द्रह मिनट, एड्जॉनमेंट के बाद तो आपको उस विषय पर विचार करना पड़ेगा।

डॉ. राकेश योगी : जो भारत की संसदीय व्यवस्था है, या और किसी देश की बात करें तो उनकी संसद की व्यवस्था में क्या अन्तर है? या कोई ऐसा पक्ष जो यहाँ ख़राब है और वहाँ अच्छा है!

करिया मुण्डा : संसद देखने का मौक़ा हमें तो नहीं मिला लेकिन दो–तीन बार सम्मेलन हमने अटैंड किये हैं! मुझे ध्यान में आया एक बार हमारा स्पीकर सम्मेलन इक्वाडोर में हुआ था, स्पीकर ने हमको भेजा, हम तो जा नहीं पायेंगे आप जाइए, उसमें हमने एक चीज़ देखी! जितने भी लोग आये थे बाहर से सभी ने अपनी देश की भाषा में ही बोला, चाहे वह फ्रांस का, जर्मनी का हो, पुर्तगाल का हो, या जापान का हो, या चीन का है, जहाँ का भी हो, अपनी भाषा में ही बोले, दुर्भाग्य यह है कि भारत के

लोगों को अंग्रेज़ी भाषा में रखना पड़ता है, इसे भी अपने राष्ट्र के प्रति हम अन्याय मानते हैं, अंग्रेज़ी पढ़ें–सीखें ज्ञान वह भी है और बोलचाल की भाषा में और अपनी बात को हम अंग्रेज़ी में रखें, उस दिन मुझे ऐसा लगा कि हमारी कोई भाषा नहीं है! और वह बड़े फ़ख्र के साथ बोल रहे थे, अंग्रेज़ी में बोलने वाले कुछ साउथ के थे, कुछ अफ्रीकन कंट्री के थे, उनकी कोई भाषा तो है नहीं, इंग्लैंड और कुछ देश के लोग अंग्रेज़ी बोले बाक़ी जितने भी लोग आये थे, अपनी देश की भाषा में बोले, इससे तो यह लगता है कि हमसे ज़्यादा राष्ट्र भक्त तो वही लोग हैं, यह भाषा हमारी पहचान है! जब हिन्दी बोलेंगे तो दुनिया के लोग जानेंगे कि भारत के लोग हिन्दी बोलते हैं, तब वे जानेंगे कि भारत के लोग हैं, और आज तक इस दुनिया में अपनी मातृभाषा के महत्त्व के विषय में वाजपेयी जी जैसा समझते थे, इसलिए उन्होंने हिन्दी में पहली बार भाषण दिया था, अंग्रेज़ी में बोल सकते हैं तो उस समय ऐसा तो नहीं था कि अंग्रेज़ी कम्पल्सरी थी!

डॉ. राकेश योगी : क्या अभी भी हमारी संसद अंग्रेज़ी सिस्टम से चल रही है?

करिया मुण्डा : जी, इसको मान सकते हो, मानसिकता देखिए भले ही हम भारतीय हैं, अपनी–अपनी भाषा बोलते हैं, मानसिकता हमारी अंग्रेज़ी की है, यह है कि हिन्दी बोलते–बोलते अंग्रेज़ी बोल दें तो हमें बड़ा विद्वान समझते होंगे, इसलिए अंग्रेज़ी में बोलते हैं और आजकल तो उपन्यास वग़ैरह में लिखने का जो ट्रेंड हो गया है उसमें कहीं–न–कहीं देखिएगा एक पैराग्राफ़ में एक–दो अंग्रेज़ी के शब्द हिन्दी में लिखे हुए हैं! हम लोग बोलचाल की भाषा में हिंग्लिश बोलते हैं, न हिन्दी है, न इंग्लिश है यह ट्रेंड बढ़ रहा है, तो कई चीज़ें बदल गयी हैं, कई चीज़ें ऐसी हैं जिसके सम्बन्ध में व्यक्तिगत विचार का कितना महत्त्व है नहीं कह सकते हैं, परन्तु अपने देश की हो तो अपनी भाषा होनी चाहिए, और इससे भी बड़ी कोई क्षेत्रीय भाषा अगर अपने प्रान्त के लोग बोलें, परन्तु हिन्दी भी होनी चाहिए!

डॉ. राकेश योगी : अगर संसद में भी कोई प्रान्त का व्यक्ति बोलता है तो अंग्रेज़ी की बजाय भले ही अपने प्रान्त की भाषा में बोलना ठीक होगा?

करिया मुण्डा : अब शुरू कर दिया है लेकिन उसके लिए सूचना देनी पड़ती है पहले, ताकि अनुवाद करने वाले को हम रख सकें क्योंकि अनुवाद सेक्शन में जो है सब लोग हैं, कई चीज़ों का अनुवाद करना पड़ता है, तो वहाँ से बुला लेते हैं। आजकल तो तमिल वाले, तेलुगु वाले, बांग्ला भी बोलते हैं, डोगरी भी बोलते हैं, कई चीज़े हैं। लेकिन हिन्दी को जो हमें स्थापित करना चाहिए हम नहीं कर पा रहे हैं! और हिन्दी प्रदेश के लोग होने के बाद भी हिन्दी हम ऐसी बोलते हैं।

डॉ. राकेश योगी : अपने पूरे कार्यकाल में जितना भी समय आपने गुज़ारा है, संसद की कोई ऐसी घटना जिसे आप चाहें कि ये दोबारा न हो।

करिया मुण्डा : 2001 में हमले वाली घटना हुई थी, हम कोयला मन्त्री थे। जब यहाँ कोई काम नहीं होता था तो सभी अपने–अपने मन्त्रालय में चले जाते थे, हम 5 मिनट पहले ही निकल गये थे, जब हम ऑफ़िस में बैठे थे तो कुछ लोग बोले वहाँ तो बम फूट रहे हैं। हमने कहा वेरीफ़ाई करो, तब पता चला कि ऐसी घटना घटी, तो एक तरह से यह बहुत ख़राब था। देश के लिए भी समाज के लिए भी। दुर्भाग्य से अगर वे लोग संसद में घुस जाते, तो लोकसभा एवं राज्यसभा अर्थात् दोनों सदस्यों के आदमी मर गये होते अगर ये दोनों तरफ़ से मारते तो संसद का क्या रूप होता पता नहीं, वे तो बम लेकर गये थे।

डॉ. राकेश योगी : ये तो बाहर की घटना हुई। मेरा कहना है कि संसद के अन्दर कोई बहस के दौरान जैसे कई बार दुर्भाग्यपूर्ण घटनाएँ होती हैं, जिस तरह का कंडक्ट होता है लोगों का, कि आपस में मार–पीट हो जाती है, लोगों में कोई ऐसी बात जिसे आप वक़्त के पन्ने से हटाना चाहें तो कोई ऐसी चीज़ अगर आपको ध्यान में आती है जो बहुत ख़राब अनुभव रहा हो और जिसे आपने देखा हो!

करिया मुण्डा : आजकल अंग्रेज़ी में इससे कहते हैं हॉट–टॉक। आजकल यह बहुत चल गया है और वैसी स्थिति में वे लोग बाँह तो तानते ही हैं, नहीं होना चाहिए, हम लड़ें ज़बान से लड़ें, हम विचार से लड़ें, सिद्धान्त से लड़ें, ऐसा होना चाहिए, लेकिन जिस समाज से हम आ रहे हैं हर बात पर हम डण्डा–लाठी निकालते हैं, लड़ाई–झगड़ा करते हैं, यह उसी समाज से आ रहा है न तो फिर उसी समाज से

हमारे रग–रग में जो उस समाज के संस्कार पड़े हैं वे कहाँ से बन्द होंगे! सवाल यह है कि हम तो समाज को दोष देते हैं। समाज जिस परिवेश में रहेगा आदमी वैसा ही पैदा होगा, आगे बढ़ेगा। परिवार जिस परिवेश में रहेगा बच्चे के संस्कार उसी परिवेश में रहेंगे, तो इस परिवार और समाज से ही हम आगे बढ़ते हैं, हम अलग से सीखते नहीं हैं, उसी को ही हम बढ़ाते हैं। सीखी हुई बातों को अन्य क्षेत्रों में भी हम प्रयोग के रूप में प्रयुक्त करते हैं या यह कहिए उसी को हम बढ़ाते हैं, लेकिन यह नहीं कि, हाँ सीख गये ऐसी बात नहीं है, यह बीमारी जो है इसे तो संसद नहीं कर सकती है। इसे तो समाज और परिवार को ही करना पड़ेगा!

डॉ. राकेश योगी : जनता के सामने यह परसेप्शन है कि संसद में जो भी विवाद होता है वह विपक्ष की वजह से होता है, लेकिन संसद को अच्छे से चलाना, संसद में अच्छी बातचीत हो, इसमें सरकार की कितनी ज़िम्मेदारी है?

करिया मुण्डा : लोकतन्त्र होता है, तो पक्ष और विपक्ष होगा ही, यह नियम है और एक तरह से संवैधानिक व्यवस्था है कि चुनाव होगा तो कुछ लोग पक्ष में वोट देंगे, और कुछ लोग विपक्ष में वोट देंगे। दल भी होते हैं, भले ही बहुमत न मिले तो ऐसी स्थिति में पक्ष–विपक्ष तो होना ही है। विषय को हम तो मुद्दों के आधार पर रखते हैं न, कुछ नये मुद्दे आते हैं जो साधारणतः ध्यान आकर्षित करते हैं या शॉर्ट नोटिस करते हैं 193, 184 धाराएँ हैं उसमें से, तो उसमें से कुछ होता है तो अलग से जैसे अकाल आ गया, बाढ़ आ गयी, ट्रेन एक्सीडेंट हो गयी, या और कोई दुर्घटना घटी, जिससे देश में कुछ प्रभाव पड़े, भूकम्प आ गया तो ऐसी स्थिति में उसमें हम लोगों के लिए विशेष बहस की व्यवस्था भी है, सरकार भी उसका जवाब दे सकती है। विपक्ष सन्तुष्ट नहीं, बहस की माँग कर सकता है, सरकार तैयार होती है तो बहस भी होती है!

डॉ. राकेश योगी : जैसे किसी मुद्दे पर विपक्ष शोर कर रहा है तो संसद चलती रहे इसके लिए या इसके लिए सरकार की तरफ़ से भी संसद में बातचीत होती रही।

करिया मुण्डा : हम तो यही पहल करेंगे कि शान्ति व्यवस्था स्थापित हो, शान्त हो जाइए बैठ जाइए, अपनी–अपनी जगह पर खड़े होकर अपनी बात

रखिए। कभी–कभी निलम्बित भी करते हैं, कई बार निलम्बित भी हुए लोग!

डॉ. राकेश योगी : सख़्त कार्यवाही के अलावा जैसे विपक्ष से बातचीत करना!

करिया मुण्डा : करने को किया जाता है, स्पीकर भी कभी–कभी उस पक्ष के नेताओं को बुलाकर बात करता है, तो इस तरह से यह प्रयास होता है।

डॉ. राकेश योगी : जैसे संसद में कुछ मुद्दे हैं जिन पर कई बार चर्चा हो चुकी है, और कई वर्षों से वे मुद्दे चल रहे हैं फिर भी वे किसी परिणाम तक नहीं पहुँच पाते, जैसे–महिला आरक्षण का ही मुद्दा है, या संसद में राष्ट्र सुरक्षा पर बहुत सारी चर्चाएँ हुई हैं तो आपका अनुभव क्या कहता है?

करिया मुण्डा : राष्ट्र सुरक्षा में तो कुछ बढ़ा है आगे, इसका तो परिषद् बन गया है, राष्ट्र सुरक्षा की बातें होती हैं वहाँ पर, जहाँ तक महिला आरक्षण का सवाल है, और इस तरह के मुद्दे जब तक सब की सहमति से न हों तो यह दलीय निर्णय होता है। कल को मान लीजिए थोड़े समय के लिए बीजेपी की सरकार रही है। वह पास कर देती, पास तो कर सकती है मैजोरिटी है, परन्तु कल कोई दूसरा आयेगा, अगर सर्वसम्मति से हो तो उसे बराबर के लिए एक संकोच लागू करने के दृष्टिकोण से उसको मानना पड़ेगा। जब तक इस तरह की सार्वजानिक चीज़ें हैं, जिसका सभी को पालन करना है, चीज़ों को सर्वसम्मति से पारित किया जाये ज़्यादा अच्छा है! इसलिए महिला आरक्षण पर अभी तक सर्वसम्मति नहीं बन पा रही है!

डॉ. राकेश योगी : एक चीज़ और देखने में आ रही है जो पिछले कुछ चार–पाँच सालों से ज़्यादा दिखाई दे रही है कि देश के लोकतन्त्र में संसद एक संस्था है, जो कि नीतियाँ बनाती है, जो कि क़ानून बनाती है, और उसका पालन ठीक ढंग से हो या उसमें कोई बाधा हो तो उसके लिए फिर सुप्रीम कोर्ट है। हमारे देश के न्यायालय हैं, मतलब न्याय व्यवस्था भी है, लेकिन ऐसा हो रहा है कि सरकार के बहुत सारे निर्णय ऐसे हैं, यहाँ तक सांसद और राजनीतिक दलों के लोग भी उन मसलों को संसद में हल करने की बजाय कोर्ट के माध्यम से हल करने की कोशिश करते हैं। यह प्रवृत्ति संसद की गरिमा के लिए कितनी ख़तरनाक है?

करिया मुण्डा : वही तो मैं बोल रहा हूँ, अच्छा नहीं है, संसद की बात संसद में ही हो जाये, हम बोलते हैं कि सर्वोपरि है, संसद में एक बार

निर्णय होने के बाद कोई भी सांसद कोर्ट में नहीं जाना चाहिए, क्योंकि जनता हमको चुनकर भेज रही है और जनता की ही बात हम रखते हैं, हमारी बात नहीं मान रहे हैं तो इसका मतलब है कि हम पर विश्वास नहीं है, तो ऐसी स्थिति ठीक नहीं होती है। मैंने तभी बोला कि नब्बे के बाद से थोड़ा–थोड़ा बढ़ते–बढ़ते 2005 के बाद कुछ ज़्यादा ही बढ़ गया है। इस तरह की प्रवृत्ति को इसलिए हम ठीक नहीं मानते हैं। बस इतना ही बोल सकते हैं। बाक़ी इस सम्बन्ध में ज़्यादा बोलना उचित भी नहीं है और मेरे पास समाधान का कोई ज़रिया भी नहीं है!

डॉ. राकेश योगी : लेकिन समाधान के लिए आप आगे आने वाली पीढ़ी को विचार तो दे सकते हैं!

करिया मुण्डा : हमने बोला कि नहीं होना चाहिए। बहुत से मायने आ सकते हैं, क्या होना चाहिए, कैसे होना चाहिए, सभी विषयों पर बहस की आवश्यकता है, लेकिन यह जो आज हो रहा है ठीक नहीं है!

डॉ. राकेश योगी : ये जो संसद में बातचीत होती है, संसद के जो नियम–क़ानून हैं, उनकी कोई ट्रेनिंग की व्यवस्था होती है कि उनको प्रशिक्षित करने की कोई व्यवस्था होती है?

करिया मुण्डा : जब नया सत्र चलता है उसके पहले तीन दिन की दो–दो घण्टे की उनकी वर्कशॉप होती है, और सभी नये–पुराने सांसदों को बुलाया जाता है, पुराने तो आते हैं, लेकिन नये लोग आने की कोशिश करते हैं। उनमें से भी बहुत–से लोग आ नहीं पाते हैं। वहाँ बताया जाता है जनरल विषयों पर सवाल पूछने, सवाल उठाने, सवाल रखने, इसलिए सबके लिए कहा जाता है कि वर्कशॉप तीन दिन की होती है दो–दो घण्टे की, इसलिए उसमें संसद के विषय में जानकारी रखने वाले लोग बताते हैं!

डॉ. राकेश योगी : संसद या विधानसभा में कुछ अप्रिय घटनाएँ होना जैसे–स्पीकर की तरफ़ कुछ कागज़ फेंक दिये किसी ने, कुछ और चीज़ फेंक दी या आपस में चेयर फेंक दी या मारपीट तक की नौबत आ जाती है, इसके लिए क्या व्यवस्था है?

करिया मुण्डा : जहाँ तक नियम–क़ानून का सवाल है, परन्तु नियम–क़ानून अपने आप में तो कुछ हैं नहीं। आप मानेंगे तो निगम–क़ानून है और नहीं मानेंगे तो कागज़ में है इतना है न?

कुछ लोग नियम–क़ानून को ताक में रखकर अपनी बात रखने की कोशिश करते हैं यही सब कारण है!

डॉ. राकेश योगी : जैसे दिल्ली की विधानसभा है, वहाँ 67 लोग एक पार्टी के हैं, बहुत प्रचण्ड बहुमत है, पर दो या तीन लोग विपक्ष के हैं, लेकिन आये दिन जो ख़बरें आती हैं कि आज फिर उनको उठा के मार्शल से बाहर फेंकवा दिया या उनको बाहर करवा दिया, या सत्ता पक्ष के लोगों ने उनके साथ हाथापाई की, आप तो ऐसे दौर से आये हैं जिसमें एक पार्टी का बहुत बहुमत होता था, और दूसरी पार्टी की बहुत कम संख्या होती थी। क्या संख्या संसद में बातचीत को प्रभावित करती है?

करिया मुण्डा : एक निश्चित सीमा के अन्दर आप विरोध कर सकते हैं, उतना तो कर सकते हैं, उसमें मार्शल की ज़रूरत नहीं है। और हर जगह मार्शल प्रयोग करना ठीक नहीं है, लेकिन दिल्ली की सरकार और दिल्ली की विधानसभा के विषय में चर्चा करना अख़बार में किस तरह से निकलता है। यह बहुत आदर्श नहीं है।

डॉ. राकेश योगी : जैसे आप भी कम संख्या में रहे हैं और जो सत्ता पक्ष है उसकी ज़्यादा संख्या रही है। लेकिन क्या आपने उस समय यह महसूस किया है।

श्री करिया मुण्डा : हम लोग एक तो वैल में जाते नहीं थे बहुत कम शायद गये हैं। एक बार नरसिम्हा राव के समय हमने साढ़े इक्कीस दिन उसे बाधित किया था लेकिन अपने स्थान पर ही खड़े होकर। आज तो सीधे पहुँच जाते हैं, एक आदमी होगा तो वह भी पहुँच जायेगा, पर आज तो अपने स्थान पर खड़े होने से उन लोगों को तकलीफ़ होती है, सीधे खड़े हो गये तो बस लोगों को बुला लिया, ऐसा मेरी जानकारी में बहुत कम हुआ होगा, आज जैसा हो रहा है वैसा नहीं!

डॉ. राकेश योगी : जो संसद की कार्यवाही है, उसका लाइव प्रसारण होता है, उस कारण से क्या असर पड़ता है, उससे सांसद और अनुशासित हो जाते हैं या वे ज़्यादा अनुशासनहीन हो जाते हैं।

करिया मुण्डा : देखिए ऐसा है, उसको अच्छाई के लिए किया गया था, ताकि गाँव, लोग भी जानें, देश के लोग भी जानें कि संसद में बातें उठाई जाती हैं, बहस होती है, कुछ सीखें भी, और सकारात्मक रूप से उसका

कुछ प्रभाव हो, परन्तु आज के दृष्टिकोण से जिस तरह से चल रहा है, यह सकारात्मक तो नहीं रह गया बल्कि ज़्यादा नकारात्मक हो गया है। आजकल हल्ला–गुल्ला, काग़ज़ फेंकना, बातचीत करना इसका असर तो उन पर पड़ेगा ना, आजकल जो लाइव टेलीकास्ट होता है, वे जनहित में नहीं है पहले ठीक था!

डॉ. राकेश योगी : एक स्पीकर महोदय का अनुभव था कि एक सांसद ने स्थानीय मुद्दा उठाने की कोशिश की, और स्पीकर ने कहा कि यह मुद्दा तो नगरपालिका का है, तो उन्होंने कहा कि नहीं मुझे उठाना है, कम–से–कम मेरे क्षेत्र के लोग देख तो लेंगे कि मैं उनकी बात कर रहा हूँ!

करिया मुण्डा : हाँ वह तो ठीक है, क्योंकि नगरपालिका की बात का समाधान संसद तो नहीं कर सकता है, वह तो विधानसभा कर सकती है या नगरपालिका की कमिटी कर सकती है, लेकिन मैंने कहा न कि सांसद वहाँ हल्ला कर रहे हैं, उनको पता नहीं है कि संसद में किन–किन विषयों पर बहस चाहिए, विधानसभा में किन–किन विषयों पर होनी चाहिए और नगर निगम, नगरपालिका और पंचायत में क्या–क्या होना चाहिए वोटरों को, क्योंकि हमारे वोटर बहुत भोले हैं और लोकतन्त्र के दृष्टिकोण से तो बहुत लोग भोले हैं, पढ़े–लिखे लोग भी भोले हैं, या अनजान हैं कहिए, बाक़ी तो बहुत अनपढ़ लोग हैं, इसलिए उनको दिखाने के लिए कि हाँ उठाया, लेकिन समाधान के दृष्टिकोण से उसका कोई प्रभाव नहीं है!

डॉ. राकेश योगी : इसलिए टी.वी. पर जो प्रसारण है उसका भी मैसेज़ ठीक नहीं है?

करिया मुण्डा : व्यक्तिवाद ज़्यादा हो गया है, हर चीज़ को अपने प्रचार के लिए, अपने लिए उपयोग करने की अधिक कोशिश करते हैं!

डॉ. राकेश योगी : जैसे संसद में एक दो बार आचरण हुआ एक विपक्ष के नेता द्वारा कि जैसे प्रधानमन्त्री तक उठकर चले गये क्या ऐसा सम्भव है?

करिया मुण्डा : मैंने अपने जीवन में तो नहीं देखा, बोलते हुए किसी के गले लगना यह संसद की परम्परा के विरुद्ध है, बाद में बात कर सकते हैं, मिल सकते हैं, उस समय नहीं होना चाहिए, लेकिन मैं जो करूँगा वही सब ठीक है, यही हमारी ख़राब सोच है!

डॉ. राकेश योगी : इसके लिए कोई प्रावधान नहीं है कि कोई कार्रवाई की जा सके।

करिया मुण्डा : नहीं, गाली–गलौज तो नहीं की गले मिलने गया था, लेकिन गले मिलना भी अगर ग़लत समय पर हो, तो वह ठीक नहीं है।

डॉ. राकेश योगी : अगर कोई आदमी वहाँ उठकर प्रधानमन्त्री तक चला गया अब वह गले मिलेगा या थप्पड़ मारेगा उसका तो पता नहीं है या क्या करेगा तो इस पर कोई व्यवस्था होनी चाहिए?

करिया मुण्डा : लोकसभा के स्पीकर ने तो कहा ही है कि ठीक नहीं है। इससे ज़्यादा तो नहीं कह सकते हैं, लेकिन समझने वालों को समझना चाहिए कि ठीक नहीं है तो नहीं करना चाहिए था।

डॉ. राकेश योगी : मैं एक सवाल और पूछना चाह रहा था लेकिन उसे इस घटना से जोड़कर देखा जाये तो अगर जन प्रतिनिधित्व के पास शिक्षा है फिर भी वह ऐसा व्यवहार कर रहा है तो क्या किया जाये?

करिया मुण्डा : देखिए मैंने पहले ही कहा है उसको दाई का संस्कार मिला है, उसको माँ का संस्कार नहीं मिला। तो आजकल जितने बड़े घर के बच्चे ख़राब हो रहे हैं, दाई के संस्कार और बोतल के दूध की वजह से। माँ जब बच्चे को दूध पिलाती है तो सिर्फ़ दूध ही नहीं पिलाती है, साथ–साथ स्नेह, प्रेम, और आत्मीयता बढ़ती है, और दाई तो समय काटती है। बच्चा अच्छा बने, बुरा बने, उससे तो उसको कोई मतलब नहीं है, लेकिन माँ जब उसको साथ रखती है, तो वह सोचती है कि मेरा बच्चा अच्छा बने, श्रेष्ठ बने, योग्य बने, समाज के लिए कुछ योगदान करे, ऐसा व्यक्ति बने माँ सोच के आधार पर कोशिश करती है। दाई नहीं करती है। ये जो लोग हैं सो कॉल्ड अपर क्लास इनको बोतल और दाई के भरोसे के संस्कार मिले हैं, तो उनसे आप कैसे मानेंगे कि उनसे कैसे मिलना चाहिए, या क्या मर्यादा है, क्या बात करें, बताइए ऐसे लोग जहाँ चाहे मिल लेंगे, झगड़ा कर लेंगे!

डॉ. राकेश योगी : संसद में आँख भी मार रहे हैं तो उसके बाद तो कुछ बचता ही नहीं, यह एक चीज़ है आती है बार–बार कहीं जब भी लोकतन्त्र पर बात होती है कि हमारे संसद के जो प्रतिनिधि हैं, सांसद जो हैं, उनका शिक्षित होना बहुत महत्त्वपूर्ण है, तो आपको लगता है क्या

संसद की बातचीत का स्तर सुधारने के लिए शिक्षा का स्तर होना या शिक्षित होना ज़रूरी है?

करिया मुण्डा : आज तो लगभग बोलचाल की भाषा में कहा जाये तो कोई आश्चर्यचकित होने की बात नहीं है, अच्छे पढ़े–लिखे लोग हैं आज की संसद में, मैट्रिक से नीचे तो कोई नहीं है, कोई इण्टर किया है, कोई बी.ए. किया है, कोई पीएच.डी किया हुआ है, परन्तु इसके बावजूद भी अगर संस्कार ठीक न हो, तो किताब से संस्कार नहीं मिलता है। मैं फिर कह रहा हूँ कि संस्कार परिवार से मिलता है, समाज से मिलता है, माँ से मिलता है, माता–पिता से मिलता है, किताब से नहीं मिलता है, किताब बस उस संस्कार को बढ़ाने का एक रास्ता बता सकती है, तो पढ़े–लिखे होने के बाद भी अगर संस्कार ठीक नहीं होंगे तो क्या कर सकते हैं। आख़िरकार हम जो बात करते हैं, समाज हित की बात करते हैं, तो समाज को भी चिन्ता करनी चाहिए। हित की बात करने वाले को ही प्रतिनिधि बनायें, अब गुंडे–लुच्चे–लफ़ंगे बनाइएगा और उससे बोलोगे कि शालीनता का व्यवहार कीजिए तो क्या वह करेगा? इसीलिए समाज को भी उतना ही जवाबदेही होना है, जितना समाज हमसे अपेक्षा करता है।

डॉ. राकेश योगी : आख़िरी सवाल यह, जो भी स्थिति है संसद की, संसद में जो बातचीत होती है उसके लिए आप कोई सुझाव दे सकें कि उसको और अधिक बेहतर या फलदायक कैसे बनाया जा सकता है? जिससे जनता की बात ज़्यादा हो सके।

करिया मुण्डा : बस इतना ही कह सकते है कि संसद में जो बहस हो सकारात्मक मुद्दों पर हो, व्यक्तिगत आलोचना न हो और समाजहित और देशहित के दृष्टिकोण से विचार रखना चाहिए!

हरिवंश

मतभेद और असहमतियों के बीच भी आवश्यक है संवाद

-हरिवंश

परिचय : उत्तर प्रदेश के बलिया ज़िले के एक गाँव में 30 जून, 1956 को जन्मे हरिवंश नारायण सिंह मूलतः एक पत्रकार हैं जिन्होंने देश प्रतिष्ठित संस्थानों में पत्रकार और सम्पादक के रूप में महत्त्वपूर्ण ज़िम्मेदारी निभाई है। हरिवंश 2014 में जनता दल यूनाइटेड की ओर से बिहार से राज्यसभा के सदस्य के रूप में 6 वर्ष के लिए चुने गये। वर्ष 2018 में उनको सत्तारूढ़ गठबन्धन एनडीए के उम्मीदवार के रूप में राज्यसभा का उपसभापति चुना गया। हरिवंश ने देश के प्रतिष्ठित समाचार संस्थान टाइम्स ऑफ़ इंडिया से अपने पत्रकारिता के करियर की शुरुआत की और देश के विभिन्न मीडिया संस्थानों में महत्त्वपूर्ण दायित्वों का निर्वहन किया। देश में और विशेष रूप से बिहार–झारखण्ड में खोजी पत्रकारिता और सरोकारीय पत्रकारिता के प्रसिद्ध समाचार–पत्र 'प्रभात ख़बर' से आप 1989 में जुड़े और राज्यसभा में निर्वाचन के पूर्व तक इसके यशस्वी सम्पादक रहे। हरिवंश को राज्यसभा में निर्वाचन से पूर्व भी राजनीतिक क्षेत्र में कार्य करने का एक महत्त्वपूर्ण अवसर पूर्व प्रधानमन्त्री श्री चन्द्रशेखर के प्रधानमन्त्रित्व काल में उनके मीडिया सलाहकार के रूप में मिल चुका है। राजनीति हो या पत्रकारिता दोनों ही क्षेत्रों में हरिवंश को एक गम्भीर, संवेदनशील एवं प्रखर–मुखर व्यक्तित्व के रूप में जाना जाता है। संसदीय संवाद जैसे महत्त्वपूर्ण विषय पर बात करने के लिए

जब उनसे सम्पर्क किया गया, तो उन्होंने सहज स्वाभाविक रूप से इस विषय पर विमर्श को आवश्यक मानते हुए हमें पर्याप्त समय दिया। जिस तरह विस्तार से और विषय के साथ जुड़ाव रखते हुए उन्होंने बात की है उसका प्रमाण इस साक्षात्कार में उनके द्वारा दिये गये जवाबों से स्वयंसिद्ध है।

डॉ. राकेश योगी : आप संसद के उच्च सदन के सदस्य और उपसभापति हैं, आपके अनुभव से आप सदन में संवाद की स्थिति क्या पाते हैं?

हरिवंश : जून, 2014 में, मुझे जनता दल यूनाइटेड (जदयू) और उसके नेता नीतीश कुमार के सौजन्य से राज्यसभा के सदस्य के रूप में सेवा करने का सम्मान मिला। अक्सर मैं संसद के पवित्र गलियारों की दीवारों पर डॉ. एस. राधाकृष्णन, डॉ. ज़ाकिर हुसैन, आर. वेंकटरमण जैसे पूर्व सदस्यों और अध्यक्षों सहित अन्य लोगों की तस्वीरें देखता हूँ। मैं भूपेश गुप्ता, चन्द्रशेखर, अटल बिहारी वाजपेयी, पीलू मोदी, एरा सेज़ियन और भी कई प्रबुद्ध चेहरों को पहचानने की कोशिश करता हूँ जिनकी प्रबुद्धता, उत्कृष्ट हस्तक्षेप और बहस ने हमारे युवा दिलों में हमारे विवेक को खोजने और बढ़ाने में एक गहरा प्रभाव छोड़ा। संसद की वैचारिक बहस ने हममें से कई लोगों को देश के लिए सपने देखने के लिए प्रेरित किया और उन मूल्यों के लिए खड़े होने के लिए प्रेरित किया जिन्होंने स्वतन्त्र भारत को आकार दिया था। राज्यसभा की दीवारों पर ये तस्वीरें, जहाँ से अक्सर लोकतन्त्र की शक्ति निकलती है अब मुझे डराती हैं। पिछले कुछ समय में उन तस्वीरों को अतीत से लाना विशेष रूप से कठिन हो गया है। सदन में एक शीतकालीन सत्र के शुरू होने के 15वें दिन भी किसी भी प्रकार का कोई काम नहीं हो पाया। नियमित रूप से व्यवधान, अराजकता और उच्चस्तरीय नारेबाज़ी के परिणामस्वरूप सदन में काम पूरी तरह ठप्प होता है और लगातार हंगामे से सदन की कार्यवाही स्थगित हो जाती है। दुख की बात यह है कि यह एक नियमित सुविधा बन गयी है। मैं खुद से पूछता हूँ कि वास्तविकता में जनता, राज्यों और राष्ट्र की शिकायतों को सम्बोधित करने के लिए क्या हमारे पास यही एकमात्र विकल्प है?

डॉ. राकेश योगी : एक सदस्य के रूप में आप सदन के भीतर व्यवधान की स्थिति से निरन्तर हताश हैं, एक उपसभापति के रूप में इसका कैसे समाधान निकलने की सम्भावना देखते हैं?

हरिवंश जी : मैंने सभापति और उपसभापति को सदन को सुचारु रूप और शान्ति से चलाने की पूरी कोशिश करते हुए देखा है। मगर अभी तक असहायता की भावना बनी हुई है–मुझे उपाध्यक्ष प्रो. पी.जे. कुरियन के प्रयासों को ज़रूर स्वीकार करना चाहिए। वे अक्सर सदस्यों के साथ शान्ति से काम करने के लिए आतुर रहते थे और सदन को कार्य करने की अनुमति प्रदान करते थे। इसके बावजूद भी वैल में आकर हंगामा करने वाले सदस्य उनकी बातों पर ज़्यादा ध्यान नहीं दिया करते थे। मुझे प्रो. कुरियन के लिए बड़ी सहानुभूति है और सम्मान है और उनके धैर्य, शान्ति, बुद्धि, हास्य और इन सबसे ऊपर, उनकी सदन चलाने की प्रतिबद्ध ता से मैं स्पर्धा रखना चाहता हूँ। नारेबाज़ी से सामान्य गतिविधि बाधित होती है, इसलिए उन्हें अक्सर सदन की कार्यवाही को स्थगित करना पड़ता था। ऐसे क्षणों में मैं आत्मनिरीक्षण करता रहा स्वयं को यह याद दिलाते हुए कि यह प्रतिष्ठित राजनेताओं और समाज के लिए महत्त्वपूर्ण योगदान देने वाले लोगों का उच्च सदन है। संविधान सभा की बहसों में, राज्यसभा को एक ऐसा सदन माना गया है जो कि एक साधारण से अलग और नियमित व्यस्तता से परे बहुत ही चिन्तनशील और मूल्यांकन आधारित तर्क करने के लिए बना है।

एन. गोपालस्वामी अयंगार ने इसे ऐसे सदन की संज्ञा दी जो समय के जुनून पर चिन्तनशील क्षण बनकर लगाम लगा सकता है। संविधान सभा के कई सदस्यों ने दूसरे सदन का पक्ष लिया, क्योंकि उनका मानना था कि राज्यसभा के युगीन सदस्य लोकसभा की संकीर्ण और राजनीतिक सीमाओं से ऊपर होंगे। राज्यसभा के ये सदस्य इस विधि निर्माण को शान्ति से देख सकेंगे और इस प्रकार क़ानून बनाने की समग्र प्रक्रिया की प्रभावकारिता को बढ़ाएँगे। मुझे लोकनाथ मिश्र जी भी याद हैं जिन्होंने इस सदन को बुद्धि मत्ता से समीक्षा करने वाला सदन बताया जो कि गुणवत्ता के साथ खड़ा है और इसके सदस्य योग्यता के आधार पर उनके अधिकार का प्रयोग करेंगे।

डॉ. राकेश योगी : आप संसद के उच्च सदन की गुणवत्ता और महत्ता की बात कर रहे हैं लेकिन आज के परिदृश्य में क्या आपको लगता है कि संवाद के स्तर पर वह अपनी प्रतिष्ठा क़ायम रख पाया है?

हरिवंश जी : एम. अनन्तशयनम अयंगार ने इस सदन को "चिन्तनशील विचार प्रतिभा'' का एक मंच पाया। यह उन प्रतिभावान लोगों के लिए

जगह बना सकता है जो कि लोकप्रिय जनादेश जीतने में सक्षम नहीं हो सकते हैं। डॉ. राधाकृष्णन ने राज्यसभा के महत्त्व पर बल देते हुए कहा था कि "हम पहली बार केन्द्र में संसदीय प्रणाली के अन्तर्गत एक दूसरे सदन की शुरुआत कर रहे हैं, और हमें पूरी कोशिश करनी चाहिए कि इस देश की जनता के सामने साबित कर सकें कि जल्दबाज़ी में कोई विधान न बने। हमें अपने सामने रखे गये उदासीन और अनासक्त प्रस्तावों पर भी चर्चा करानी चाहिए।"

अतीत में हमारे महान नेताओं ने आश्वासन दिया कि गतिरोध के दौरान, राजनीतिक दलों के वरिष्ठ नेता आम सहमति निर्माण में संलग्न रहेंगे लेकिन आज यह सवाल है कि क्या हम असफल रहे हैं?

मैं फिर से एन. गोपालस्वामी अयंगार की बात को दोहराना चाहता हूँ। दूसरे कक्ष (राज्यसभा) के लिए प्रस्ताव लाते समय उन्होंने संविधान सभा में कहा, 'आख़िरकार हम सबके लिए सवाल यह है कि क्या यह कोई उपयोगी कार्य करता है? हम सबसे ज़्यादातर दूसरे सदन से यह उम्मीद रखते हैं कि वह महत्त्वपूर्ण मुद्दों पर गरिमामय बहस आयोजित करे और ऐसे विधानों को विलम्बित करे जो कि कुछ पलों के जुनून का परिणाम हो जब तक कि जुनून कम हो जाये और शान्ति से उन उपायों पर विचार हो सके जो कि विधायिका के समक्ष होंगे। हमें ध्यान रखना चाहिए कि संविधान के किसी भी महत्त्वपूर्ण मामले पर विशेष रूप से वित्त से सम्बन्धित मामलों पर, हाउस ऑफ़ पीपल और काउंसिल ऑफ़ स्टेट्स के बीच बहुत संघर्ष होता है जिसमें कि हाउस ऑफ़ पीपल को ही प्रबल रहना चाहिए। इसलिए, इस दूसरे सदन के अस्तित्व से हम वास्तव में केवल एक उपकरण हासिल कर सकते हैं जिसके द्वारा हम कार्रवाई में देरी करते हैं, जिसकी हम जल्दबाज़ी में कल्पना करते हैं और उन अनुभवी लोगों को अवसर भी देते हैं जो राजनीतिक मैदान में अब नहीं हैं, पर बहस में बढ़–चढ़कर भाग लेना चाहते हैं। ताकि और भी नया सीख सकें लेकिन ऐसा हाउस ऑफ़ पीपल के सम्बन्ध में नहीं है।

हमारे शिष्ट नेताओं और हमारे संविधान निर्माताओं ने राज्यसभा की इस भूमिका के बारे में सोचा था। यह इस सदन के सभी सदस्यों का कर्तव्य है कि इस प्रतिष्ठित विरासत को बनाये रखें और आगे बढ़ायें। जब मैंने उपसभापति को देखा कि असहाय होकर सदस्यों से विनती कर

रहे हैं और फिर सदन को बार–बार स्थगित कर रहे हैं, तब मैं विज़िटर्स गैलरी को देखकर ख़ुद से पूछता रहा कि मैं इन लगातार होते स्थगन के बारे में जनता के सवालों का जवाब कैसे दूँगा?

डॉ. राकेश योगी : क्या संसद में जनता से जुड़े महत्त्वपूर्ण मामलों पर संवाद सम्भव हो पाता है जो कि समाधान तक भी ले जाने वाला हो?

हरिवंश जी : हमारे महान नेता जो इस दुनिया के सबसे बड़े लोकतन्त्र के वास्तुकार हैं, उन्होंने हमें सिखाया है कि असन्तोष और असहमति लोकतान्त्रिक मूल्य हैं, लेकिन यहाँ तक कि हमारे मतभेदों और असहमति के साथ भी संवाद आवश्यक है, जिसके बिना सिस्टम में लोगों का विश्वास आसानी से ख़त्म हो सकता है।

मैंने इस हाउस में विकास के मुद्दों पर बहस करने के एक सपने के साथ प्रवेश किया, क्योंकि बेरोज़गारी या बेरोज़गार विकास का युग, आज देश के सामने सबसे बड़ी चुनौती है, क्योंकि हमें वैश्वीकरण के बाद से ही गम्भीर प्रतियोगिताओं का सामना करना पड़ रहा है। मैं अक्सर ख़ुद से पूछता हूँ कि क्या हमारा आर्थिक विकास मॉडल विफल रहा है, मैं इस सदन की प्रबुद्ध बहसों, विचारों को उसी भावना से सुनने के लिए उत्सुक रहता हूँ, जो मैंने जी.एस.टी. बिल पर बहस सुनी थी। मेरे विचार में राज्यसभा में अब तक की सबसे अच्छी बहस में से वह एक है। यह बहस देश के हितों और भविष्य को ध्यान में रखते हुए, पार्टी लाइनों और संकीर्ण पक्षपातपूर्ण राजनीति से ऊपर सदस्यों की वाक्पटुता, ज्ञान और पूर्ण भागीदारी द्वारा चिह्नित की गयी थी।

आज मैं कई महत्त्वपूर्ण मुद्दों के बारे में चिन्तित महसूस करता हूँ, जिन्हें ईमानदारी और निष्ठा से देखने की ज़रूरत है। राज्यसभा के कई अन्य सदस्य मेरे विचारों और भावनाओं से सहमत हैं। उदाहरण के लिए, देश में होने वाली रेल दुर्घटना पर चर्चा की जानी चाहिए। यह ध्यान रखना महत्त्वपूर्ण है कि लगभग 3000 रेलवे पुल 100 साल से अधिक पुराने हैं। इनमें से 32 को डिस्ट्रेस्ड ब्रिज के रूप में वर्गीकृत किया गया है, लेकिन उनके जीवनकाल से परे उनके उपयोग को गम्भीर मुद्दा नहीं माना जाता है। भारतीय रेलवे ट्रैक बेहद भीड़भाड़ वाले हैं, कुछ सेक्शन अपनी वहन क्षमता से 100 प्रतिशत ऊपर चल रहे हैं। उदाहरण के लिए, मुग़लसराय–गाज़ियाबाद सेक्शन में, प्रत्येक दो मिनट में एक ट्रेन

मूल सेक्शन को छोड़ती है। ट्रेन का यह आवागमन और उच्च घनत्व न केवल रेलवे कर्मचारियों के अलौकिक प्रयासों को उजागर करता है, बल्कि हमारे रेलवे बुनियादी ढाँचे की दयनीय स्थिति को भी रेखांकित करता है। गम्भीर सरकारी मुद्दे केवल रेलवे तक ही सीमित नहीं हैं, बल्कि ये हमारे नागरिक और रक्षा परिवहन और लॉजिस्टिक बुनियादी ढाँचे, शहरी विकास, रक्षा तैयारियों, क़ानून और व्यवस्था, रोज़गार सृजन और सामाजिक, आर्थिक और सांस्कृतिक हर पहलू तक फैल गये हैं। हमारे नागरिकों का जीवन, हमने इसमें 'चलता है या जुगाड़' वाले दृष्टिकोण को अपनाया है और पिछले कुछ दशकों में इस रवैये ने हमें एक गम्भीर जाल में फँसा दिया है। मुझे यह समझने में मुश्किल होती रही है कि ये प्रश्न हमारी संसदीय बहसों में सबसे अधिक दबाव देने वाले मामलों के रूप में क्यों नहीं उभरते हैं।

डॉ. राकेश योगी : आपके विचार से संसद में संवाद की आदर्श स्थिति क्या होनी चाहिए?

हरिवंश जी : हमें और गहराई में जाना चाहिए, कारणों को खोजना चाहिए और निदानात्मक उपायों का सुझाव देना चाहिए। ऐसा लगता है कि पूरा बुनियादी ढाँचा ढह गया है। यहाँ तक कि रेलवे की अनिश्चित वित्तीय स्थिति में उनके वित्त का एक बड़ा हिस्सा वेतन द्वारा लिया जाता है, जिस पर पूरी तरह से बहस करने की आवश्यकता है।

पाकिस्तान के ख़िलाफ़ सर्जिकल स्ट्राइक के बाद हमारी सीमाओं की स्थिति पर चर्चा की ज़रूरत है। हमारे जवानों के ख़िलाफ़ हमले जारी हैं क्योंकि सीमा पार आतंकवाद देश के लिए गम्भीर ख़तरा है। मुझे दर्द होता है और पीड़ा होती है जब मैंने पढ़ा कि कैसे चीन ने हमें घेरा है, बांग्लादेश, श्रीलंका और बर्मा में बन्दरगाहों की स्थापना की है। तिब्बत को स्वायत्तता प्राप्त करना बाक़ी है, और प्रत्येक बीते दिन के साथ यह अपनी विशिष्ट सांस्कृतिक, सामाजिक, धार्मिक पहचान खोता प्रतीत होता है। चीनी सेना ने पाकिस्तान में ग्वादर बन्दरगाह की सुरक्षा और संचालन का फ़ैसला किया है। चीन और पाकिस्तान ने कुनमिंग और कराची के बीच एक सीधी रेल और समुद्री माल सेवा भी शुरू की है। रूस ने भी पाकिस्तान में जोश भरा, और अमेरिकी राष्ट्रपति चुनाव डोनाल्ड ट्रम्प ने भी शुरुआत में पाकिस्तान को सहयोग और समर्थन का आश्वासन दिया

है। चीन ने मध्य और दक्षिण–पूर्व एशिया में अपना प्रभाव बढ़ाया है। ये मुद्दे मुझे परेशान करते हैं और मुझे यक़ीन है कि अन्य सदस्यों के दिमाग़ को भी उत्तेजित करते हैं।

सेना के आधुनिकीकरण पर चर्चा करने की आवश्यकता है। हमें बड़े पैमाने पर हमारे प्रशासनिक, पुलिस और नौकरशाही ढाँचे में सुधार करने की ओर मौलिक पहल करनी चाहिए। अर्द्धसैनिक बलों की काम करने की स्थिति भी पर लम्बी बहस करने की ज़रूरत है। न्यायपालिका और कार्यपालिका के बीच संघर्ष भी एक बड़ी बाधा है, यह एक गम्भीर टकराव है जो एक संवैधानिक संकट को भली भाँति पैदा कर सकता है। जब मैं देखता हूँ या पढ़ता हूँ कि हमारे रक्षाकर्मी जो हमारी सीमाओं की रक्षा करते हैं उन्हीं पर हमले हो रहे हैं और मीडिया की सुर्खियों में चिल्ला–चिल्ला के कहा जाता है "पिछली ग़लतियों से सबक नहीं सीखा" तो मैं भी उतना ही परेशान हो जाता हूँ। जलवायु परिवर्तन के मुद्दे पर भी ध्यान देने की ज़रूरत है। दिल्ली की प्रदूषण समस्या और वायु की गुणवत्ता का मामला भी गम्भीर चिन्ता का विषय है। पंजाब के नाभा में जेलब्रेक की योजना बनाई गयी थी, यह एक उच्च सुरक्षा वाली जेल थी जहाँ से खालिस्तान लिबरेशन फोर्स के लोग भागने में सफल रहे। आरोप है कि 50 लाख रुपये में सौदा हुआ था इस जेलब्रेक को सम्भव बनाने के लिए। इन सभी गम्भीर मुद्दों पर चर्चा करने और खोजने की तत्काल आवश्यकता है और टिकाऊ समाधान निकलने की आवश्यकता है।

डॉ. राकेश योगी : संसद में व्यवधान, शोर–शराबा, यहाँ तक कि काग़ज़ उछालने तक की घटनाएँ होती हैं, इसके होने या रोकने के लिए सबसे अधिक ज़िम्मेदारी किसकी है। सरकार की या विपक्ष की?

हरिवंश जी : दुखद होता है सदन में ऐसे अराजक दृश्यों का गवाह बनना। मुझे अपने कुछ पुराने दोस्तों की याद आती है जो नक्सलवादी विचारधारा में विश्वास करते थे और हमेशा हमारी लोकतान्त्रिक प्रणाली की प्रतिष्ठा को नुक़सान पहुँचाने वाले थे। उन दिनों हम घण्टों बहस किया करते थे, उन्हें समझाने के लिए हमारी संसदीय बहसों के लोकतान्त्रिक गुणों के बारे में।

यह स्पष्ट रूप से शासन और दक्षता का सवाल है। सरकार को इस वादे पर चुना जाता है कि एक कुशल और प्रभावी प्रशासन प्रदान

किया जा सके, जो देश की आकांक्षाओं के लिए उत्तरदायी हो, लेकिन समय–समय पर जब भी संकट खड़े हुए हैं, वहाँ सरकार की दक्षता पर सवाल उठते हैं। ज़िम्मेदारियाँ तय होनी चाहिए, इस देश में गुणवत्ता और नैतिक नेतृत्व की एक महान परम्परा है, नैतिक ज़िम्मेदारी को ध्यान में रखते हुए छोटी–छोटी घटनाओं के लिए भी इस्तीफ़ा दे दिया गया था। लेकिन क्या आज हमारे मन्त्री, सांसद, विपक्ष के नेता अपने कथन, भूमिका, दक्षता और शासन क्षमता का आत्मनिरीक्षण करते हैं?

हम उस सिद्धान्त से परिचित हैं कि समय और ज्वार किसी का इन्तज़ार नहीं करते हैं। दुनिया अभूतपूर्व गति से बदल रही है और इसमें कई चिन्ताएँ और असुरक्षाएँ हैं। अगर संसद सत्र की अवधि जो कि धीरे–धीरे कम कर दी गयी है आज़ादी के समय से, उसमें भी ऐसे गम्भीर मुद्दों पर संसद में बहस नहीं है तो फिर हम युवा पीढ़ी से क्या वादा करते हैं भविष्य के लिए? हमें अपने महान नेताओं का आभारी होना चाहिए जिन्होंने इस देश के लिए अपने प्राणों का बलिदान दिया और हमें यह सदन दिया ताकि हमारी लोकतान्त्रिक परम्पराएँ जीवन्त रह सकें और भविष्य की पीढ़ियों को प्रेरित कर सकें। मैं ख़ुद से पूछता रहा हूँ कि मेरे जैसे मूक सदस्य क्यों अनसुने रह जाते हैं (और सभी दलों में कई सदस्य हैं जो राज्यसभा में जो मूक रहकर नियमों और प्रक्रियाओं का पालन करते हैं और चेयर के शब्दों और निर्देशों का पूरी तरह से सम्मान करते हैं)। हम जो कि सदन के वैल में नहीं जाते हैं, कैसे इस संकट पर नेविगेट करें ताकि इस देश की महान संसदीय परम्पराओं में हमारे विश्वास को पुनःस्थापित कर सकें।

अब यह माँग है कि प्रधानमन्त्री को विमुद्रीकरण पर चर्चा के लिए अन्त तक टिका रहना चाहिए। कांग्रेस के एक वरिष्ठ नेता द्वारा याद दिलाया गया कि जब 2013 में 2जी स्कैम का खुलासा हुआ, यही भाजपा चाहती थी कि तत्कालीन प्रधानमन्त्री डॉ. मनमोहन सिंह सदन की बहस में पूरी तरह से मौजूद रहें। एक व्यापक रूप से ये कहावत कही गयी है कि जैसा आप बोते हैं, वैसा ही आप पाते हैं, बीजेपी वही पिछले कर्मों का सामना कर रही है। लेकिन मेरा विचार है कि कांग्रेस महान नेताओं की पार्टी रही है, जैसे–जवाहरलाल नेहरू, सरदार पटेल और कई अन्य लोग जो अपने बड़प्पन और दूरदर्शिता के लिए जाने जाते हैं और ये वर्तमान में चलने वाले व्यवधानों की सराहना कभी नहीं करते। कांग्रेस के नेता अक्सर

हमें महसूस कराते हैं कि गाँधी की विरासत पर उनका एकाधिकार है, तो गाँधी ने एक बार कहा था कि जैसे को तैसा करना पूरी दुनिया को अन्धा बना देता है। काँग्रेस के लिए यह एक अच्छा मौक़ा था कि वह सदन को सुचारु रूप से चलाकर भाजपा को अच्छे संसदीय व्यवहार का सबक दे, लेकिन वह उसमें नाकाम रही। हमें सरकार के प्रमुख के रूप में प्रधानमन्त्री की सदन में हमारी इच्छा के अनुसार उपस्थिति की लगातार माँग करनी चाहिए, लेकिन यह सम्भव है कि उनकी उपस्थिति की आवश्यकता संसद के बदले कहीं और ज़्यादा हो। हालाँकि, पीएम को नियमित अन्तराल में जब सदन में महत्त्वपूर्ण मुद्दों पर बहस हो रही है उस समय उपस्थित होने का समय भी खोजना चाहिए। सदन में काले धन, बेनाम सम्पत्तियों, सर्राफ़ा और सोने, रियल एस्टेट पर विशेष ध्यान देने के साथ ड्रग्स और यहाँ तक कि शराब निषेध जैसे मुद्दों पर बहस होनी चाहिए। यह दोहराया जाना चाहिए कि कालाधन, शराब और ड्रग माफ़िया के बीच सीधा सम्बन्ध है। पूर्व में 40 से अधिक समितियों का गठन किया गया है काले धन की समस्या से निपटने के लिए लेकिन सफलता नहीं मिली।

डॉ. राकेश योगी : विश्व की अन्य संसदीय व्यवस्थाओं के मुक़ाबले भारत की व्यवस्था को आप कहाँ पाते हैं? क्या ऐसी किसी तुलना से किसी बेहतर विकल्प की उम्मीद की जा सकती है?

हरिवंश जी : भारतीय द्वि–सदनीय संसदीय प्रणाली को दुनिया भर में स्थापित विधायिकाओं की तुलना में देखा सकता है और विदेश के सिस्टम के साथ भारतीय संसद के कामकाज की तुलना करना काफ़ी जानकारीपूर्ण होगा।

यूनाइटेड किंगडम में संसद के सदस्यों को बिना शोर के सुने जाने का अधिकार है, और अनौपचारिक भाषा की अनुमति नहीं है। जब ब्रिटिश हाउस ऑफ़ कॉमन्स में गम्भीर व्यवधान की स्थिति हो जाती है, तो स्पीकर को सभा स्थगित करने की शक्ति होती है। इस शक्ति का प्रयोग बहुत कम बार किया गया था और 2004 में इसे पिछली बार लागू किया गया था। हाउस ऑफ़ लॉर्ड्स में सदस्यों द्वारा अयोग्य आचरण शायद ही कभी रिपोर्ट किया गया हो। दूसरी तरफ़ यूनाइटेड स्टेट्स काँग्रेस के पूरे इतिहास में 20 सदस्यों को निष्कासित किया गया है, सीनेट से पन्द्रह और हाउस ऑफ़ रिप्रेजेंटेटिव्स से पाँच सदस्य।

इन सभी निष्कासनों को शायद ही बुरे व्यवहार या कांग्रेस की प्रक्रियाओं को बाधित करने के लिए किया गया, बल्कि राजनीतिक कारणों, राजद्रोह के आरोपों या घोटालों द्वारा ट्रिगर किया गया है।

ऑस्ट्रेलियाई संसद में अध्यक्ष एक अव्यवस्थित सदस्य को सदन से एक घण्टे के लिए वापस भेजने का निर्देश दे सकता है। हालाँकि, यदि कोई सदस्य अगर सदन को तुरन्त छोड़ने में विफल रहता है या फिर उपद्रवी व्यवहार करना जारी रखता है तो फिर सदन से निलम्बित कर सकता है।

डॉ. राकेश योगी : आपके अनुभव से आप जिस ज़िम्मेदारी को आज देख रहे हैं और इस कुर्सी से उस तरफ़ रहकर भी कुछ वर्ष आपने जिन चीज़ों को देखा है, एक बहुत बड़ा समय आपने उसको मीडिया के बीच से भी देखा है तो आपके अनुसार संसद में जो संवाद है वह देश के लिए या लोकतान्त्रिक व्यवस्था के लिए कितना महत्त्वपूर्ण है?

हरिवंश जी : लोकतन्त्र में तो हम आमतौर पर कहते हैं कि संसद ही हमारा मन्दिर है और इससे बेहतर उक्ति और कोई नहीं हो सकता। अगर लोकतन्त्र को बहुत बेहतर बनाना है जो कि हम में से हर एक का फ़र्ज़ है क्योंकि मानव विकास के इतिहास में लोकतन्त्र से बेहतर कोई व्यवस्था नहीं हो सकती जहाँ समाज का अन्तिम आदमी भी अपनी बात कह सके, उसकी बात सुनी जा सके पर उतना ही महत्त्वपूर्ण है कि आम आदमी या देश की समस्याओं के बारे में, जिन्हें हम कहते हैं। आम भाषा में देश की सबसे बड़ी पंचायतों में सार्थक बहस हो सके और सिर्फ़ संसद की ही बात न करें, बल्कि राज्यों में जो विधानमंडल हैं, विधानसभाएँ हैं, विधान परिषद् हैं। दिल्ली के स्तर पर आ जायें तो लोकसभा है, राज्यसभा है। ये सारे हमारे लोकतन्त्र के मन्दिर के रूप में माने जाते हैं और ये ऐसे मन्दिर हैं जो देश की नियति तय कर रहे हैं।

देश की आबादी अगर 150 करोड़ तक पहुँचने वाली है कुछ वर्षों में, तो आबादी कैसे रहेगी, कितने लोगों को नौकरी मिलेगी, हमारी व्यवस्था कैसे चलेगी, इस नियति को तय करने का अधिकार उन पंचायतों को है। किस दिशा में देश जायेगा, समाज जायेगा, लोग जायेंगे या रास्ता दिखाने का काम, इस पर संवाद करने का काम, और नीति बनाने का काम इन्हीं फ़ोरमों पर होना है। तो उस रूप में इन संस्थाओं की बड़ी

गहरी और सबसे महत्त्वपूर्ण भूमिका है। इन्हीं के ऊपर निर्भर है कि वे देश को किस दिशा में ले जायेंगे तो उस रूप में हमारी संसदीय प्रणाली में विधायिका की जगह उसका महत्त्व असंदिग्ध रूप से सबसे सर्वोपरि, बल्कि कोई दूसरा विकल्प नहीं है। अब अपने समय के सार्थक सवाल आज इन विधायिकाओं में और फ़ोरमों में उठ रहे हैं कि नहीं। मैं मानता हूँ कि संसद को अगर आप देखें या भारतीय विधायिका को देखें या राजकीय ग्रामसभाओं को देखें तो आज़ादी के बाद से लेकर बहुत वर्षों बाद तक देश के जितने प्रासंगिक सवाल उठते थे उन पर बड़ी सार्थक, गम्भीर और बेहतर और गहराई में जाकर लोग बहस किया करते थे और माना जाता था कि इन फ़ोरमों पर जो बहस–बातचीत होती है उसको मीडिया फॉलो करती थी, वे हालात नहीं थे कि मीडिया में कुछ छपे और उसका फॉलोअप हमारी ऐसी देश को राह दिखने वाली मर्यादित, सम्मानित संस्थाएँ करें। पर पुराने दिन बदल रहे हैं जो कि आप–मैं, और सभी गौर कर रहे हैं। पर इन संस्थाओं का महत्त्व क्या है, मैं पुनर्रेखांकित करना चाहूँगा कि आप पहले से देखें तो हमारे यहाँ महाभारत दुनिया के बड़े ग्रन्थों में माना गया है। उसके बारे में कहा गया है कि जीवन का कोई ऐसा प्रसंग नहीं है जो महाभारत में नहीं है, तो महाभारत में यह माना गया है कि, 'महाजनो येन गतः स पन्थाः' यानी कि ऊपर बैठे लोग जिस रास्ते जाते हैं नीचे बैठे लोग वही फॉलो करते हैं। तो हमारी पंचायतों में रहनुमाई करने वाले अलग–अलग दलों और विचारधाराओं के लोग और भारत तो अद्‌भुत देश है कि अलग–अलग संस्कृतियों, पृष्ठभूमियों के, रीति–रिवाजों के और भाषाओं के लोग चुनते हैं। लोगों को हम एक साथ लेकर चलें, यह हमारा गौरव है और विविधता में एकता का इससे बेहतर उदाहरण कोई हो नहीं सकता।

वैसे तो भारतीय मनीषा ने कल्पना की थी 'वसुधैव कुटुम्बकम्' की दुनिया ही हमारा कुटुम्ब और परिवार है। आज तो वैज्ञानिक इसे तथ्य से प्रमाणित कर रहे हैं कि पूरी दुनिया की मानव जाति एक है, हमने तो बहुत पहले यह परिकल्पना की थी, पर उसको सार्थक ढंग से साकार करने के लिए, उसके लिए बेहतर नीतियाँ बनाने के लिए अलग–अलग समुदायों के लोग, पृष्ठभूमि के लोग एक साथ रहें, काम करें और बेहतर तरीक़े से एक बेहतर समाज बना सकें, जहाँ निजी धर्म, जाति, रंग, भेद अर्थहीन हो जायें और मनुष्य मनुष्य के रूप में रहे। ऐसी व्यवस्था बनाने के लिए तो ऐसी

चीज़ों की परिकल्पना की गयी है। तो ऐसे भिन्न पृष्ठभूमि के लोगों को एक मंच पर लाने, साथ ले चलने, एक ऐसी जीवन परिस्थिति बना लें जिसमें सब समान रूप से हक़ महसूस करें। गाँधी ने सबके लिए सूक्ति दी थी कि जो हमारे मार्गदर्शक हैं और हमारे संसद में चाहे जिस भी दल के लोग हों, उन्हें समाज के अन्तिम आदमी के लिए ध्यान रखना चाहिए और अगर हम यह सब करें तो आपस में संवाद होगा, बहस की गुंजाइश उस रूप में अगर शब्दों के पैमाने से देखें तो बहस होती है जहाँ बहुत गहराई से आपस में कटुता होती है, पर हम आपसे बिल्कुल असहमत हैं, फिर भी हम आपको धैर्य से सुनेंगे और आप भी हमारी बात को सुनेंगे और उससे हम सहमति का रास्ता निकालेंगे। तो संवाद को इस रूप में मैं मानता हूँ और आज की तारीख़ में जो पिछले पन्द्रह–बीस वर्षों से संसदीय फ़ोरमों पर भारत में बदलाव आ रहे हैं कि अधैर्य बढ़ता दिखाई दे रहा है, विघटन आ रहे हैं, एक तरह से अनुशासनहीनता बढ़ रही है। इन चीज़ों को मिलकर के गौर करने और इन संसदीय फ़ोरमों को बेहतर बनाने के लिए इन सारे दलों को बैठ कर इन पर विचार करना चाहिए और बात करनी चाहिए।

डॉ. राकेश योगी : संसद में जो बातचीत होती है या जो बहस होती है उसमें राजनीतिक विचारधाराओं की क्या भूमिका है?

हरिवंश जी : मैं मानता हूँ कि बहुत धारणाएँ पहले से रही हैं। दुनिया के इतिहास को आइडियोलॉजीज़ ने बदला है। आप देखें तो फ्रांस की क्रान्ति हो गयी, रूस की क्रान्ति हो गयी, चीन की क्रान्ति हो गयी फिर भारत की आज़ादी की लड़ाई लड़ी गयी, इतनी सारी चीज़ें दुनिया में जो हुईं इसके पीछे तो आइडियोलॉज़ी ही थी न, दर्शन ही था न। गाँधी के आने के पहले माना जाता था कि 1911–12 तक जो संस्था आज़ादी की लड़ाई लड़ रही थी उसे काँग्रेस कहा जाता था। काँग्रेस की ताक़त क्या थी, इतिहासकार बताते हैं कि अंग्रेज़ों के सामने पेटिशन देने वाली और भारतीयों की समस्या सामने रखने वाली एक औपचारिक संस्था के रूप में थी, कोई बहुत बड़ी ताक़त नहीं थी। उसी संस्था को अपने सिद्धान्तों से, अपने मूल्यों से, विचारों से गाँधी ने इतना ताक़तवर बना दिया कि 1942 तक आते–आते अंग्रेज़ों की जेलों में जगह नहीं रह गयी, उस ब्रिटिश एम्पायर की ताक़त और क्षमता लगभग असहाय स्थिति में पहुँच गयी जिसके बारे में कहा जाता था कि दुनिया में उसके राज में

सूराख नहीं होता, जो विचारों की ताक़त थी। आइडियोलॉज़ी तो हमेशा राजनीति में रहेगी और रहनी भी चाहिए।

डॉ. राकेश योगी : ये आइडियोलॉज़ी पूर्वाग्रह में बदलकर सामने आती है। किसी विषय के मसले में, पूर्वाग्रह जो और जटिल हो जाता है तो जो संसद या विधानसभा का संवाद है वह कितना बाधित होता है?

हरिवंश जी : दरअसल आइडियोलॉज़ी ही सबसे बुरी हालत में है। मैं मानता हूँ कि आइडियोलॉज़ी का राज भारत में 1980–90 तक रहा। नयी इकोनॉमिक पॉलिसी आने के बाद एक नया दौर शुरू हुआ। लगभग सभी दलों ने माना कि यही सही रास्ता है। उन दिनों श्री देवगौड़ा जी एवं साम्यवादी लोगों ने उस इकोनॉमिक पॉलिसी का विरोध किया जो नरसिम्हा राव जी नयी इकोनॉमिक पॉलिसी लाये थे, अर्थात् उस समय कर्नाटक में तुरन्त चुनाव हुए और नयी सरकार बनी। मेरी व्यक्तिगत राय उस इकोनॉमिक पॉलिसी के बारे में क्या है इस पर मैं कुछ नहीं कहूँगा, पर वह एक लैंडमार्क है ये सब लोग मानते हैं। देवगौड़ा जी जब चुनाव जीतकर मुख्यमन्त्री बन गये उन्होंने सबसे पहले ये ही किया कि CII की मीटिंग अटैंड की। पहले जिसका विरोध करते थे उसी को उन्होंने अपनाने को कहा। बंगाल में ज्योति बाबू और सोमनाथ चटर्जी जी की सरकार थी। सोमनाथ जी उस वक़्त वेस्ट बंगाल इंडस्ट्रियल कॉर्पोरेशन के अध्यक्ष थे और ज्योति बाबू मुख्यमन्त्री थे। ये दोनों लोग ही विदेशी पूँजी निवेश के लिए दुनिया के दूसरे देशों में निकले थे कि उसको बंगाल में कैसे लायें, लेकिन जिस इकोनॉमिक पॉलिसी का आप पहले विरोध कर रहे थे, उसी इकोनॉमिक पॉलिसी को लेकर सब चलने लग गये एक चन्द्रशेखर को छोड़कर। उन्होंने अकेले विरोध किया था और बड़ी महत्त्वपूर्ण बात कही थी कि दो विश्व–युद्धों की जननी यह मार्किट इकोनॉमी रही है, बाज़ार रहा है। बाज़ार और करुणा में कोई रिश्ता नहीं हो सकता, इसीलिए यह व्यवस्था भारत को तबाह कर देगी। इसके लिए उन्होंने पूरे देश में अपनी चार यात्राएँ कीं, वे अकेले थे अपने विचारों में और डंकल, GATT के ख़िलाफ़ थे। तो विचार की राजनीति देश में यहाँ आते–आते लगभग ख़त्म–सी ही हो गयी, विचार का तो बस अब रंग रह गया है। बाक़ी तो विचार बस नयी इकोनॉमिक पॉलिसी और मार्किट इकोनॉमी की तरफ़ हो गया है।

ऐसा सिर्फ़ भारत में ही नहीं हुआ, चीन में उससे पहले जब 1980 में देंग शियाओपिंग छूट करके आये, तो उन्होंने एक बड़ा मशहूर कथन कहा था "इससे फ़र्क़ नहीं पड़ता कि बिल्ली काली है या सफ़ेद" बजाय इस पर बहस करने से, अगर उसमें चूहा पकड़ने की क्षमता नहीं है तो बेकार है। उनके कहने का आशय यह था कि तब आरोप लगा रहे हैं जब हम मार्किट इकोनॉमिक पर जा रहे हैं जो कम्युनिस्ट देश मार्केटिंग इकोनॉमी की तरफ़ प्रवाह कर रहे हैं वे कम दिखाई दे रहे हैं, यह देंग शियाओपिंग ने कहा–इस बात पर बहस मत करिए, असल बात है कि देश की अर्थव्यवस्था सम्पन्न है या नहीं, वे इस रास्ते से या उस रास्ते से क्या फ़र्क़ पड़ता है या नहीं। हम अपने हिसाब से मार्किट इकोनॉमी बनायेंगे। हमारे देश में एरर था, हमने मिसोगेमी अपनायी, कैपिटलिज़म का अलग था, सोशियोलिज़म का अलग था, गांधियन अर्थव्यवस्था का अलग था देश में। विचारधाराओं ने काफ़ी भूमिका निभाई है देश, समाज और राजनीति को बदलने में। विचारधाराओं के कारण मैंने आपको गिनाया पहले फ्रांस की क्रान्ति हुई, जहाँ माना गया कि राजा ईश्वर की देन नहीं है। मार्क्सवाद आया कि ग़रीबी का अन्त हो सकता है यह नियति की देन नहीं है। अराजकतावाद, साम्यवाद, पूँजीवाद, तरह–तरह के वाद आये। सर्वोदय आया जब हमारे देश में विनोबा जी, दादा धर्माधिकारी जी, जयप्रकाश नारायण जैसे लोग मानव विकास की बात कर रहे थे, तो हरेक के पीछे विचारधारा रही, जिन्होंने समाज को बदला, एक नया दर्शन दिया। राजगोपालाचारी जी हुए जिन्होंने काँग्रेस सरकार से कहा कि पण्डित नेहरू जी के ज़माने से लाइसेंस कोटा परमिट राज की आपकी जो आर्थिक नीति है वह ग़लत है। बाद में वे स्वतन्त्र पार्टी के जनक बने। यहाँ पर विचारधाराओं का गहरा असर राजनीतिक दलों पर पड़ा और उसका इम्पैक्ट होता था पार्लियामेंट बहस में, आप देखिए उन दिनों के अख़बार उठा करके, आप सहमत हो सकते हैं क्या बहस का स्तर रहा। 1999 के बाद आप देखेंगे जब टेक्नोलॉज़ी ने समाज को बदलना और समाज पर गहराई से असर डालना शुरू किया, तो अपनी सीमित दृष्टि से जब मैं देखता हूँ कि इसने विचारधारा को पीछे छोड़ दिया। टेक्नोलॉज़ी आज दुनिया में निर्णायक है। सिलिकॉन वैली में क्या होता है, वह आज गाँवों में और झोंपड़ी में पहले पहुँचता है, मज़ाक़ में अपने दोस्तों से कहता भी हूँ कि विचारों के इतिहास में सबसे बड़ा नाम माना गया तो वह मार्क्स का माना गया कि वह देश

के भूगोल को, सीमाओं को, संस्कृतियों को, भाषा को, रंग–भेदों को सबको पार कर समुद्र, जंगल, पहाड़, क़स्बे–क़स्बे गाँव–गाँव में सब जगह उनकी बात पहुँची कि ग़रीबी ख़त्म हो सकती है, नहीं तो, उसके पहले माना जाता था कि ग़रीबी भगवान की देन है, पर मार्क्स से भी ज़्यादा जिसकी पहुँच बनी वह है स्टीव जॉब्स की आईपैड। टेक्नोलॉज़ी और पूँजी की वजह से विचारधारा का दर्शन दरअसल कमज़ोर होने लगा।

1991 में आइडियोलॉज़ी को रिप्लेस कर दिया मार्किट और टेक्नोलॉज़ी ने। आज दुनिया को मार्केट एंड टेक्नोलॉज़ी चला रहे हैं। अब इस दौर में यह अच्छा है, बुरा है यह मैं नहीं जानता, पर हमारी संसदीय प्रणाली में और इस बदलती दुनिया में जो चुनौतियाँ सामने हैं देश के सामने, उन पर बहस होनी चाहिए, नीति बननी चाहिए जैसे आप देखें मेजर चेंज है कि दुनिया में इन्फ़ॉर्मेशन रिवोल्यूशन (सूचना क्रान्ति) ने दुनिया को कितना बदल दिया। सीमाएँ ख़त्म हो गयीं, ग्लोबल विलेज हो गये। 1994 में मैंने किताब पढ़ी थी। एक महिला पत्रकार की किताब का नाम ही था 'डेथ ऑफ़ डिस्टेंस'। इसको मैं ऐसे समझ पाया कि मैं बहुत मामूली गाँव से आता हूँ और मुझे पहली नौकरी बम्बई में 'टाइम्स ऑफ़ इंडिया ग्रुप' में मिली, तो मुझे गाँव से पहुँचते हुए तीन–चार दिन लगते थे और वह बिल्कुल पिछड़ा गाँव दो नदियों के बीच का, गंगा और घाघरा के बीच में 'दिलेहरा', जयप्रकाश नारायण जी भी वहाँ पैदा हुए थे। आज मैं अगर बम्बई से वहाँ जाना चाहूँ तो मैं सुबह फ्लाइट से पटना या बनारस जाकर के गाड़ी लूँ तो शाम तक घर पहुँच सकता हूँ यानी उन चार दिनों की दूरी अब महज़ एक दिन में आठ घण्टे या दस घण्टे में तय हो जाती है। जो सामर्थ्यवान लोग हैं उनके लिए दिल्ली में शाम, रात में लन्दन, सुबह में न्यूयॉर्क तो दुनिया ग्लोबल विलेज बनती है।

ग्लोबल विलेज बनते ही भारत कहाँ होगा, भारत के लोग कहाँ खड़े होंगे, भारत की वह ताक़त कहाँ होगी जो मानते हैं कि युवा हमारी सबसे बड़ी ताक़त हैं। उनके लिए नौकरियों के क्या अवसर होंगे, उनके लिए किस ढंग की व्यवस्था हमें बनानी है, इस पर बहुत गम्भीर सार्थक संवाद की आवश्यकता है। अलग–अलग कल्चर वाले लोग, अलग–अलग धर्म वाले लोग हमारे यहाँ रहते हैं। हम कैसे मिल–बैठकर साथ रहें क्योंकि कुछ चुनौतियाँ दुनिया गें चाहे आप किरा धर्ग–जाति या क्षेत्र के हों राबके के लिए समान हैं।

हमारे समय की दुनिया में सबसे बड़े जीवित वैज्ञानिक 'स्टीफ़न हॉकिंग' थे। वे हमारे समय के आइंस्टीन थे। कैम्ब्रिज में पढ़ाते थे और हम जानते हैं कि वे शारीरिक रूप से असमर्थ थे, बोल भी स्पष्ट नहीं पाते थे, मशीन से बोलते थे लेकिन दुनिया में अपने ढंग के अनूठे वैज्ञानिक थे। उनकी जो अन्तिम किताब आयी कुछ महीने पहले, उनका निधन भी हुआ अभी एक साल भी पूरा नहीं हुआ, उस पुस्तक में उन्होंने बताया कि चार–पाँच बड़े ख़तरे हैं दुनिया के सामने, उनमें से आर्टिफिशियल इंटेलीजेंस, न्यूक्लियर वॉर, प्रदूषण, क्लाइमेट चेंज और आबादी हैं। हमारे देश में क्या आपने सुना कि कोई गम्भीर बहस हुई है? दुर्भाग्य की बात यह है कि आबादी का सवाल राजनीतिक दृष्टि से देखा जाने लगा लेकिन सोचिए भारत की आबादी 134 करोड़ है तो वहीं अमेरिका की 32–34 करोड़ है। अमेरिका से हमारी आबादी चार या पाँच गुना है, चीन की आबादी हमसे कुछ ही ज़्यादा है पर उनकी धरती हमसे तीन गुना अधिक है। अगर ब्राजील, इंडोनेशिया आप देखें तो हो सकता है हमसे अधिक धरती हो और आबादी कम हो। दुनिया का सबसे बड़ी आबादी का देश बनने जा रहा है, ओवरटेक करने जा रहा है चीन को। तो सोचना होगा कि आपके यहाँ रहने, खाने, शिक्षा की क्या व्यवस्था होती है। सोशियोलॉज़िस्ट कहते हैं कि दुनिया में सबसे बड़ा माइग्रेशन आपके देश में होने वाला है, बड़ी संख्या में लोग गाँव से शहर में रहने आयेंगे। इनकी नीतियाँ कैसे बनें, इन पर कितनी चीज़ों की ज़रूरत होगी, हमारी आबादी जब दुनिया में सबसे अधिक हो जायेगी तो उसके रहने, खाने, नौकरी की व्यवस्था क्या और कैसे होगी। स्टीफ़न हॉकिंग ये जो दुनिया में पाँच नयी चुनौतियाँ बता गये हैं और वे साथ में कहते हैं कि अगर इन्सान इन चुनौतियों का हल नहीं निकाल सकता तो दूसरा ग्रह ढूँढ़ लेना चाहिए, क्योंकि दुनिया तबाह हो जायेगी।

आपने किस विधायिका में इस बहस को सुना? दुर्भाग्य है इस देश का कि आइडियोलॉज़ी का प्रभाव धीरे–धीरे ख़त्म होता गया। अब हम इन बड़े सवालों का रास्ता नहीं निकाल पा रहे हैं कि मुल्क चलेगा कैसे या देश चलेगा कैसे और इसके लिए रास्ता निकालने का सबसे बड़ा ज़िम्मेदार कौन है, हमारी संसदीय व्यवस्था। तो इस दृष्टि से हम आँकें और देखें तो कितना सार्थक निर्वाह कर रहे हैं।

डॉ. राकेश योगी : जिस प्रकार की चर्चा संसद, विधानसभा में होती है क्या इसको संवाद कहा भी जा सकता है?

हरिवंश जी : मैंने संवाद और बहस का फ़र्क़ आपको बताया है। *संवाद यह है कि मैं आपसे असहमत हूँ और हमसे आप असहमत हैं, पर दोनों इस बात को बहुत धैर्य से और संयम से सुन और सीख रहे हैं, क्योंकि उससे हमारे सामने चुनौतियाँ हैं उसके लिए रास्ता निकालने की कोशिश कर रहे हैं।*

बहस है और तर्क है कि हम सही हैं या आप सही हैं। गाँधी ने 1929 में कहा कि अनुशासनहीनता एक क़िस्म की हिंसा है तो आप अपनी संसदीय प्रणाली देखें किस क़िस्म का अनुशासन मानते हैं। बल्कि गांधी जी की 150वीं वर्षगाँठ भी हम मना रहे हैं और गाँधी जी ने हर राजनीतिक कार्य की न्यूनतम आचार संहिता तय की। क्या उन आचार संहिताओं का पालन आज के राजनीतिक दल कर रहे हैं? हम सब गाँधी की बात करते हैं पर कितने लोग, कितने दल, कितने दलों के कार्यकर्ता इसका पालन करते हैं और विधायिकाओं में जो जाते हैं, वो कितना अनुशासन का पालन करते हैं यह हम ख़ुद देख सकते हैं। गाँधी ने बहस या संवाद की क्या कल्पना की थी उसको आप पलट के देखें और भारत की संवाद पृष्ठभूमि की भी बात करें। तो संवाद की पुरानी परम्परा है, कई हज़ार वर्ष पहले से। जैनों के बारे में आप सुनें, आप जनक के बारे में सुनते हैं। जनक की सभा में अष्टावक्र आये और कैसे सारे लोगों ने उनको उचित सम्मान नहीं दिया। मगर उन्होंने सारी सभा को चुनौती दी और संवाद में उनको सहमत किया। उसके बाद बौद्ध धर्म की परम्परा को देखिए। बौद्ध धर्म में तीन–तीन बौद्ध धर्म सम्मेलन हुए, हर एक चीज़ उसमें नोट की गयी कि कौन क्या कह रहे थे।

हमारे यहाँ से 1500 वर्ष पहले बौद्ध भिक्षु जापान गये थे, यह जापान को मालूम है, हमारे यहाँ के लोगों को मालूम नहीं है। उनके संवाद के मुद्दे क्या थे? बाद में आचार्य शंकर ने कैसे पूरे देश में घूमकर संवाद किया और इतना बड़ा काम करके बहुत कम उम्र में ही वे चले गये। विवेकानन्द भी इसी संवाद परम्परा का उदाहरण थे। हमारे यहाँ संवाद की वह परम्परा रही जिसमें हम एक–दूसरे से सीखते हैं, और आज की स्थिति जो मैं आपको बता भी रहा था कि देश के सामने सबसे बड़ी

चुनौतियाँ क्या हैं और उनकी चर्चा आप कहाँ किस–किस विधायिका में सुनते हैं? नदियाँ आपकी ख़त्म हो रही हैं, हवा प्रदूषित है, 10–20 वर्षों में सबसे बड़ी आबादी आपके देश की होने वाली है। पूरी दुनिया में, तो कहते हैं न जाने कितने लोग शहरों में आयेंगे। उनकी रहने की व्यवस्था, आपके शहरों में चलने की स्थिति नहीं रहेगी, सड़कों की चौड़ाई बढ़ा रहे हैं, लम्बाई बढ़ा रहे हैं, पर जाम कहीं बन्द नहीं हो रहा है।

मैंने जापान में अद्भुत यह चीज़ देखी, जापान ऑटोमोबाइल में दुनिया के सर्वश्रेष्ठ देशों में माना जाता है। दुनिया के अन्य देश उनकी गाड़ी चलाते हैं और उनके यहाँ सबसे बेस्ट पब्लिक ट्रांसपोर्ट है। हमारे यहाँ पब्लिक ट्रांसपोर्ट देखिए एक आदमी दस–दस गाड़ियाँ रखे हुए है उसकी कौन इजाज़त दे सकता है? फ्रांस में एक माँग उठ रही है इन दिनों, कि इस क़िस्म के जो सबसे अमीर लोग हैं उन पर टैक्स लगाओ। हमारे देश में भी क्षमता बढ़ रही है तो इन चीज़ों की सार्थक चर्चा का फ़ोरम कहाँ रह गया है? आपने देखा कि एडमिनिस्ट्रेटिव रिफ़ॉर्म से लेकर कई ऐसे विषय हैं जिन पर बात करने की ज़रूरत है और मैं आपको गिनाऊँगा कि यह जो हमारी पिछली संसद थी उसमें क्या स्थिति रही। आप अगर ग़ौर से देखेंगे तो हमारे चेयरमैन ने कई बार लोगों को कहा, चाहे हामिद अंसारी साहब हों या हमारे पहले चेयरमैन डॉ. सर्वपल्ली राधाकृष्णन जी, उन सबने क्या–क्या कहा है? हमारे यहाँ राज्यसभा के नये वर्ष के कैलेंडर का विमोचन था 2 जनवरी को, तो उसमें हमारे चेयरमैन ने क्या कहा? 1952 में राज्यसभा के पहले चेयरमैन डॉ. सर्वपल्ली राधाकृष्णन ने कहा– "राज्यसभा के सदस्यों से आग्रह करता हूँ कि दूसरे कक्ष के निर्माण का औचित्य साबित करने के लिए बिना व्यक्तिगत रूप से इनवॉल्व होकर उन सभी प्रस्तावों को डिस्कस करो जो संसद में लाये गये हैं।" डॉ. ज़ाकिर हुसैन ने फलदायी विचारविमर्श को राष्ट्र के हित में महत्त्वपूर्ण योगदान माना। वी. वी. गिरी का मानना था कि राष्ट्रीय चेतना, सदनों में रोज़ की बहस और संवाद से ही जाग्रत होगी और जी. एस. पाठक ने सदन को राष्ट्रीय बदलाव का एक साधन बोला। बी. डी. जत्ती ने सभी सदस्यों से आग्रह किया कि वे स्वयं का परीक्षण करें, ताकि वे इन्फ़ेलिबिलिटी और घमण्ड की भावना को आने न दें। मुहम्मद हिदायतुल्लाह ने मेम्बर्स से आग्रह किया कि जो जनता ने उन पर विश्वास जताया है वे उस पर खरे उतरें।

आर. वेंकटरमन ने कहा कि "यह काफ़ी नहीं है कि आप नम्बर्स के हिसाब से सबसे बड़ी डेमोक्रेसी हैं इसीलिए इसे क्वालिटी में भी सबसे बड़ा बनाने की कोशिश करनी चाहिए।" डॉ. शंकरदयाल शर्मा ने अपील की कि सदन में मेच्योर, निष्पक्ष और संवेदनशील चिन्तन होना चाहिए। हर उस मुद्दे पर जो संसद में लाया गया हो। के. आर. नारायणन को लगा कि बहस अगर ग़रीबों के इर्द–गिर्द रहे तो हमें ज़रूर ही सबकी सहमति मिल पायेगी, जबकि कृष्णकान्त ने संसद में आग्रह किया कि नये भारत को बनाने के लिए एक नैतिकता का स्वभाव बना रहे। भैरों सिंह शेखावत ने श्रेष्ठ लोगों के सदन से आग्रह किया कि वे राष्ट्र और राज्यों के प्रति एक वाचडॉग की भूमिका बनाये रखें और एक गाइड की भूमिका निभायें ताकि वे विकास कर सकें, वित्तीय तौर पर भी और शासन और सामाजिक कल्याण के लिए भी। हामिद अंसारी ने माननीय सदस्यों से जनता के निष्क्रियता से सक्रियता में बदलते मूड को पहचानने और संसदीय प्रणाली में परिवर्तनों की ज़रूरत को समझने के लिए कहा। ये संक्षिप्त रूप में कुछ बातें हैं जो हमारे उच्च सदन के सभापतियों ने इस सदन को चलाने के बारे में कही हैं।

इससे यह भी पता चलता है कि एक चिन्ता भी इस बात के लिए लगातार रही...। अगर आप आँकड़े देखें तो 2004 से 2009 के बीच 251 बिल राज्यसभा ने पास किये। 2009 से 2014 के बीच 177 बिल पास किये गये और 2014 से 2019 के बीच 156 बिल। यानी 2004 से लेकर 2019 के बीच अगर 5–5 वर्ष का टर्म गिनें तो बिल पास करने का सबसे कम काम 2014 से 19 के बीच किया गया। तो फिर अन्त में देश का पैसा हम सब पर ख़र्च हो रहा है, यह हमें तय करना होगा, सोचना होगा कि हमें कैसे एक देश की दबा दी जाने वाली परेशानियों और समस्याओं पर संवाद करें, उनका समाधान निकालें और भारत तथा पूरी दुनिया के सामने जो बड़े सवाल हैं उनके लिए हम एक आम सहमति का रास्ता निकालें, उसके बग़ैर बेहतर दुनिया का निर्माण मुमकिन नहीं है। अब आप जुडीशियरी में देखें कई करोड़ मामले लम्बित हैं, हम क्या करें? आज ऐसे अनेक सवाल हैं सिस्टम में जहाँ लूप होल्स हैं, इनको सुधारने के लिए क्या किया जाये, इस पर ज़रूरत है कि हम सब बात करें और बतायें कि किस ढंग से चीज़ों को ठीक किया जाये, इस पर हम सहमति बनायें, पर ऐसा नहीं हो रहा है। अभी हाल ही में जो हमारा सेशन ख़त्म

हुआ उसमें जो हालात थे, लगातार कई दिनों तक हाउस नहीं चला तो हमारे चेयरमैन नायडू साहब ने कहा, "यह बहुत ही दुर्भाग्य की बात है कि हमारी विधायिका बहस का इफ़ेक्टिव फ़ोरम बनने के बजाय व्यवधान का प्लेटफ़ॉर्म बनती जा रही है। यह बढ़ती हुई प्रवृत्ति हमारे संविधान निर्माताओं के दृष्टिकोण के लिए स्पष्ट उपेक्षा है। एक तरह से यह भारत के संविधान की मूल भावना के साथ खिलवाड़ है। संसद लोगों की आकांक्षाओं और आशाओं की पूर्ति का एक मार्ग होना चाहिए, किन्तु यह व्यवहार लोगों के जनादेश की अवहेलना है। यह लोकतन्त्र के इन स्तम्भों पर लोगों के विश्वास के साथ विश्वासघात है।"

इससे ज़्यादा कड़ी भाषा तो हो नहीं सकती, हमारे सांसदों के लिए या विधायिकाओं के आत्म–चिन्तन के लिए, इसके अलावा कोई दूसरी बात नहीं हो सकती, तो मुझे लगता है कि ये सारे सवाल आज देश के सामने तो हैं ही और इसका रास्ता मिल–बैठकर ही तलाशना चाहिए।

डॉ. राकेश योगी : एक पत्रकार, सम्पादक के रूप में आपने उल्लेखनीय कार्य किया है, एक राजनेता, एक संसद सदस्य के रूप में और राज्यसभा के उपसभापति के रूप में ख़ुद को कहाँ देखते हैं?

हरिवंश जी : मैं एक ऐसी पार्टी से आता हूँ जो गाँधी, लोहिया, जय प्रकाश की विरासत लिए है, और जिसका वर्तमान में नेतृत्व नीतीश कुमार द्वारा किया जा रहा है जो पिछले चार दशकों से जनता के सामने है। केन्द्र में और पिछले 11 वर्षों से बिहार के मुख्यमन्त्री हैं (जीतन राम मांझी के संक्षिप्त अवधि के कार्यकाल को छोड़कर) जे डी (यू) में आन्तरिक लोकतन्त्र है और नीतीश कुमार अपने सभी सदस्यों को लोगों की चिन्ताओं को उठाने के लिए अवसर देते हैं। यह उल्लेख करने के लायक हो सकता है कि उनको उदाहरण मानकर जे डी (यू) के सदस्यों में से किसी ने भी संसद के दोनों सदनों में से किसी में भी हंगामा या मारामारी पैदा करने की कोशिश नहीं की। हर रोज़ राज्यसभा में जाने से पहले मैं ख़ुद से पूछता हूँ कि मैं सदन में क्या करूँगा? एक सांसद के रूप में अगर मैं अपनी जनता के मुद्दों को उठाने में सक्षम नहीं हूँ तो मैं अपने विशेषाधिकार और सुविधाओं के सामने ख़ुद को उसके योग्य कैसे साबित कर पाऊँगा? यदि हम सदन में लोगों की समस्याओं को उठाने में सक्षम नहीं हैं तो क्या यह सरकारी ख़ज़ाने पर एक अनावश्यक और अस्वीकृत

बोझ नहीं है? मैं केवल यही आशा कर सकता हूँ कि इस देश की महान संसदीय परम्पराओं को पुनःस्थापित कर पायें और इस विशेषाधिकार प्राप्त सदन के सदस्यों के रूप में हम अपनी ज़िम्मेदारियों को समझें और देश के लोगों के प्रति अपनी जवाबदेही को समझें।

सुभाष कश्यप

ज़रूरी है व्यवस्था परिवर्तन

–सुभाष कश्यप

परिचय : संविधान और संसद शब्दों के आते ही सर्वाधिक आधिकारिक एवं गम्भीर संवाद के लिए निर्विवाद रूप से हमारे देश में एक ही नाम ज़ेहन में आता है और वह नाम है डॉ. सुभाष कश्यप का। 10 मई, 1929 को जन्मे श्री कश्यप ने प्रयागराज या इलाहाबाद में पत्रकारिता, वकालत और फिर शिक्षण कार्य से अपने करियर की शुरुआत की। 1953 में डॉ. सुभाष कश्यप ने लोकसभा सचिवालय में कार्य करना प्रारम्भ किया और 1990 तक 37 वर्षों तक वे लगातार इस सेवा में रहे। 1983 में वे लोकसभा के महासचिव नियुक्त किये गये और 1990 तक इसी पद पर रहे। सुभाष कश्यप को देश–विदेश में पद्म पुरस्कार सहित कई प्रतिष्ठित पुरस्कारों से नवाज़ा गया है। उन्होंने संसदीय प्रणाली, संविधान से जुड़े प्रत्येक विषय पर गहन अध्ययन एवं लेखन किया है। श्री कश्यप के 500 से अधिक शोध–आलेख एवं शोध–पत्र इन्हीं विषयों पर प्रकाशित हो चुके हैं। इसके अतिरिक्त संविधान एवं संसद से जुड़े अनेक पहलुओं पर आधारित उनकी 100 से अधिक पुस्तकें प्रकाशित हो चुकी हैं। 90 वर्ष की आयु में भी वे निरन्तर अकादमिक कार्यों में व्यस्त रहते हैं और जब भी देश में कोई संवैधानिक प्रश्न खड़ा होता है तो श्री कश्यप से सलाह लेना अवश्यंभावी माना जाता है। संसदीय संवाद जैसे गम्भीर मुद्दे पर हमने इस विषय के वास्तविक हिस्सेदारों अर्थात् संसद के सदनों की अध्यक्षता करने वाले व्यक्तित्वों

से उनके अनुभवों पर विस्तृत चर्चा की, किन्तु इस चर्चा को ठीक दिशा में समारोप करने के लिए डॉ. सुभाष कश्यप से उपयुक्त कोई नहीं हो सकता है।

डॉ. राकेश योगी : संसद में होने वाली बहस या डिबेट, डायलॉग यानी संवाद का स्वरूप क्यों नहीं ले पाती है?

सुभाष कश्यप : संसद के दो सदन हैं, और एक राष्ट्रपति, तीनों मिलकर संसद बनती है, तो संसद के अन्दर जो होता है, उसे वाद–विवाद या डिबेट कहते हैं, डायलॉग नहीं, वाद–विवाद और संवाद में अन्तर है। संसद में तो अपना–अपना व्यू पॉइंट रखते हैं, और वह व्यापक है या किसी विषय विशेष के ऊपर सीमित है, वह इस पर निर्भर करता है। अगर किस बारे में वाद–विवाद हो रहा है, किसी विधेयक के बारे में बातचीत हो रही है, तो विधेयक पर ही उसमें विभिन्न पक्ष जो हैं, वे अपनी–अपनी बात रखेंगे। अगर किसी विवादास्पद विषय पर बातचीत हो रही, तो उसमें ज़्यादा चांसेस हैं कि उसमें आरोप–प्रत्यारोप हो, लेकिन अगर मान लीजिए किसी एनवायरमेंटल पॉल्यूशन पर बात हो रही है, तो यह तो कह सकते, कि इस सरकार ने क्या नहीं किया, क्या करना चाहिए था, तो आरोप लगाना हर विपक्ष का काम है और सरकार का काम उनका जवाब देना है।

डॉ. राकेश योगी : राजनीतिक बहस जिस प्रकार की होती है, और संसद के सदन में जो बहस होती है, उसके बीच में जो अन्तर है, वह क्या अन्तर होना चाहिए?

सुभाष कश्यप : आपका इशारा इस ओर है कि जैसी डिबेट होनी चाहिए वैसी नहीं होती है–सब्जेक्ट ओरिएंटेड नहीं होती है, तो उसके लिए दायित्व राजनीतिक दलों का है और दूसरा राजनीतिक व्यवस्था का है, और तीसरे जो चुनकर आते हैं उनकी क्वालिटी का है, क्वालिटी ऑफ़ मेंबर्स, किस प्रकार के मेंबर्स वहाँ आते हैं, एप्रोप्रिएटनेस ऑफ़ दी पॉलिटिकल सिस्टम दैट वी आर अडॉप्टेड, और कंडक्ट ऑफ़ पॉलिटिकल पार्टीज़।

डॉ. राकेश योगी : संसद के सदन में विपक्ष नेता जब कभी बोलते थे, तो पूरा सदन सुनता था, भले ही उन्हें वह लोकसभा हो या राज्यसभा

हो, या प्रधानमन्त्री या सत्ता पक्ष के नेता वे जब बोलते थे, तो पूरा सदन उसको सुनता था, और गम्भीरतापूर्वक सुनता था, लगातार देखा जा रहा है क्योंकि अब टेलीविज़न में उसका प्रसारण होता है, इसलिए अब जनता के सामने भी जाता है वह जो आचरण होता है, अब प्रधानमन्त्री और नेता विपक्ष के बोलने पर भी व्यवधान डाला जाता है, और जिस प्रकार का व्यवधान डाला गया है, पिछले कुछ वर्षों में और जो दिखाई देता है, इससे क्या लगता है, ये जो संसद के सदन में होने वाली बहसें हैं सिर्फ़ राजनीतिक बहस का रूप लेती जा रही हैं?

सुभाष कश्यप : लोकसभा और राज्यसभा दोनों राजनीतिक संस्थान हैं, और राजनीति वहाँ हो तो कोई आश्चर्य नहीं होना चाहिए। अगर क्वालिटी ऑफ़ डिबेट वहाँ अच्छी न हो, तो उस पर आप टिप्पणी कर सकते हैं, कि डिबेट अच्छी नहीं है और जैसा मैंने पहले कहा क्वालिटी ऑफ़ डिबेट इस पर डिपेंड करती है, क्वालिटी ऑफ़ रिप्रजेंटेटिव, क्वालिटी ऑफ़ मेंबर्स, एप्रोप्रिएटनेस ऑफ़ दी पॉलिटिकल सिस्टम फ़ॉर अस, ये सारे बड़े विषय हैं, ऐसा मेरा व्यक्तिगत मानना रहा है कि आज़ादी के बाद और संविधान बनने के बाद भी, भारतीय आवश्यकताओं, आकांक्षाओं, पृष्ठभूमि, संस्कृति के आधार पर कोई राजनीतिक व्यवस्था विकसित नहीं की गयी। जो औपनिवेशिक तन्त्र था, वह संविधान के बाद भी चलता रहा, और आज भी चल रहा है, तो औपनिवेशिक तन्त्र का उद्देश्य दूसरा होता है, और लोकतन्त्र में संसद का उद्देश्य दूसरा होता है।

इसमें अनेक प्रश्न है, शासन व्यवस्था हमारे यहाँ जो है क्या वो उपयुक्त है, हमारे लिए? देश की आवश्यकताओं, आकांक्षाओं, जनता के लिए उपयुक्त है? क्या दूसरे राजनीतिक दलों की व्यवस्था व उपयुक्त है क्या? तीसरे निर्वाचन व्यवस्था उपयुक्त है? क्वालिटी की बात मैं कर रहा हूँ, क्वालिटी ऑफ़ रिप्रजेंटेटिव, क्योंकि सदस्य बनकर जो जाते हैं उन्हें हम और आप चुनकर भेजते हैं, लेकिन निर्वाचन व्यवस्था ऐसी है, कि वे व्यक्ति जो चुने जाते हैं जिन्हें आपने और मैंने वोट नहीं दिया, पूरे देश के अन्दर जो रिप्रजेंटेटिव हैं, स्टेट या असेम्बली और लोकसभा के अन्दर उनमें से पिछले तीन–चार इलेक्शंस का देखें तो ऑन एन एवरेज़ मोर दैन 70% ऐसे चुनकर आये जिन्हें मैजोरिटी ने नहीं दिया, यानी मैजोरिटी ने जिनके विरोध में मत दिया, वे चुनकर आते हैं तो आप जनता को भी

दोष नहीं दे सकते, क्योंकि जनता की मैजोरिटी ने तो उन्हें वोट दिया ही नहीं, जो जन–प्रतिनिधि भी नहीं कहे जा सकते, और उन्हें आप दोष भी नहीं दे सकते, क्योंकि निर्वाचन व्यवस्था ऐसी है, उसमें जो क्रिमिनल्स हैं वे भी और जो पैसा ख़र्च कर सकते हैं या ब्लैक मनी ला सकते हैं, वही चुनकर आते हैं। तो इस विषय को लेने से पहले हमें देखना होगा कि हमारी व्यवस्थाएँ कैसी हैं। अगर निर्वाचन व्यवस्था ख़राब है, तो चुने हुए रिप्रजेंटेटिव आयेंगे और वे ठीक नहीं होंगे। अगर राजनीतिक व्यवस्था ऐसी है, जो हमारे लिए सूटेबल नहीं है, आज़ाद देश के लिए, नागरिकों के लिए किसी भी सोवेरियन कंट्री में नागरिक जो हैं वे सर्वोपरि होने चाहिए, लेकिन अगर व्यवस्था ऐसी है, कोलोनियल मॉडल है जिसमें सब्जेक्ट्स और रूलर के बीच खाई है, तो उसे लोकतन्त्र नहीं कह सकते, जहाँ सिटीजंस सर्वोपरि नहीं हैं, और इंडिपेंडेंट सोवेरियन कंट्री एवं डेमोक्रेटिक कंट्री के अधिकार हैं जो प्राप्त नहीं हैं, आम आदमी को तो सही में नहीं है।

डॉ. राकेश योगी : आप लम्बे समय तक लोकसभा के सेक्रेटरी जनरल रहे हैं, तो जो तकनीकी आधार पर संसद के सदन में होने वाली चर्चा है, उसको किस प्रकार से और अधिक प्रभावी बनाया जा सकता है, यह आपको कुछ आज की व्यवस्था में लगता है, कि जिसमें परिवर्तन किया जा सकता है?

सुभाष कश्यप : *मैं समझता हूँ और व्यक्तिगत रूप से मेरा मानना है, कि बहुत आमूल–चूल परिवर्तन की आवश्यकता है, बग़ैर उसके कुछ होने वाला नहीं है। देश की राजनीतिक व्यवस्था पहले है, निर्वाचन व्यवस्था उसके बाद आती है, सदन की कार्यवाही के नियम या सदन की कार्यवाही किस प्रकार से हो, यह सबसे बाद में आता है, और प्रोसिज़र है, ईरान में बाहर एक डिस्प्ले लगा होता है, उसमें आता रहता है कि कितने सदस्य उपस्थित हैं, हमारे यहाँ दोपहर शाम को दस–बारह लोग बैठे हुए हैं और संविधान में कोरम का प्रावधान है, कोरम अगर नहीं हो तो प्रोपर्ली कॉन्स्टीट्यूटेड हाउस नहीं माना जाता, और कार्यवाही नहीं हो सकती, लेकिन सदन में एक ऐसी व्यवस्था बना ली है, परम्परा बना ली है, कि जब तक कोई क्वेश्चन न करे कोरम इज़ प्रोज़्यूम्ड, तो एक एच. जी. कामथ, जब भी कोरम नहीं होता था, तो वे कोरम का क्वेश्चन उठाते थे, और यह नियम है, कि कोई क्वेश्चन उठाता है तो तुरन्त घण्टी बजानी पड़ेगी, और कोरम देखना पड़ेगा, और जब तक क्वेश्चन नहीं उठा*

तो जैसा कि मैंने कहा कि दस–बारह लोग बैठे हैं और स्पीकर कहता है कोरम प्रोज़्यूम्ड है, तो इसके लिए आप तकनीक में क्या परिवर्तन करेंगे, जवाहर लाल नेहरू क्वेश्चन ऑवर में हमेशा प्रजेंट रहते थे और डेली राज्यसभा और लोकसभा में आते थे, बाद के प्रधानमन्त्री धीरे–धीरे उतनी सदन को रेस्पेक्ट या टाइम नहीं दे पाते थे, जब नेहरू जी आते थे तो वे सदन के स्पीकर की तरफ़ झुकते थे, अपोज़िशन की तरफ झुकते थे, तो रेस्पेक्ट देते थे, धीरे–धीरे बदल गये लेकिन खाली झुकने से भी कुछ नहीं होता, जब तक मूलभूत प्रश्नों पर ध्यान न दिया जाये।

डॉ. राकेश योगी : आप जो कह रहे हैं संसद की जो परम्पराएँ हैं, एक तरह से कहेंगे संसदीय परम्पराएँ जो हैं, उनमें भी गिरावट आयी है और उनका भी पालन ठीक तरह से नहीं होता है, हमारे संसद के दोनों सदनों के माननीय सदस्य हैं, उन पर कुछ व्यवस्थागत अंकुश लगाया जाये, क्या उसकी कोई सम्भावना शेष दिखाई देती है?

सुभाष कश्यप : रूल्स में बहुत सारे प्रावधान हैं, लेकिन उन्हें इम्प्लीमेंट नहीं किया जाता, तो और रूल्स बनाने से कोई फ़ायदा नहीं होगा, अभी भी रूल्स में बहुत सारे प्रावधान जैसा कि मैंने बताया, कोरम के बारे में कॉन्स्टीट्यूशन में प्रावधान है, लेकिन आपस में लोगों ने तय कर लिया, कि कोरम इज़ प्रोज़्यूम्ड अगर कोई क्वेश्चन न उठाये तो एक रूल और बनाया गया या एक रूल और दिया है कि आप वैल ऑफ़ दी रूल हाउस में आयेंगे तो ऑटोमैटिक सस्पेंशन होगा, वह भी इम्प्लीमेंट नहीं होता, वह अभी भी वैल है लोग शोर मचाते हैं कुछ नहीं होता, तो केवल तकनीक के आधार पर या रूल्स के आधार पर या और सख़्त ऑर्डर निकालकर इसे ठीक नहीं किया जा सकता।

डॉ. राकेश योगी : संसद के सदन में जो लोग आते हैं उनमें लोकसभा में ज़्यादातर नये लोग होते हैं, जिनको अनुभव कम होता है, ऐसे लोगों के लिए किस प्रकार का प्रशिक्षण होना चाहिए, जिससे कि वे संसद का जो मूल उद्देश्य है, संसद के सदनों में जो होने वाली बहस है, जो चर्चा है उसका जो मूल उद्देश्य है, उसको पूरा कर पायें?

सुभाष कश्यप : प्रशिक्षण की व्यवस्थाएँ जगह–जगह रखी गयी हैं, राज्यों के स्तर पर भी व्यवस्थाएँ हैं, दिल्ली में भी, जिसमें शिक्षा के कार्यक्रम

नये सदस्यों के लिए किये जाते हैं, लेकिन वे भी रिचुअल अधिक हैं, और वहाँ जो बातें बताई जाती हैं वे सही हैं, लेकिन सदस्य देखते हैं कि व्यावहारिक संसदीय जीवन में उनसे लाभ नहीं होता, समाचार– पत्र वाले भी अगर हल्ला–गुल्ला मचाते हैं, कागज़ फाड़ के फेंकते हैं, तो वह फ्रंट पेज पर आता है मीडिया में या टेलीविज़न में, उसकी बिक्री अधिक होती है, और कोई तीन दिन मेहनत करके बहुत अच्छी स्पीच देता है उसकी एक लाइन भी कहीं मिलती नहीं है, तो उसका उल्लेख नहीं होता कहीं पर भी, तो जो नये सदस्य आते हैं, वे भी जल्दी सीख जाते हैं, कि संसद में अपना नाम करने के लिए मॉडल कौन–सा फॉलो करना है। इसलिए रोल मॉडल्स की कमी है।

डॉ. राकेश योगी : आप 1953 से इस व्यवस्था से जुड़े हैं, और लगभग आज तक का जो हमारा सारा संसदीय दौर है, इसको किस तरह से देखते हैं?

सुभाष कश्यप : यह कहना मेरे विचार से ग़लत होगा, कि हर एक क्षेत्र में गिरावट ही आयी है, असली बात यह है कि बहुत सारे क्षेत्रों में परिवर्तन हुए हैं, और परिवर्तन जो हैं वे एक तरह से मल्टीलीनियर चेंजेज़ हुए हैं, कुछ अच्छे हैं, कुछ ख़राब हैं, कुछ मामलों में आज की लोकसभा पहले की लोकसभा से बेहतर है, कुछ मामलों में ख़राब है, तो केवल यह कहना कि गिरावट ही आयी है, तो सही नहीं होगा, स्थिति बदलती है, सामाजिक, राजनीतिक स्थिति बदलती है, उसके अनुरूप संस्थाएँ और रूप भी बदलते हैं, लोकतान्त्रिक संस्थाएँ उनमें भी परिवर्तन होता है, और होना भी चाहिए।

डॉ. राकेश योगी : आपने भारत का पूरा संसदीय दौर देखा है, तो उस पूरी यात्रा में आपको जो अन्तर नज़र आता है, उसे बतायें।

सुभाष कश्यप : अन्तर जैसे पहले बड़ा विषय है, लेकिन मैंने उसके बारे में काफ़ी लिखा हुआ है, एक–दो बातें मैं कह सकता हूँ इस बारे में, एक तो अन्तर यह है कि पहले अन्तरराष्ट्रीय विषयों पर बहुत महत्त्व दिया जाता था, नेहरू जी के 12 साल आप देखिए लगभग हर सदन में वे कहते थे लेट दी इंटरनेशनल सिचुएशन बी टेकन इनटू, वे मूव करते थे प्रधानमन्त्री अन्तरराष्ट्रीय स्थिति पर विचार हो, और बहुत अच्छे भाषण होते थे।

नेहरू जी बोलते थे, पटनायक जी बोलते थे, अशोक मेहता,

सुभाष कश्यप : अब अगर 50 दिन में जो होता है, 50 दिन के बजाय डेढ़ सौ दिन कर दीजिए, अब जो 50 दिनों में होता है वह डेढ़ सौ दिनों में होने लगे तो क्या वह अच्छा होगा? 50 दिन में 40 दिन सदन स्थगित होता है, ज़्यादा–से–ज़्यादा दिन संसद के दोनों सदन कार्य नहीं कर पाते हैं। थोड़ी देर में ही स्थगित हो जाते हैं तो अब अगर 50 में से 40 दिन स्थगित होते हैं तो सौ दिन कर देने पर तो 80 दिन स्थगित हो जायेंगे। इससे यह होगा अभी 50 दिनों के भत्ते दिये जाते हैं तब आप 100 दिन के भत्ते देंगे। चीन की राष्ट्रीय सभा बहुत कम दिन मिलती है। सोवियत संघ बहुत कम दिन में मिला करता था। लेकिन वहाँ जितने दिन मिलते हैं उस दिन गम्भीर तरीक़े से काम होता है सदन स्थगित नहीं होता, हल्ला–गुल्ला नहीं होता तो अगर सदन में काम इतना है कि वह 50 दिन में पूरा नहीं हो पा रहा है तो उसको 51 या 100 दिन करिए, लेकिन अगर 50 दिनों में भी काम करने के लिए कुछ नहीं है तो बढ़ाने से क्या होगा?

डॉ. राकेश योगी : जिन पर सदन को चलाने की ज़िम्मेदारी होती है और हर व्यक्ति के कार्यकाल में नियम तो वही है जिन नियमों के आधार पर संसद के सदन को चलना है तो उस चेयर पर बैठे हुए व्यक्ति का जो व्यवहार है या उसकी जो समझ है वह कैसे प्रभाव डालती है कि संसद के सदन में जो चर्चा है उसकी उपयोगिता ज़्यादा हो जाये। इसे उस चेयर पर बैठे व्यक्ति का व्यवहार कैसे तय करता है?

सुभाष कश्यप : चेयर पर बैठे व्यक्ति का बर्ताव बहुत महत्त्वपूर्ण है और उसमें सदन के सभी पक्षों का विश्वास होना चाहिए। हालाँकि इसमें कोई शक नहीं है कि हमारी व्यवस्था में जो प्रमुख दल होता है उसका ही सदस्य होता है और अगर काँग्रेस बहुमत की पार्टी है तो कांग्रेस में होगा और अगर बीजेपी बहुमत की पार्टी है तो बीजेपी में होगा, लेकिन एक बार उस पर आने के बाद माना यह जाता है कि उसे जहाँ तक सम्भव हो निष्पक्ष होकर काम करना चाहिए और यह देखना चाहिए कि वह निष्पक्ष है और सदन के सभी भागों को उसमें विश्वास होना चाहिए तो उसके व्यक्तित्व पर बहुत कुछ निर्भर करता है। दूसरी बात यह है कि जो नियम हैं उनमें अव्यवस्था दूर करने के लिए और व्यवस्थित तरीक़े से काम करने के लिए बहुत से प्रावधान हैं। स्पीकर अगर उन नियमों का इस्तेमाल नहीं करते, उन नियमों को लागू नहीं करते राजनीतिक

कारणों से तो और भी नियम बना दीजिए आप कुछ नहीं होगा। जैसा मैंने आपको बताया कि वैल में आ जाये तो स्वतः निलम्बन हो जायेगा। आपने रूल बना दिया लेकिन उसका पालन आप करते नहीं हैं। 1 दिन मैं सिक्योरिटी जनरल था और 63 सदस्यों को एक हफ़्ते के लिए सस्पेंड कर दिया गया। और ऐसे ही एक प्रस्ताव में एक व्यक्ति का टॉप पर नाम था और उस व्यक्ति का था जो बाद में स्पीकर बने। उसके सस्पेंड होने के बाद सदन ऑर्डरली चला। अगले ही दिन वह सब खेद प्रकट करने के लिए स्पीकर के चैंबर में पहुँच गये। नियमों में यह सब जायज़ था। स्पीकर ने अपनी शक्ति का इस्तेमाल किया लेकिन आमतौर से स्पीकर लोग अपनी शक्ति का इस्तेमाल ही नहीं करते और बजाय उस शक्ति का इस्तेमाल करने के सदन को स्थगित कर देते हैं। कई स्पीकरों का आप रिकॉर्ड देख सकते हैं। पाथ ऑफ़ लीस्ट रेसिस्टेंस, ख़ूब शोर मचा रहे हैं और सदन को स्थगित कर दे रहे हैं। 2 घण्टे के लिए स्थापित करो और दूसरी–तीसरी बार फिर अगले दिन के लिए स्थगित कर दो। कोरम नहीं है तो ग़लत बात कर दो। स्पीकर का कार्य है कि अगर कोरम नहीं है तो कोरम बेल बजाई जाये और अगर नहीं होता कोरम तो सदन कोरम की ज़रूरत होने के लिए स्थगित कर दो। इसमें तो कोई नये नियम बनाने से काम नहीं चलेगा, सिटिंग्स की संख्या बढ़ाने से कोई फ़र्क़ नहीं पड़ने वाला है। जितने दिन है उसी में अगर काम नहीं करते हो तो ज़्यादा दिन बढ़ाने से क्या फ़ायदा। जो चेयर पर है उसकी भी ज़िम्मेदारी बनती है और जो रूल्स उसके पास हैं वे भी पर्याप्त हैं।

❑❑